나라가 빚을 져야 국민이 산다

- 포스트 코로나 사회를 위한 경제학 -

진인진

일러두기

본문의 그림은 각각의 해당 출처를 토대로 재구성하였습니다.

나라가 빚을 져야 국민이 산다 - 포스트 코로나 사회를 위한 경제학 -

초판 1쇄 발행 | 2020년 8월 25일

저　　자 | 전용복
편　　집 | 배원일, 김민경
발행인 | 김태진
발행처 | 진인진
등　　록 | 제25100-2005-000003호
주　　소 | 경기도 과천시 별양상가 1로 18 614호(별양동 과천오피스텔)
전　　화 | 02-507-3077-8
팩　　스 | 02-507-3079
홈페이지 | http://www.zininzin.co.kr
이메일 | pub@zininzin.co.kr

ⓒ 진인진 2020
ISBN 978-89-6347-446-5 93300

* 책값은 표지 뒤에 있습니다.

수민에게

목차

· · · ·

추천사

코로나 재난과 기후 재난이 세계 경제를 덮치고 있다. 경제와 사회가 붕괴되는 것을 막으려면 불평등을 줄여야 하고, 탄소 배출을 순 제로로 만들어야 한다. 이러한 이중의 전환을 위해서는 정부의 역할이 절대적으로 필요하다. 그러나 우리 사회를 지배하고 있는 신자유주의 경제이론은 정부의 적극적 역할을 방해하고 있다.

신자유주의 경제이론은 시장만능주의 관념을 퍼뜨렸다. 시장만능주의에 따르면 시장은 효율적이다. 독점이 심화되거나 불평등이 커지더라도 내버려 두는 것이 더 좋다. 정부가 함부로 개입하면 결과가 더 나빠지므로, 정부의 시장에 대한 개입은 최소한에 머물러야 한다.

이러한 시장만능주의 관념은 재정건전성 관념과 짝을 이루고 있다. 정부가 빚을 지면 경제 전체가 위험해진다. 국가 부도가 날 수 있고, 인플레이션이 일어날 수 있다. 정부가 빚을 지는 것은 미래 세대에게 부담을 떠넘기는 것이다. 재정건전성 관념은 다시 중앙은행 독립성 관념과 연결되어 있다. 중앙은행은 화폐를 발행하는 기관이므로 정부로부터 독립되어 있어야 한다. 정부가 돈을 찍어내어 함부로 지출하는 것을 막아야 한다.

이 책은 위와 같은 신자유주의 관념들을 근원적으로 비판하고 있다. 무엇보다도 정부의 빚은 개인의 빚과 다르다는 것을 알아야 한다. 정부는 화폐발행권을 가지고 있기 때문에, 자국 화폐 단위로 발행한 국채 때문에 파산할 수 없다. 정부가 빚을 지는 것이 문제가 아니라, 빚을 지지 않는 것이 문제이다. 정부가 빚을 지지 않으면 민간이 빚을 지게 된다. 정부가 빚을 지면 경제 전체가 위험해진다는 관념은 미신이다.

현대 경제의 가장 큰 문제는 수요 부족이다. 수요를 보충할 수 있는 가장 확실한 주체는 정부이다. 정부는 적극적으로 재정지출을 늘려야 한다. 재정지출을 늘리려면 세금을 더 걷어야 하나? 반드시 그럴 필요는 없다. 이 책의 놀라운 주장의 하나는 정부지출에 아무런 재정적인 예산제약이 없다는 것이다.

정부가 자국화폐로 국채를 발행하면 파산 가능성은 없다. 화폐를 발행해서 채권을 상환하면 되기 때문이다. 자국화폐로 발행된 국채가 외환위기를 일으킬 가능성도 적다. 국채를 발행해서 생산적인 분야에 정부지출을 늘리면 경제의 생산성이 향상되므로, 미래 세대도 이득을 보게 된다.

심지어 국채를 발행할 필요도 없다. 정부 재정이 실제로 운영되는 과정을 살펴보면, 정부가 지출을 하면 중앙은행 화폐(본원통화)가 늘어나게 된다. 이미 중앙은행이 정부 지출을 암묵적으로 뒷받침하고 있는 것이다. 이것은 중앙은행이 명시적으로 정부 지출을 뒷받침해도 아무런 문제가 없다는 것을 의미한다. 중앙은행과 정부가 이미 한몸이므로, 정부의 재정에는 아무런 예산제약이 없다.

이러한 분석은 현대 화폐 제도의 핵심적인 모순을 드러낸다. 그것은 화폐의 공급을 민간은행들에게 맡긴 것이다. 그 결과 경제가 성장하면 민간의 부채도 늘어나는 부채의 덫에 빠지게 되었다. 정부가 화폐 발행권을 되찾아야 경제를 부채의 덫에서 빠져 나오게 할 수 있다.

이 책은 현대화폐이론(MMT)에 입각해 있으면서도, 은행 거래와 정부 재정의 실제 운용을 분석하고 있어서, 주류 경제학의 관점에서도 수용하지 않을 수 없는 방식으로 논리를 전개하고 있다. 현실 경제가 움직이고 있는 모습을 있는 그대로 바라볼 수 있다.

경제학은 논쟁의 학문이다. 서로 다른 주장을 하는 이론들을 두루 공부해야 깊이 이해할 수 있다. 이 책을 읽으면서 현대화폐이론과 신자유주의 경제학의 차이를 살펴보면 경제와 경제학에 대하여 더 깊이 이해할 수 있게 될 것이다.

한신대학교 경제학과
강남훈

서문

이 책은 '정부가 빚을 지지 않으면, 국민이 대신 빚을 진다'는 원리를 설명한다. 또한, '정부 부채는 위험하다'는 통념도 근거가 미약함을 보인다. 이는 사실 '미신'을 믿는 것과 비슷하다. 그래서 건전한 정부 재정만을 강조하는 주장은 정부의 당연한 의무를 포기하고, 국민에 빚을 떠넘기자는 말과 같다. 정부가 부채를 회피하면, 경제가 성장해도 국민은 점점 더 깊이 '빚의 덫'에 갇히게 된다. 이는 당위적 주장이 아니라, 현대 자본주의 운영원리가 그렇다는 말이다.

정부의 역할은 경제위기에 특히 중요하다. 경제위기의 충격을 정부가 빚을 져서 흡수하면, 위기 후 빠른 회복을 기대할 수 있다. 반대로, 경제위기의 충격을 방치하면 민간의 생산능력이 파괴된다. 폐업과 실업이 대표적인 예이다. 경제위기가 진정된다고 하더라도, 위기 과정에서 파괴된 만큼 투자되어야 겨우 위기 이전 수준을 회복할 수 있다. 하지만 위기가 진정되더라도 침체는 한동안 지속될텐데, 누가 신속히 투자하겠는가. 경제위기 동안 정부가 대신 빚을 지면 이런 여진을 막을 수 있다.

또한, 경제위기에 강한 내성을 갖춘 '위기 후' 건강한 경제로의 전환도 정부가 가장 효율적으로 주도할 수 있다. 코로나19발(發) 경제위기로 모든 국민이 고통을 겪고 있다. 바이러스의 생명 위협이 일상화되었다. 사회경제적 약자는 생명 위협에 더해 경제적 벼랑으로 내몰리고 있다. 현 체제는 사회경제적 약자를 보호하지 않는 체제임이 드러난 것이다. 전염병 위기 이후의 세상은 달라야 한다. 하지만 현재의 사회경제체제는 스스로 진화하기 어려운 구조이다. 지금보다 건강한 체제로의 시급한 전환에는 투자와 비용이 필요하지만, 아무도 부담하려 하지 않기 때문이다. 하지만 이제 체제 전환은 피할 수 없는 공생의 문제임이 확인되었다. 이를 수행할 역량을 갖춘 유일한 주체는 정부뿐이다.

코로나19 전염병은 우리 사회의 '야만성'이 인간사회의 존재 기반인 공생의 원리를 어떻게 훼손하는지 적나라하게 보여주었다. 바이러스의 생물학적 위협은 누구에게나 같다. 누구나 바이러스에 감염되면 생명을 위협받는다. 하지만 바이러스에 노출되고 감염될 확률은 사회경제적 지위에 따라 달랐다. 쿠팡 물류센터 집단감염 사례가 이를 잘 보여준다. 사회경제적 약자에게는 위험을 인지하더라도 의식적으로 회피할 자유가 제한된다. 코로나19 피해가 가장 심각한 미국에서도 같은 현상이 관찰된다. 사회경제적 약자에 속하는 유색인종에서 인구 대비 가장 많은 확진자와 사망자가 발생했다. 또한, 실업과 소득단절 등 전염병의 경제적 충격도 대부분 이들에게 집중되었다. 코로나19 창궐로 일자리를 잃은 사람들 대부분이 영세 자영업과 소상공업 부문 종사자들이었던 것이다. 우리 사회는 모두에게 공평(?)하게 들이닥친 위험마저도 사회경제적 약자들에게 떠넘기며 가까스로 버티고 있었다. 이를 우리 사회의 야만성이라 부를 만하다.

다른 한편으로, 코로나19 전염병은 모두가 모두에게 의존해 살아간다는 가장 평범한 진리를 확인해 주었다. 전염병 감염은 개인의 문제가 아니다. 그래서 개인의 감염 여부를 공익의 문제로 인식하고, 국가와 사회가 가진 모든 자원을 투입하여 보호하려 했다. 상호의존이라는 실체적 진실은 경제 영역에서도 나타났다. 예를 들면, 학교가 문을 닫자 아이들에게 따뜻한 밥을 먹이던 분들, 비정규직 선생님들이 일자리를 잃었다. 멀리 농촌에서 농부들도 겨우내 밤낮으로 온도 맞춰가며 정성스레 키운 채소밭을 갈아 엎어야 했다. 그저 회식과 모임을 줄였을 뿐인데, 동네 가게들이 문을 닫기 시작했다. 처음에는 이렇게 경제적 약자들만 쓰러지는 줄 알았다. 하지만 전염병 창궐 한 달이 채 지나기도 전에 대면 접촉 필요가 없는 중소기업들의 부실이 증가했고, 부가 몰려 있는 금융권까지 흔들기 시작했다. 이제 남은 것은 부동산 가격 폭락뿐이다. 겉으로 보이진 않지만, 모두가 모두에게 의존해 살아가고 있음이 입증되는 순간이다. 약한 한쪽이 무너지면 강한 다른 쪽도 무너진다는 교훈을 얻어야 한다.

서로 의존해 살아가면서도 서로 책임지지 않으려는 태도, 새로운 사회체제를 상상하려면 여기서 출발해야 한다. 코로나 이후의 세상은 이 위선과 부조화를 벗은 사회여야 한다. 또한, 코로나 이후의 세상은 생태 친화적 체제여야 한다. 이제 코로나19와 유사한 전염병이 일상화되었다는 점에는 과학자 대부분이 동의하고 있다. 그간의 경제적 풍요가 자연을 착취한 결과이고, 이를 회복하는 일이 근본적 처방이다. 따라서 코로나 이후 세상은 사회경제적 약자를 보호하는 동시에, 생태 친화적 경제체제여야 한다.

이 '이중의 전환'을 달성하려면 새로운 투자와 전환 비용이 필요하다. 사적 이윤 동기가 지배하는 현 체제에서는 아무도 이 비용을 분담하려 하지 않는다. 세금 등 강제로 민간에 떠넘기는 전략은 실현 가능성이 작다. 그로부터 손해를 보는 집단이 저항하면 개혁 자체가 좌초될 수도 있기 때문이다. 우선 정부가 비용을 부담하는 방식으로 새로운 체제로의 이행을 서둘러야 한다. 필요하다면 차후 환수하는 방안을 모색할 수 있다. 이러한 전략을 가로막는 장애물이 '정부가 빚을 지면 경제 전체가 위험해진다'라는 관념이다. 이 책은 이 관념의 허구성을 밝힌다. 이를 바탕으로, 이 '이중의 전환' 과정에서 정부 역할을 토론할 수 있기를 기대한다.

이 책은 특별히 경제위기를 상정하지는 않는다. 건조하지만, 현대 자본주의 경제 일반의 운영원리를 논의한다. 특히 현대 자본주의 경제가 제대로 작동하기 위해서라도 정부가 빚을 질 수밖에 없음을 강조한다. 이를 제대로 이해한다면, 경제위기에 정부는 어떻게 대응해야 할지, 그리고 체제 전환에 정부가 무엇을 해야 할지 등을 토론할 수 있을 것이다.

이 책은 총 다섯 개의 장으로 구성된다(사전 지식이 부족한 독자라도 맨 마지막 장을 먼저 읽을 수 있을 것이다. 하지만 각 장은 앞 장들의 논의에 의존하고 있어, 순서대로 읽길 권한다). 제1장은 현대 자본주의 경제 일반의 모순을 다룬다. 자본주의 경제는 항상 수요 부족 문제에 직면해 있다. 분배 구조상 생산된 재화와 서비스가 모두 팔리지 않을 가능성이 상존한다는 말이다. 자본가와 노동자 사이의 소득 불평등 때문이다. 따라서 소득 불평등은 경제 윤리 혹은 정의의 문제를 제외한다고 하더라도, 자본주의 경제의 지속 가능성 문제로 이해해야 한다. 소득 불평등에 따른 수요 부족이 경제성장을 억제하기 때문이다. 이 장은 수요 부족 문제의 현실을 진단하고, 이를 해결하는 데 정부가 매우 중요한 역할을 담당함을 보인다.

제2장은 현대 금융체제의 운영 원리를 다루면서, 정부가 국가 주권의 일부인 통화 발행권을 회복해야 한다고 제안한다. 통념과는 달리, 현대 자본주의 경제에서 시중 통화 공급은 민간은행들이 독점한다. 민간경제가 사용하는 통화(돈)의 대부분(약 96%)을 한국은행이 아니라, 시중 은행들이 발행한다는 말이다. 본래 통화 발행권은 국가 주권의 일부이지만, 정부가 이를 포기하고 민간은행에 양도했기 때문이다. 그 결과 경제가 성

장해도 민간의 부채가 비례적으로 증가할 수밖에 없다. 경제성장은 더 많은 통화를 필요로 하지만, 은행이 무료로 돈을 내주진 않기 때문이다. 현대 자본주의 경제가 '부채의 덫'에 갇힌 이유이다. 부채에 발목이 잡힌 경제는 불안정할 뿐만 아니라, 소득 불평등을 확대한다. 이를 배경으로, 최근 해외에서는 정부가 부채로부터 자유로운(debt free) '공공통화'(public money)를 공급해야 한다는 주장이 광범위하게 논의되고 있다. 이 장의 후반부에는 이에 대한 다양한 논의를 소개한다. 이를 시작으로 이에 대한 국내 토론도 활성화되길 기대한다.

제3장은 정부 재정이 실제로 운영되는 과정을 분석한다. 이를 통해, 정부 재정에 대한 몇 가지 핵심 통념을 반박한다. 가장 중요한 논점으로, 현재에도 이미 정부는 지출할 때마다 매번 새로운 중앙은행 화폐(이를 '지급준비금'이라 부른다)를 창조하여 지출한다. 이는 세금과 국채가 정부의 재정 조달 수단이 아닐 수 있음을 암시한다. 현 제도는 중앙은행이 정부에 직접 재원을 빌려주는 일을 금지하고 있지만, 현실에서는 이미 재정정책과 통화정책이 분리될 수 없다. 정부가 중앙은행이 발행하는 통화를 창조하여 지출하기 때문이다. 정부 재정에 대한 중앙은행 개입을 금지하는 규정을 '중앙은행 독립성'이라 부르는데, 이는 실체적 진실을 부정하는 관념일 뿐이다. 중앙은행 독립성이 부정되고, 국채의 성격이 재원 조달만의 문제가 아니란 사실은 정부가 중앙은행을 활용하여 재정을 조달할 수 있음을 의미한다. 더 나아가, 이는 새로운 재정전략을 상상할 수 있는 기반이 된다.

제4장은 정부가 지는 빚이 위험하거나 경제에 부정적 영향을 미치지 않음을 보인다. 구체적으로, 국채의 채무 불이행 가능성(소위 국채위기), 인플레이션 위험, 국가 신용도 하락과 외환위기 가능성, 구축효과, 리카르도 동등성 가설 등을 비판한다. 신자유주의 경제학과 이를 신봉하는 재

정 보수주의자들이 퍼뜨린 정부부채에 대한 부정적 인식 대부분은 현실과 무관한 순수 사고실험의 결과일 뿐이다. 이 관념들은 '정부의 재정도 가정경제나 기업의 재무관리 원리와 같다'라는 전제로부터 출발한다. 하지만 2~3장을 통해 이 전제가 현실과 전혀 다르다는 점을 이해할 수 있다. 예를 들면, 정부는 통화를 발행할 수 있으므로, 국채위기란 처음부터 존재하지 않는 허구적 개념일 뿐이다. 금본위제 해체 이후 모든 국채위기는 자국 정부가 발행할 수 없는 외화로 돈을 빌림으로써 발생한 '외환위기'였다. 그 외에도 정부부채를 우려하는 근거 대부분은 중앙은행 발행 통화와 민간은행이 대출을 통해 창조하는 민간 신용통화를 구분하지 않고, 양자의 관계를 정확히 이해하지 않았기 때문에 일어나는 혼동일 뿐이다.

마지막으로 제5장에서는 정부지출이 미래세대를 위한 적극적 투자임을 밝힌다. 특히 현세대가 지게 되는 정부부채를 미래세대가 책임질 이유가 없음을 보인다. 오히려 고령화에 대비하여 민간에 저축을 강제하는 것이 아니라 정부가 빚을 지면서 적극적으로 지출하면, 미래세대는 생산성 향상의 혜택을 보게 될 것이다. 또한, 우리나라 정부가 추정한 미래 정부부채 비율 추정도 과장하고 있음을 보일 것이다.

이 책을 쓰는 과정에서 도움을 주신 분들께 감사의 말씀을 드린다. 먼저, 상업적 기대가 불확실함에도 기꺼이 이 책의 출간을 결정하신 진인진출판사의 김태진 대표님과 편집과 디자인에 온 힘을 다하신 편집진에게 큰 빚을 졌다. 이서연 박사님은 필자를 행정 잡무로부터 해방해 이 책의 골간이 된 연재물을 작성할 수 있도록 도와주셨다. 화폐론과 경제사상사 국내 최고 권위자 중 한 분이신 배인철 박사님께서는 이 책의 기획에서부터 격려해주셨고, 초고를 꼼꼼히 읽고 중요한 제언을 주셨다. 원고를 꼼꼼하게 검토해서 의견도 주시고, 추천사까지 써 주신 강남훈 선생님께도 감사의 뜻을 전한다. 김경민 선생님, 김동균 선생님, 이강원 선생님은 독자 관점에서 초고의 거친 문장을 다듬어주셨다. 물론 이 모두를 반영하지 못한 건 재능이 부족한 필자 책임이다. 김미란 선생님은 책 제목을 정하는데 좋은 아이디어를 주셨다. 프로 필라테스 강사 문지선 선생님은 집필 과정에서 발생한 목과 어깨 건강을 회복시켜 주셨다. 문지선 선생님이 아니었더라면 필자의 건강 문제로 오랫동안 집필을 중단해야 했을지도 모른다. 그리고 모두 호명할 수는 없지만, 많은 분이 이 기획을 지지하고 격려해주지 않았더라면 집필을 시작하지 못했을지도 모른다. 마지막으로, 사랑하는 딸 수민이는 존재 자체로 이 책에 가장 크게 이바지했다.

• • • •

제1장
왜 자본주의 경제는 정부의 역할이 필수적일까

달라진 세계

세계 자본주의의 패권국가이면서, 신자유주의의 종주국임을 자랑스러워하던 미국에서 최근 믿기 어려운 현상이 일어나고 있다. 보편적 의료보험 제도, 대학 등록금 대출 탕감 및 대학 무상교육, 녹색뉴딜(거대한 에너지 전환 프로젝트를 수행하여 탄소배출 제로를 달성, 이를 통한 대규모 일자리 창출과 공공 사회서비스의 대폭 확충 등을 목표로 하는 거대 정책 패키지) 등을 요구하는 정치인을 지지하는 대중이 크게 늘었기 때문이다. 그 정치인들은 스스로를 '민주적 사회주의자'(democratic socialist)라 부르고 있는데, 이번에는 사회주의란 개념 자체에 긍정적이라는 미국인이 40%에 달했다. 여성은 47%가 사회주의를 지지했다. 이들은 대중의 삶에 정부가 더 큰 책임을 담당해야 한다고 믿는다는 말이다. '사회의 도움 같은 건 기대하지 말고, 당신 인생은 당신 스스로 책임져야 한다'는 신자유주의 사상이 가장 강고한 미

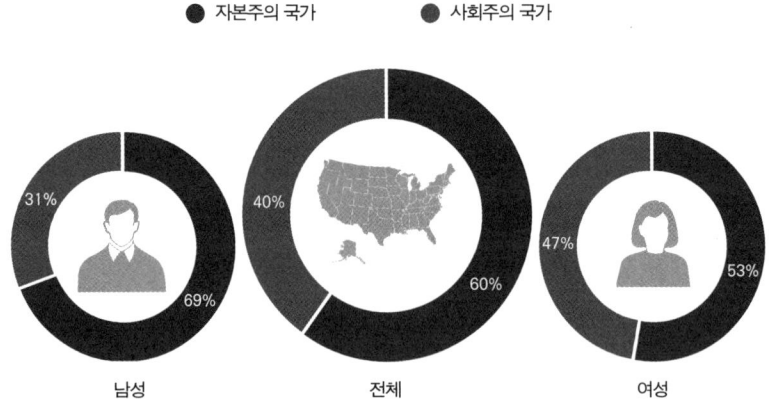

미국인의 40%가 자본주의보다 사회주의 선호

자본주의 혹은 사회주의 국가 중 어디에 살고 싶은가요?

● 자본주의 국가   ● 사회주의 국가

31%   69%   40%   60%   47%   53%

남성   전체   여성

n=2,024 U.S. adults(April 16-18, 2019)
Source: The Harris Poll via Axios

그림 1　미국인의 사회주의 선호도

출처: https://cdn.statcdn.com/Infographic/images/normal/18323.jpeg

국에서 이는 분명 역사적 전환이라 부를 만하다.

　　최근의 이런 변화는 미국 민주당 대통령 후보 경선과정에서, 그리고 2018년 하원의원 선거에서 정치세력으로 등장했다. 미국 대통령은 일단 선출되면 4년 동안 역임하고, 재선을 통해 중임할 수 있다. 그래서 미국 대통령은 재선된다면 총 8년 동안 대통령직을 수행할 수 있게 된다. 2016년 말 당선된 공화당 출신 트럼프 대통령의 4년 임기는 2020년까지이고, 올해 대통령 선거에 민주당은 대통령 후보를 출마시켜야 한다. 민주당의 대통령 후보 선출 과정은 2019년 봄부터 시작되어었다.

　　그런데 미국 민주당 대통령 후보 경선과정에서 놀라운 광경이 펼쳐졌다. 바로 버니 샌더스(Bernie Sanders) 상원의원의 약진이다. 샌더스 상원의원은 미국 정치권에서 가장 진보적인 정치인으로 분류된다. 그는 버

몬트주 무소속 상원의원으로 민주당 당원은 아니지만, 민주당 대통령 후보로 나서고자 임시로 민주당에 입당했다. 2016년 대통령 선거를 위해 민주당 경선에 나설 때에도 그랬다. 그런 그가 민주당 대통령 경선 중반까지도 돌풍을 일으키며 내내 1위를 고수했다. 최종적으로는 역전되면서 아쉽게 후보사퇴했지만, 미국에서 가장 진보적인 정치인이 그처럼 높은 지지를 기록했던 현상만은 오래도록 기록될 것이다. 어쩌면 그와 같은 정치인이 또 등장할 것을 우려하거나, 민심이 진보를 지향하고 있음을 감지한 보수세력이 스스로를 좀 더 진보적으로 조정할 가능성도 여전히 남아 있다.

　미국 대통령 선거에서 나타난 샌더스 현상은 그 이전인 2018년 하원의원 선거에서도 나타났다. 알렉산드리아 오카시오-코르테스(Alexandria Ocasio-Cortez) 하원의원이 그런 경우이다. 그녀는 2016년 버니 샌더스 민주당 경선 캠프에 봉사한 경험을 제외하고는 정치 경험이 없는 신인이었다. 하지만 2018년 미국 하원의원 선거에서 뉴욕14선거구 하원의원 후보로 출마하여 압도적인 지지(득표율 78.2%)로 당선되었다. 그녀의 돌풍은 본선 이전 민주당 내부 경선에서 이미 시작되었다. 그녀는 민주당 하원의원 후보가 되기 위해서 같은 당의 현직 10선 의원이고 민주당 원내 하원 의장이었던 크롤리 후보와 경쟁해야 했다. 코르테스에 대한 대중적 지지가 정치권에 충격적이었던 이유는 그녀의 불리한 개인적 배경 때문이었을 수도 있다. 그녀는 당시 만 29세의 청년이었고, 인종적으로 남미계 유색인종의 이민자에 속했으며, 여성 바텐더 경력의 소유자였다. 이 모든 개인적 특성은 미국 사회에서 주류와는 거리가 먼 것들이다. 그럼에도 대중은 기후위기 대응과 불평등 반대를 외치는 그녀를 열광적으로 지지하여 하원으로 보냈다.

　미국 대중들이 지지하는 정책들이란 보편적 의료보험제도, 대학 무상교육, 녹색뉴딜 등 대체로 대규모 재정지출을 필요로 하는 것들이 많다.[1] 그러나 최근 미국 정부는 매년 재정절벽(의회가 정한 재정적자 상한선)

---

1   2020년 대통령 후보 민주당 경선에는 샌더스 상원의원 뿐만 아니라 불평등 완화 등 대규모 경제사회 개조를 주장하는 정치인들이 대거 등장했다. 기후위기와 불평등 해소와 같은 국책 사업에는 천문학적인 재원이 필요하다. 따라서 공약과 함께 재원을 마련하는 방법도 논쟁의 대상이었다. 개혁을 위한 재원 조달 방안은 크게 두 부류로 나뉜다. 모든 후보가 한 가지 방법만을 주장하는 것은 아니지만, 강조점을 어디에 두느냐의 기준으로 분류할 때, 첫 번째 방법은 소득재분배를 강화하는 계획이다. 거대 기업과 고소득자들로부터 더 많은 세금을 거두어 들이자는 것이다. 두 번째는 재정건전성 관념을 부정하며 정부의 재정여력이 충분함을 강조하는 입장이다. 이는 거대 국가 프로젝트를 수행하기 위해 정부가 더 많은 빚을 져도 된다는 입장이다.

버니 샌더스 대선 후보와 코르테스 하원의원은 후자의 방법을 더 강조하고 있다. 다시 한 번 강조하지만, 그렇다고 이들이 부자와 기업에 대한 증세를 주장하지 않는 것은 아니다. 다만 부자증세를 주장하는 중요한 목적이 재원조달이라기 보다는, 불평등 완화와 사회적 인센티브 체계를 개선하려는 데 있다. 이런 입장은 샌더스 상원의원이 2016년 민주당 대통령 후보 경선에 출마하면서 이미 정립된 것으로 보인다. 물론 당시 경선 캠프에 참여했던 코르테스도 유사한 생각을 하게 되었을 것이라 추론할 수 있다.

정부재정에 대한 이런 관점은 소위 '현대화폐이론'(Modern Monetary Theory, 줄여서 MMT)에 기초하고 있는 것으로 보인다(이에 대해서는 이 책의 제2장과 제3장에서 자세히 설명한다). 샌더스 의원 자신의 경제정책 제안이 이 이론에 기초하고 있다고 직접 밝힌 적은 없다. 하지만 2016년 샌더스 캠프에서 수석 경제자문역을 맡았던 스테파니 켈튼(Stephanie Kelton) 스토니브룩 대학교 교수는 The Sanders Institute와의 인터뷰에서 2016년 당시 샌더스 의원과 장시간 토론 후 경제자문역을 요청받았다고 밝혔다. 켈튼 교수는 MMT이론의 선구자 중 한 명으로서, 오래 전부터 현재에도 잘못된 재정 관념을 개선하고자 왕성히 활동하고 있는 재정 전문가이다. 또한, 오카시오-코르테즈 하원의원은 스스로를 MMT의 팬이며, MMT는 '더 많이 토론되어야 한다'(should be a larger part of conversation)고 말하기도 했다.

기후위기와 불평등 문제 해소를 위해 대규모 재정정책을 주장하는 정치인들이 폭발적인 지지를 얻자, 주류 경제학계는 그 경제이론적 기초인 MMT를 비판하는데 집중했다. 이 논쟁에는 폴 크루그먼, 래리 써머스, 케네스 로고프 같은 세계적으로 잘 알려진 특급 주류 경제학자들이 대거 참여했다. 이에 대한 좋은 정리로는 Bloomberg의 "Begun, the MMT Wars Have", 2019.03.08.일자 기사를 참조하면 좋겠다. 해당 기사에는 MMT 비판과 반론 인터넷에 직면하고, 연방정부가 셧다운될 만큼 재정적자가 악화되어 있는 상황이다. 실제로 미국의 재정은 1970년부터 현재까지 단 한 해(2000년)를 제외하고는 매년 적자를 기록했고, 2008년 금융위기 직후인 2009년에는 무려 GDP대비 13.1% 적자를 기록하기도 했다. 그럼에도 불구하고 미국 정부는 금번 코로나19발 경제위기에서 대규모 부양책(2020년 4월 말 현재, 미국 중앙은행인 Fed의 대규모 통화정책을 제외한 미 행정부의 긴급 재정정책 규모만 약 4조 달러에 달하고 있다)을 실시하고 있다. 이는 어쩌면 2020년 말 치러질 대통령 선거를 앞두고 '샌더스 현상'을 의식한 결정일지도 모른다. 2008년 경제위기에서 미 정부는 금융기관만 구제했지, 일반 대중의 경제적 고통은 무시했다. 그 결과, 예컨대, 사람들에게 집을 사라고 돈을 빌려준 금융기관들은 정부의 도움으로 떼인 돈이 없었지만, 일반 대중들은 집을 잃고 큰 빚을 지게 되었다. 이에 분노한 대중들이 미국 금융의 중심가인 '월스트리트'에 모여 시위를 전개하기도 했다. 그때 구호가 '월스트리트를 점령하라'(Occupy Wall Street!)였다.

　　정부의 적극적 역할을 요구하는 미국인들이 증가하고 있다는 사실이 왜 충격적인지를 이해하기 위해서는 그 역사적 맥락을 살펴보아야 한다. 흔히 미국은 신자유주의 국가의 종주국이라 일컬어진다. 실제로도 미국의 사회와 경제 모두 철저히 그 원리에 따라 구성되어 있다고 평가된다. 신자유주의란 무엇인가? 가장 간단히 정의하자면, 그것은 '각자도생'을 최고의 선으로 여기는 기조를 말한다. 인간사회는 기본적으로 공동체에 기반한다. 그럴 수밖에 없다. 모든 사람은 모두에 의존해 살아가기 때

자료가 링크되어 있다. 또한 MMT를 전문적으로 다루는 웹사이트로 "New Economic Per-spectives", "Bill Mitchell - Modern Monetary Theory", "The Gower Initiative for Modern Money Studies", "Ellis Winningham - Monetary System Reality" 등이 대표적이다.

문이다. 각자 개인이 먹고, 입고, 쓰는 것 중 극히 일부를 제외하고는 본인이 직접 생산한 것이 없다. 다른 누군가의 노동과 수고로 만들어진 것들을 사용해야만 한다. 이러한 협업이 없었더라면 인간사회는 야생의 동물과 비슷한 물질적 환경에서 살아가야 했을지도 모른다. 그래서 인간 사회는 경쟁보다는 협력이 우선이었고, 개인은 본인 이외의 모두와 도움을 주고받으며 살아왔다. 그런데 신자유주의란 관념이 이를 부정하게 했다.

모든 개인은 자기 이외의 모든 사람들에 의존해 살아간다. 이것이 현실이고 실재이다. 신자유주의 관념이 이런 현실을 부정하는 논리는 매우 간단하다. "돈 냈잖아". 개개인은 공동체에 의지하여 풍요를 누리고 있지만, 대가를 지불한 것으로 공동체가 제공하는 서비스에 큰 가치를 두지 않게 된다. 공동체 속의 관계를 대가를 주고 받는 '거래관계'로만 폄하할 때, 국가가 자신의 역할을 방기해도 사람들은 이를 용인하게 된다. 누군가의 도움 아니고는 생계를 잇기 어려운 사람이 정부에 도움을 청하는 것은 게으르거나 불손한 일이 된다. 대가를 지불할 육체적·정신적 능력이 결여된 사람들을 공동체에서 배제해도 윤리적 죄책감마저 사라진다.

국가와 사회가 개인들의 삶에 개입(도움)하지 않겠다는 신자유주의적 태도는 여러 정부정책에 반영되어 있다. 구체적으로, 우리는 흔히 사회복지제도가 정부가 약자를 위해 마련한 제도라 여기며, 이것이 운영되고 있다는 사실은 여전히 공동체가 존재함을 증명한다고 믿는다. 물론 부분적으로 그렇게 말 할 수 있을 것이다. 하지만 대부분의 국가에서 운영하는 사회복지제도의 큰 부분에도 '각자도생'의 원리가 스며있다.

예를 들어, 우리나라 국민연금을 생각해보자. 국민연금제도는 경제활동을 하는 동안 소득의 일부를 저축하고, 경제활동이 어려운 노후에 급여를 받게 하는 제도이다. 정부가 그 관리를 맡고 있고, 그 안에서 일부는 재분배 기능을 담고 있기도 하다. 하지만 근본적으로 현재 우리나라의 국민연금은 '각자도생'의 다른 말인 '수익자부담원칙'을 철저히 따르며 운영되고 있다. 첫째, 소득이 있는 동안 국민연금에 납부한 돈의 양에 따라 노후에 지급되는 국민연금 급여액도 달라진다. 어떤 이유로 젊어서 소득이 없거나 적으면 노후에도 그 혜택을 보기 어렵다. 젊어서 빈곤하면 노후의 삶도 빈곤해야 한다는, 각자의 노후는 각자가 책임지라는 논리가 반영되어 있는 것이다. 둘째, 국민연금은 가입자들이 저축하여 모은 돈의 범위 내에서만 지급한다. "70년 후 이 기금이 고갈될 것으로 예상되므로, 지금부터 대책을 세워야 한다. 지금부터라도 더 많은 국민연금을 납부하거나, 노후 국민연금 지급액을 줄여야 한다" 등의 주장이 바로 이것이다. 기금이 고갈되면 정부나 사회 전체가 나서서 보충해야 한다는 말은 아무도 하지 않는다. 이 두 가지 운영원리를 모두 합쳐서 보면, 국민연금제도에도 '각자도생'의 원리가 관철되고 있다고 할 수 있다.

사회와 국가 등 공동체의 개입을 반대하는 신자유주의 노선은 부조리이다. 현실 속에서는 모두가 공동체에 의지해서 살아가고 있기 때문이다. 이렇게 실재를 부정하고 잡히지 않는 관념을 추구하는 일은 '자기 파괴적'이기도 하다. 기업을 예로 설명해 보자. 자본주의 경제에서 기업의 최대 목적은 최대의 이윤이다. 기업의 이윤을 극대화하기 위해서는 임금을 삭감하고 수시로 필요에 따라 노동자를 해고할 수 있어야 한다. 신자유주의 시대란 이것이 용인되는 시대이다. 이를 제지할 유일한 주체인 국가가 개입을 꺼려하기 때문이다. 그렇다면, 이렇게 하면 그 기업은 영원히 성장할 수 있을까? 전혀 그렇지 않다. 기업이 이윤을 많이 내기 위해서는 자신이 생산한 제품을 잘 판매해야 한다. 그런데 그 제품을 사주는 사람은 바로 자신이 임금을 깎거나 해고한 노동자들이다. 따라서 지금 당장 이윤을 늘리기 위해 노동자를 해고하는 것은 장기적으로 자기 무덤을 파는 것과 같다.

극단적으로 모든 기업들이 자신의 이익에 충실히 따르고, 노동자의 이익을 지켜줄 제도가 없어진다고 가정해 보자. 그렇게 되면 기업들은 대대적으로 임금을 삭감하고 수시로 해고에 나설 것이다. 소비할 임금소득이 없는 노동자는 생계를 걱정하거나 비참한 삶을 살아가게 되겠지만, 기업들도 무사하긴 어렵다. 왜냐하면 기업들이 생산한 물건을 팔 수 없게 될 것이기 때문이다. 결과는 공멸이다. 겉으로는 서로의 이익이 충돌하는 것처럼 보이는 기업과 노동자의 관계에서도, 사실은 서로가 서로에 의존하고 있었던 것이다. 이러한 현실을 부정하고 양자의 이해충돌을 조정하지 않는다면, 즉 신자유주의 정책으로만 일관한다면, 공멸을 피하기 어려울 것이다. 그래서 각자도생의 원리를 따른 사회는 전체적으로 볼 때 자기 파괴적이다. 국가 전체 혹은 인류 전체의 관점에서 볼 때, 모두가 함께 잘사는 방식이 종 전체의 멸종을 피하고 번영을 구가할 수 있는 최선의 길이다.

그럼에도 불구하고 사회과학 이론의 주류는 신자유주의를 옹호하는 이론을 개발하며 발전해 왔다. 특히 사회과학의 여왕이라 불리는 경제학은 그 첨병 역할을 담당해 왔다. 수도, 철도, 전기 등 공공부문은 민간 기업이 운영할 때 가장 효율적이라거나, 정부가 기업-노동자 관계에 개입하지 않고 오히려 노동의 권리를 제한하는 것이 경제성장에 유리하다는 주장이 그런 것들이다. 신자유주의 경제학은 또한 '정부 역할의 가능한 한 최소화'란 신념을 설파해 왔다. 또한, 이를 뒷받침 하는 이론들을 개발해 유포하기도 했다. 정부의 부채가 과도하면 경제 전체가 위기에 처해질 수 있다는 이론이 있는가 하면, 정부가 비이윤 목적으로 운영하는 공공부문이 커질수록 경제성장은 지체된다는 이론이 홍보되기도 한다.

미국은 이러한 신자유주의 이념이 가장 철저히 지켜지고 있는 나라이다. 한발 더 나아가, 미국은 국내 뿐만 아니라 세계 여러 나라들에 신자유주의적 제도를 이식하는 역할을 자처하기도 했다. 세계 패권국가의 지위를 이용해 그렇지 않은 나라들을 상대로 자유무역 등을 강요해 왔던 것이다. 그런 미국에서 내부에 균열이 생기기 시작했다. 만약 미국의 신자유주의 제도가 무너지게 된다면 전 세계는 연쇄적으로 반응을 일으킬 것이 분명하다. 구질서가 무너지고 새 질서가 등장하는 것이다. 이것이 우리가 미국의 변화에 역사적 의미를 부여하고 주목하는 이유이다.

왜 자본주의 경제는 정부가 필요한가

경제주체로서 정부는 어떤 역할을 담당할까? 정부재정이 흑자를 많이 낼수록 경제에 좋은 것일까? 결론부터 말하자면, 자본주의 경제는 정부의 역할에 절대적으로 의존하고 있다. 다른 말로 하면, 자본주의 경제는 정부가 적자재정을 유지할 때 더 건강하게 성장할 수 있고, 예산제약을 고려하지 않고 정부의 역할을 편의에 따라 선택할 수 있어야 한다.

정부가 세금을 걷고 지출하는 활동 전체를 재정정책이라 부른다. 재정정책은 치안이나 국방처럼 공공재를 제공하기 위해서도 필요하지만, 사회복지 서비스처럼 소득을 재분배하고 취약 계층을 보호하는 역할을 하기도 한다. 이러한 사회적 기능 이외에, 정부의 재정정책은 자본주의 경제의 지속가능한 발전을 위해서도 꼭 필요한 수단이다.

자본주의 경제의 근본적인 어려움은 '수요 부족'이라 할 수 있다. 다음의 예를 통해 설명해보자. 어떤 경제가 국내에서 1년 동안 총 100억 원의 생산물을 생산했다(이것을 GDP라 부른다). 이는 크게 임금과 이윤으로 분배되고 '소득'이라 부른다. 노동소득으로 60억, 자본소득인 이윤으로 40억이 분배된다고 하자. 이렇게 분배된 소득이 생산물 모두(100억)를 소비(구매)해 준다면 경제 전체적으로 아무런 문제가 없다. 하지만 만약 사람들이 소득의 일부, 예컨대 10억 원을 저축하게 되면, 총 생산물 중 10억 원어치의 물건은 팔리지 않고 재고로 창고에 쌓이게 된다. 이렇게 재고가 쌓이면 기업들은 투자를 중단하거나, 더 심각한 경우에는 현재 고용되어 있는 노동자를 해고하고 기계 등 설비의 가동을 중단하기도 한다(그림 2).

그런데 문제는 분배된 소득 중 일부가 저축되고, 생산물이 모두 팔리지 않는 현상이 자본주의 경제의 역사 전체에서 예외가 아니라 '일반적'이라는 점이다. 이는 소득이 불평등하게 분배되어 나타나는 현상이다. 위의 예에서 임금으로 분배되는 60억은 경제 전체에서 가장 큰 비중을 차지하지만, 각 노동자에게 돌아가는 소득은 그렇게 크지 않다. 60억을 나누어야 하는 노동자의 수가 워낙 많기 때문이다. 예를 들면, 우리나라 GDP에서 임금 몫으로 분배되는 비중이 약 64%에 조금 못 미치지만, 중위소득 수준은 겨우 월 200만 원을 조금 넘는 수준이다. 노동자 개개인에게 임금소득은 대개 생활하기에 불충분하기 때문에 대부분이 소비된다. 반면, 이윤 40억은 전체 경제 규모에 비해서는 상대적으로 작은 비중을

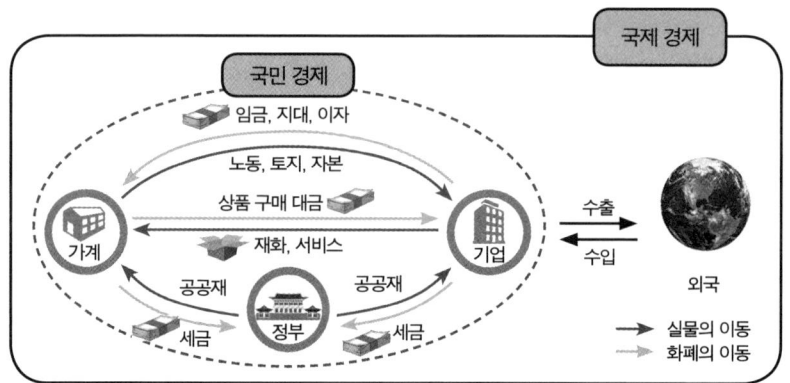

그림 2   경제의 순환

출처: https://susuhan104.tistory.com/316

차지하지만, 개별 자본가의 소득은 엄청나게 크다. 이윤을 수취하는 자본가의 수가 그리 많지 않기 때문이다. 따라서 자본가들의 이윤소득에서 큰 부분은 저축될 수밖에 없다. 돈이 많다고 하루 열끼를 먹을 수 없듯이, 소득이 높은 개별 자본가들이 아무리 호화로운 생활을 한다고 하더라도 소비지출에는 물리적 한계가 존재한다.

자본가들이 소비의 물리적 한계에 부딪혀 소득 전체를 소비하지 못하거나, 노동자가 노후 준비나 미래 예상치 못한 사고에 대비하여 저축하게 되면, 그 저축액만큼의 생산물은 팔리지 않게 된다. 위의 예에서, 자본가와 노동자가 각각 10억 원씩 저축한다고 가정해보자. 다른 말로, 시중의 구매력은 총 80억 원에 지나지 않게 된다. 반면, 생산되어 시장에 내놓은 생산물은 100억 원어치이므로, 총 저축액 20억 원어치의 물건은 생산되었지만 판매가 곤란한 상황이 벌어지는 것이다. 생산은 되었지만 팔리지 않은 잉여 생산물이 넘쳐나는 현상이 발생하게 된다. 경제학에서는 이러한 현상을 두고 상품의 '실현위기' 혹은 '수요부족', '과잉생산'이라 부르기도 한다.

소득보다 더 소비하는 마이너스(-) 저축이 벌어지는 경우는 역사적으로 극단적인 예외를 제외하고는 관찰하기 어렵다. 그래서 자본주의에서 과잉생산, 혹은 수요부족이 일반적이다. 수요가 부족하여 생산물이 판매되지 않으면, 기업들은 투자를 멈추거나 기존 생산을 축소할 수밖에 없다. 이것이 자본주의 경제의 위기이다. 자본주의 경제는 일상적으로 위기에 직면해 있다고 해도 큰 무리는 없다.

수요부족 문제를 가장 잘 보여주는 대표적 지표 중 하나는 제조업 설비가동률이라 할 수 있다. 설비가동률이란 이미 설치된 생산 설비가 완전히 가동될 때 생산할 수 있는 최대 생산능력 대비 실제 생산량의 비율을 의미한다. 만약 이것이 50%라면 공장의 절반만이 가동되고 있다는 뜻

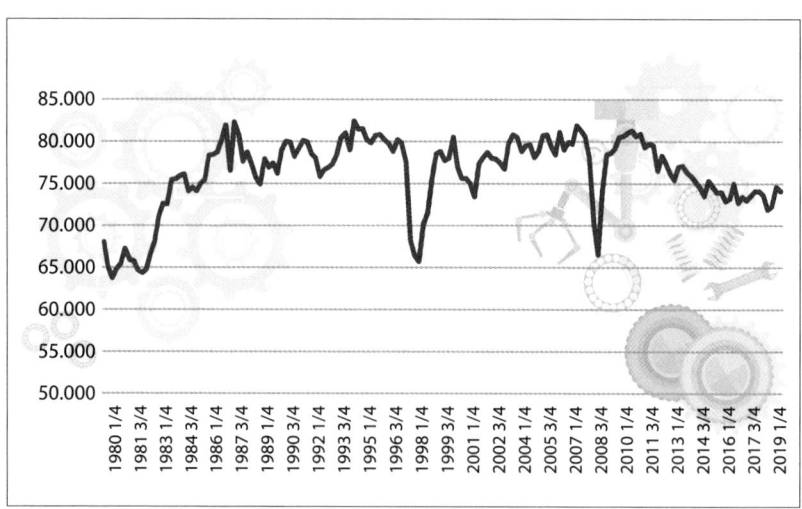

그림 3　제조업 평균 가동률(%) 추이(1980(1/4)~2019(4/4))

출처 : 통계청

이다. 우리나라 제조업 평균 설비가동률은 2019년 4/4분기 74%로 하락
했다(**그림 3**). 추세적으로 보면 2007년 4/4분기에 최고치인 81.9%를 기
록했으나, 2008년 말 세계 금융위기 여파로 2009년 1/4분기에 1998-99
외환위기 이후 최저치인 66.5%로 하락했다. 2011년 1/4분기에 81.4%로
회복하긴 했지만 이후 지속적인 하락하여 2019년 말 74%에 이르렀다(코
로나19 위기 영향으로 2020년 5월에는 63.6%로 더욱 하락했다). 다른 말로 하면,
현재 제조업 설비의 약 26%가 가동을 멈추어 있음을 의미한다. 비싼 돈
들여 설비를 갖추어 놓고도 큰 부분을 놀리고 있는 현상은 제품을 생산
해도 판매가 불확실한 상황을 나타내는 것으로 이해하는 것이 합리적이
다. 즉, 우리나라 경제는 대규모 수요부족 문제에 시달리고 있다고 진단
하는 것이 정확하다.

　현재 주류의 자리를 차지하고 있는 경제학('신고전파 경제학'이라 부르
고, 대부분의 대학에서 강의되고 있고 경제학 능력시험 등 시험에 나오는 경제학이 그

것이다)은 수요부족 문제를 부정한다. 경제 내부에 그러한 불균형을 해소하는 메커니즘이 작동하여, 수요부족은 있을 수 없다고 강변한다(여기서부터 다음 절 이전까지의 내용은 이 책의 2장과 3장을 먼저 읽어야 이해될 것이다. 경제학 배경 지식이 없는 독자는 차후에 읽어도 된다).

지금까지 설명한 수요부족 문제란 경제 주체들이 저축을 하면 생산된 생산물이 모두 판매되지 않을 위험성을 말한다. 아래에서 더 자세히 보겠지만, 대부분의 경제는 전체적으로 플러스 저축을 경험하고 있다. 따라서 자본주의 경제에서 수요부족 문제는 상존하고 있다고 할 수 있다.

신고전파 경제학이 이러한 문제가 발생하지 않는다고 주장하는 이유는 저축된 만큼 신규 투자가 일어난다고 믿기 때문이다. 이에 따르면, 저축 때문에 소비되지 않는 생산물을 투자가 대신 소진해 줄 것인데, 이것을 자동으로 이루어지게 하는 메커니즘이 잘 작동한다. 그러한 중재 기능을 담당하는 것이 이자율이다. 저축이 투자보다 크게 되면(즉 실물 생산물에 대한 수요가 부족해지면), 이자율이 즉각적으로 하락한다. 낮아진 이자율로 인해 저축은 감소하고 투자는 증가하게 된다. 저축과 투자가 일치할 때까지, 즉 수요부족 문제가 투자를 통해 해소될 때까지, 이자율 하락은 계속된다는 말이다. 이것을 '대부자금론'(loanable fund theory)이라 부른다. 저축과 투자로 표현되는 '자본시장'이 잘 작동한다면 수요부족, 실업 같은 '경제적 불균형'은 존재하지 않게 된다. 주류 경제학이 왜 그리도 시장을 신봉하는지 엿볼 수 있는 대목이다.

하지만 이 이론은 하나의 사고실험이 낳은 이론적 가설일 뿐 현실과는 잘 부합하지 않는 것처럼 보인다. 이 가설이 성립하려면 우선 저축과 투자 모두가 이자율의 함수여야 하고, 그것도 저축과 투자가 이자율에 '매우' 민감하게 반응해야 한다. 과연 그러한가? 이에 답하기 위해, 이 책의 다음 장들에서 다루는 몇 가지 논점만 우선 제시하고자 한다. 첫째,

이자율은 저축과 투자에 의해 결정되는 가격 변수가 아니다. 대신 이자율은 중앙은행이 정하는 기준금리를 따르는 외생변수이다(3장). 시장 이자율은 기준금리에 가산금리를 더해 결정되므로 추세적으로 기준금리를 추종하며 변화한다. 기준금리는 정책변수로서 경제 외부에서 중앙은행이 결정한다. 기준금리 수준은 저축과 투자의 일치를 목표로 정하지 않는다. 대신 그것은 목표로 하는 인플레이션을 기준으로 결정된다. 따라서 통화정책 목적에 따라 결정되는 이자율은 저축과 투자를 일치시킬 때까지 자유롭게 변동하지 않는다.

둘째, 투자자금은 저축을 통해 공급되지 않는다(3장). 흔히 저축한 자금이 투자 재원으로 충당된다고 알려져 있지만, 현실은 이와 전혀 다르다. 투자자금은 저축과 무관하고, 민간은행이 신용을 창조하여 공급한다. 다른 말로 하면, 저축량이 투자량을 제약하는 것도 아니고, 저축과 투자가 일치하지 않는 불균형이 발생하더라도 그에 따라 이자율이 변동하는 것도 아니다.

마지막으로 한 가지 더 지적하는 것이 유용할 것이다. 가장 일반적으로 말해, 설사 이자율이 자유롭게 변동하여 저축과 투자가 일치하는 거시경제의 균형이 달성된다 하더라도, 그 균형 수준이 모든 설비가 완전히 가동되고 실업이 없는 완전고용을 보장할 이유는 전혀 없다는 점만 미리 밝혀 둔다.

수요부족 문제를 해결하는 세 가지 방법

국내 잉여 생산물을 처리하는 방법은 크게 세 가지다. 첫째는 수출이다. 우리나라는 총 생산물의 약 40%를 수출한다. 국내 소비의 정체가 지속된다면, 이 비중은 더 커질 것이다. 하지만 수출에 의존하는 경제는 여러 가지 문제를 야기하기도 한다. 우선 이렇게 대외(수출) 의존도가 높으면 해외경제의 변화에 민감해진다. 해외 경제가 재채기를 하면 우리나라 경제는 독감에 걸린다는 우스갯소리는 이를 두고 나온 말이다. 우리나라 물건을 사주는 세계 경제가 조금이라도 침체하게 되면, 우리나라 경제는 그보다 훨씬 큰 폭으로 몸살을 앓게 된다.

대외 취약성 외에도, 수출 의존도가 높아지면 수출부문과 비수출부문 사이의 불균형이 확대된다. 우리나라에서는 내수가 침체하면서 수출이 크게 성장했다. 그 결과 수출부문의 소득이 더욱 커지고 국내 불평등을 악화시켰다. 수출이란 국내에서 사용되었더라면 국민들의 물질적 생활수준을 높일 수 있었던 경제적 자원이 해외 외국인들을 위해 사용됨을 의미한다. 그런데 수출부문 종사자 말고는 그 과실의 혜택을 누릴 수 없다는 점은 단순히 소득 불평등의 의미를 넘어서는 문제이다. 그 외에도, 우리나라 수출은 대기업을 중심으로 이루어지고, 수출품도 소수의 자본집약적 산업에 집중되어 있다. 그 결과 수출이 잘 된다고 하더라도 고용이나 일반 국민들에게 돌아가는 몫은 별로 없다. 이른바 수출의 낙수효과가 크지 않다.

국내 잉여 생산물을 처리하는 두 번째 방식은 투자이다. 이는 현재에도 그렇고 과거에도 정부와 자본 모두가 가장 선호하는 방식이기도 하다. 기업들이 경제 전체의 저축액만큼 투자를 늘린다면(이것이 저축을 투자 재원으로 사용한다는 말은 아니다. 이에 대해서는 뒤에서 상세히 설명한다) 경제 전체의 과잉 생산물은 소진될 것이고, 자본의 규모가 확대됨에 따라 더 많은 이윤을 얻을 수 있다.

하지만 항상 투자가 수요부족을 메꿔줄 것이라 기대하기는 어렵다. 자본 전체의 관점에서 보면 투자만큼 이윤을 늘릴 수 있으니 이 방식이 최선의 선택이다. 하지만 일개 기업의 최고 경영자가 동일 목적을 위해 기업 전체를 일사불란하게 지휘하는 것과 달리, 개별 자본들 모두가 같은 방향으로 움직이도록 통제할 수 있는 기구는 존재하지 않는다. 개별 자본의 입장에서는 당장 눈앞에 재고를 쌓아두고서는 투자를 하지 않는 것이 최선이다. 투자 부족 현상은 개별 기업이 취할 수 있는 최선의 선택이 경제 전체의 최선이 되지 않는 대표적인 경우라 할 것이다. 종종 정부가 나서서 감세, 규제 완화, 노동시장 유연화 등의 투자 유인책을 제시하여 개별 기업들의 투자를 유도하기도 한다. 이것이 소위 '공급측 접근법'이다. 하지만 역사적으로 입증된 것처럼, 이는 효과가 별로 크지 않다. 감세가 기업에게는 충분히 좋은 소식이지만, 투자를 결정하게 할 만큼 매력적인 일은 아니다. 예컨대, 판로가 불확실한 상황에서 세율 좀 낮춘다고 투자가 크게 일어나는 것은 아니다. 과거 감세 정책의 대부분 사례들이 큰 효과를 보지 못했던 이유가 여기에 있다. 더구나 투자는 잉여 생산물 문제를 더욱 악화시킬 수 있다. 올해 투자는 당장 내년부터 더욱 많은 생산물을 만들어 낼 것이기 때문이다.

정리하면 공급측 접근법은 과잉생산 혹은 수요부족 문제를 기업의 투자를 통해 메꾸자는 전략이고, 이를 위해 투자 유인을 제공하자는 주장이다. 하지만 역사적 경험은 이 전략이 제대로 작동하지 않는다는 점을 보여 주었다. 감세와 규제완화는 투자를 유인하고 국민소득을 증가시키기보다는 기업에게 더 많은 이윤을 안겨 주었을 뿐이었다.

이러한 회의가 일자, 현 정부는 새로운 정책 방향으로 전환한다고 선언했다. 국민 전체의 소득을 증가시켜 소비여력을 개선하고, 이것이 거꾸로 투자와 고용을 견인하자는 것이다. 앞서 지적한 것처럼 기업은 자신의 제품이 잘 팔릴 것이란 전망이 설 때 비로소 투자에 나선다. 이것이 소위 '소득주도성장' 전략이다.

국민 전체의 소득을 증가시키는 방법은 크게 두 가지이다. 첫 번째는 임금이다. 너무나 당연하지만 국민 대부분이 임금 소득자이므로 임금을 인상하면 국민 전체의 소득이 증가한다. 하지만 자본주의 경제에서 정부가 일일이 모든 임금을 마음대로 정할 수는 없다. 제도적으로 실행 가능한 방안은 최저임금을 올리는 일이다. 실제로 현 정부가 출범하자 최저임금을 대폭 인상했다(물론 식대, 교통비 등 예전에는 회사가 지불하지만 '임금'으로는 간주하지 않던 것들을 임금으로 계산하게 하는 등의 법 개정으로 그 취지가 많이 흐려진 것은 사실이다). 하지만 최저임금 인상을 통한 소득증가는 뚜렷한 한계를 드러냈다. 현재 최저임금만을 지급하고 있고, 그래서 법정 최저임금 인상으로 월급을 더 올려줘야 하는 사업체는 대개 영세 업체들(자영업자로 불리는 개인사업자, 5인 미만의 고용원을 둔 소상공인, 그리고 중소기업 등)이었다. 최저임금 인상으로 손해를 본 사람들이 원래 저축을 많이 하던 사람들이 아니어서, 이들의 소득 감소는 소비 감소로 이어질 가능성이 크다. 최저임금 인상으로 혜택을 보는 사람들이 소비(수요)를 늘릴 수 있지만, 다른 한편에서 이를 상쇄하는 효과가 발생하는 것이다. 극단적으로 일부 영세업체는 영업을 중단하거나 고용을 줄이는 현상까지 나타나고 있다고 주장된다. 그 진위와 범위, 정도에 대해서는 아직 연구가 진행되고 있지만, 최저임금 인상만으로는 애초 목적을 달성하기에는 한계가 있었음은 분명해 보인다.

국민의 소득을 높여주는 두 번째 방안은 '간접소득'을 제공하는 방법이다. 현재 우리나라 국민들은 교육, 의료, 돌봄 등 다양한 사회서비스에 비용을 지불하고 있다. 그래서 사회서비스 이용에 지불하는 비용을 줄이게 되면 가계는 실질적으로 소득이 증가하고, 다른 곳에 더 지출할 수 있게 된다. 소득주도성장에 가장 큰 기대를 걸었던 부분도 바로 이 지점이었다. 대선공약에도 정부가 다양한 사회서비스와 복지서비스를 제공한다는 계획이 들어 있었다. 하지만 아직까지 잘 실행되지 않고 있는 실정이다.

너무나도 긴축적인 우리나라 정부

잉여 생산물을 처리하는 세 번째 방법은 정부의 소비이다. OECD 회원국 정부들의 평균 정부지출 규모는 GDP 대비 40% 이상을 차지한다(우리나라 정부 규모는 약 32%로 상대적으로 작다). 대부분의 자본주의 경제에서 정부는 매우 중요한 경제주체인 것이다. 따라서 정부가 작심하고 소비를 늘리게 되면, 경제 전체적으로 수요부족 문제에 큰 효과를 발휘할 수 있다. 그런데 정부가 지출을 늘리기 위해서는 재원을 마련해야 한다. 정부는 스스로 생산하여 소득을 창출하지 않기 때문이다.

정부가 지출 재원을 마련하는 방법은 두 가지이다. 하나는, 가장 전통적인 방법으로, 세금을 징수하고 이를 다시 지출하면 된다. 세금으로 거두어 들인 만큼만 지출한다면 수요부족 문제를 해결하는데 얼마나 효과가 있을까? 정부의 세입과 지출이 같은 것을 '균형재정'이라 부른다. 결론부터 말하자면, 정부가 균형재정을 유지할 경우 수요부족 문제는 제한적으로만 해소될 수 있다. 앞의 예로 돌아가 보자. 경제 전체는 100억 원어치의 물건을 생산했고, 임금으로 60억, 자본가 이윤으로 40억 원씩 각각 분배되었다 하자. 문제를 단순화하기 위해, 세금이 없다면 임금은 모두 지출되고(우리나라 가계는 세후소득의 3~7% 저축한다), 이윤 중 20억 원이 재투자되거나 소비되지 않고 저축된다고 가정해 보자. 이렇게 되면 해당 경제에는 20억 원만큼 수요가 부족해진다.

이 수요부족 문제를 해결하기 위해 정부가 세금을 걷어 지출한다고 생각해보자. 정부가 30억 원의 세금을 거두어 그대로 지출하기로 결정했다고 하자. 수요부족 문제를 해소하고자 하는 관점에서 보자면 누가 세금을 내느냐가 관건이다. 우리의 예에서 임금노동자와 자본이 절반(15억 원)씩 세금을 부담하는 경우부터 생각해 보자. 이렇게 되면 사용되지 않는 이윤 20억 원 중 15억 원은 세금으로 징수되어 정부가 대신 지출하게 된다. 이는 수요부족 문제에 도움이 되지만, 여전히 5억 원은 지출되지 않고 있다. 반면, 임금소득자가 지불하는 세금 15억 원은 '추가적인' 수요를 창출하지 않는다. 임금소득에서 지불한 세금 15억 원은 세금을 내지 않았더라면 개인이 지출했을 돈이었기 때문이다. 이것은 개인의 소비(수요)를 정부의 소비로 대체한 것에 지나지 않는다. 이 예에서 5억 원은 재투자되거나 수출되어야만 기업의 창고에 재고가 쌓이지 않게 된다.

따라서 정부가 수요부족 문제를 해결하기 위해서는 지출되지 않는 소득를 과세하여야 한다. 하지만 현실적으로 이는 불가능하다. 고소득을 올리는 기업과 고소득자에게만 특별히 과도한 세금을 징수할 수 없기 때문이다. 〈그림 4〉를 이용해 설명해보자. 〈그림 4〉는 우리나라 전체의 총저축률과 경제 전체를 가계와 비영리단체, 기업, 정부 등 세 부분으로 나누고 각각의 저축률을 나타낸다. 저축률이란 총소득에서 세금을 공제한 처

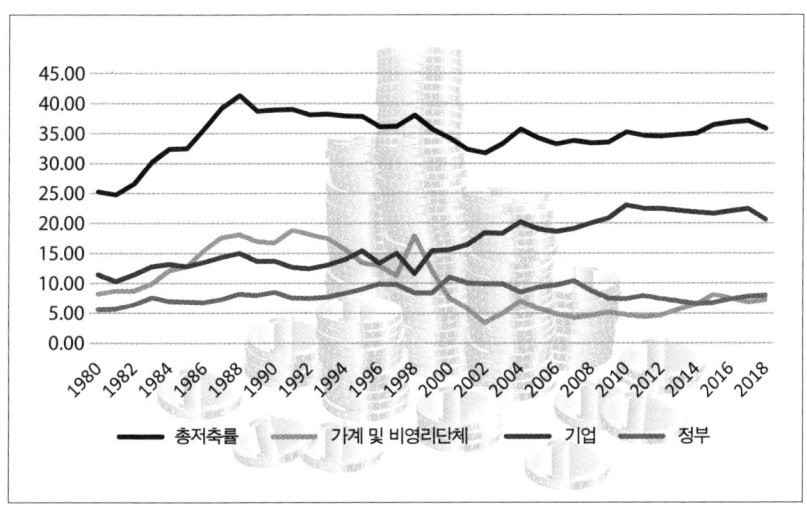

그림 4　우리나라 경제 주체별 총저축률
출처 : 한국은행 경제통계시스템-국민계정

분가능소득 중 지출되지 않은 부분의 비중(%)을 의미한다. 2018년 우리나라 경제 전체의 저축률은 35.8%였다. 이 가운데 가계와 비영리단체는 세후소득의 7.2%, 정부도 8%를 저축했다. 나머지 20.6%는 기업의 저축으로, 가장 큰 부분을 차지한다. 저축의 존재는 수요부족 문제가 상존함을 의미한다. 앞서 살펴본 것처럼, 이렇게 소비되지 않은 35.8%는 재투자되거나 수출되어야 한다(여기서는 순수출을 의미). 실제로 2018년 말 총투자는 GDP의 31.4%로 대부분의 저축이 투자에 사용되었다. 총저축률 35.8%에서 투자된 31.4%를 제외한 4.4%는 순수출로 소진되었다.

이 수치들은 어찌어찌하여 2018년 생산물이 모두 판매되었다는 점을 말해줄 뿐이다(투자에 재고 증가분이 포함되었다는 점을 기억할 필요가 있다). 이것이 경제에 얼마나 활력을 불어 넣었는지는 다른 문제이다. 실제로 우리나라 경제성장률은 지속적으로 하락하여, 2018년 2.7%를 기록했다. 이는 2012년 이후 가장 낮은 수치였다. 나는 우리나라 경제가 활력을 잃어가는 데에는 정부의 소극적 태도가 가장 큰 원인이라 생각한다. 〈그림 3〉이 보여주듯, 우리나라 정부는 지속적으로 양(+)의 저축을 유지해 왔다. 자본주의 경제의 고질적 문제인 수요부족 문제를 해결하고자 한다면 정부는 마이너스(-) 저축, 즉 재정적자를 유지해야만 한다.

현 정부의 경제 공약이었던 소득주도성장 정책이 흐지부지한 이유도 정부가 빚을 지려 하지 않기 때문으로 보인다. 대신 우리 정부는 최저임금 인상처럼 그저 제도와 법을 바꾸어 사용자에게 임금을 더 나누어 주라고 압박할 뿐이다. 앞서 살펴본 것처럼, 최저임금 인상으로 손해를 본 사람들은 대부분 영세 자영업자와 소상공인들로, 그들 또한 넉넉한 사람들이 아니었다. 만약 소득을 나눌 대상을 선정한다면 훨씬 큰 이윤을 누리고 있는 대기업들과 상위 1% 이상의 고소득자들이어야 한다. 이들이 저축을 가장 많이 하고 있는 경제 주체이기 때문이다. 물론 이를 위해서는 엄청난 정치적 위험을 감수해야 할 것이다. 이 때문에 정권이 다시 한번 보수주의자들에게 넘어간다면 애초 목적 자체를 잃을 수 있으므로, 고소득자 및 기업에 대한 과감한 증세를 당장 실행하지 못하는 점은 충분히 이해할 만하다. 여기서 말하고자 하는 요지는 기업과 고소득자에 대한 세금 인상이 시간을 두고 점진적으로 추진해야 할 일이라 한다면, 그 기간 동안에는 정부가 소득인상의 비용을 대신 져야 한다는 점이다. 하지만 우리나라 정부는 그렇게 하지 않고 있다.

정부의 소극적 태도를 일반적으로 '긴축적 재정정책'이라 부른다.[2] 긴축적 재정정책이란 크게 두 가지 유형으로 나타난다. 첫째는 세금과 정부지출 모두를 줄여, 경제에서 정부가 차지하는 비중을 줄이려는 노력이다. 이 경우 감세와 사회복지 지출 삭감 등이 동시에 일어난다. 둘째, 정부가 균형재정 혹은 흑자재정을 유지하려는 경향을 말한다.

우리나라 정부의 재정정책은 이 두 가지 유형의 긴축정책 모두를 지향하고 있는 것처럼 보인다. 〈그림 5〉는 2017년 기준 OECD 경제에서 정부가 차지하는 비중을 보여준다. 경제에서 정부 비중이 가장 큰 나라는

---

2 긴축적 재정정책은 우리나라만이 아니라 1980년대부터 세계적 추세이기도 하다. 때로는 긴축적 재정정책을 신자유주의의 가장 중요한 현상으로 이해하기도 한다. 정부는 사회문제를 해결하는 주요 기관인데, 정부가 재정을 이유로 손을 놓게 되면 '각자도생'의 사회가 되기 때문이다. 정부가 재정을 이유로 경제적 위험과 그에 따른 자살, 노숙, 범죄, 알코올 중독 등 사회문제의 증가를 방기하는 것, 이것이 신자유주의 사회의 모습이다. 그 결과 내가 어려움에 처했을 때 아무도 도와주지 않는다는 인식이 팽배해지게 되면, 예컨대 복지국가를 위한 보편증세에 반대하는 등 대중들은 사회적 혁신에 저항하게 된다. 복지국가란 사회서비스처럼 개인이 어려움에 처했을 때 필요한 '도움'을 공동구매하는 것이고 이를 위해서는 사회적 연대감이 우선 형성되어야 한다. 각자도생의 관념은 정확히 사회적 연대감을 파괴한다. 그래서 신자유주의는 사회 전체를 위험으로 몰고갈 수 있다. 긴축재정의 역사와 비판에 대해서는 M. Blyth, 2013, *Auterity: The History of a Dangerous Idea*, Cambridge: Oxford University Press (이유영 역, 『긴축, 그 위험한 생각의 역사』, 서울: 부키, 2016) 참조

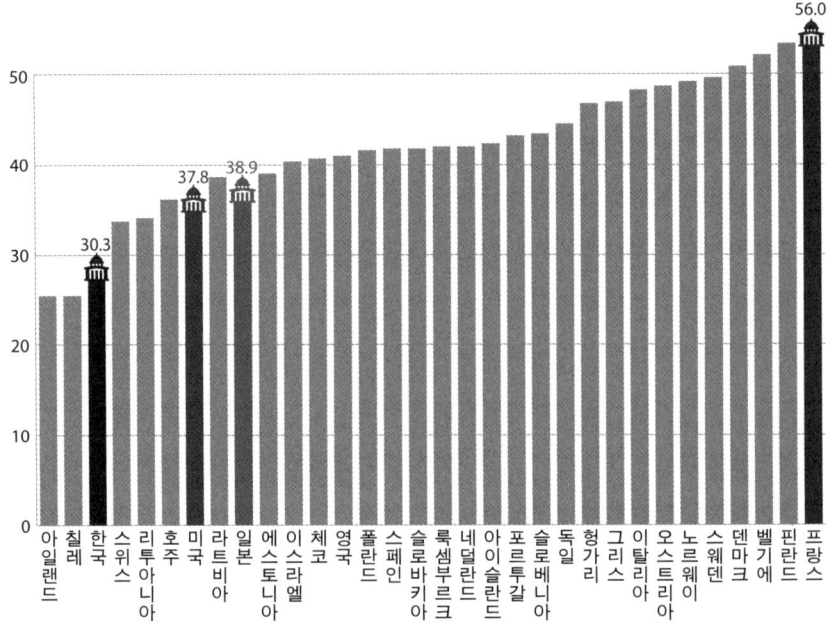

그림 5　OECD 정부의 비중(GDP 대비 %)

출처 : OECD Data, General Government Spending

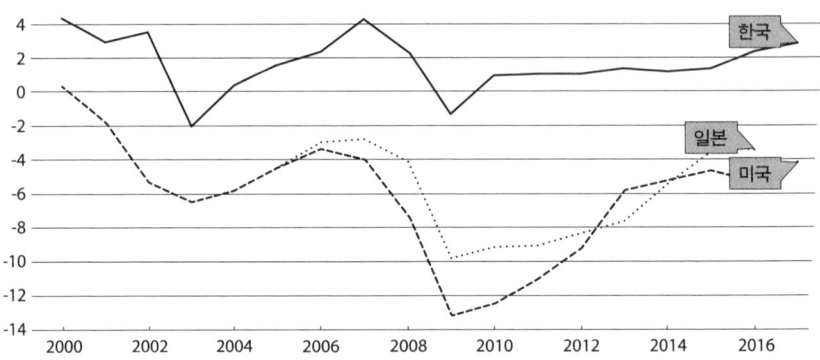

그림 6　정부재정수지: 한국, 미국, 일본

출처 : OECD Data, General Government Debt

프랑스로 56%에 달하고 있다. 여기에는 나와 있지 않지만 OECD 전체 평균은 약 40%를 기록하고 있다. 반면에 우리나라 정부 비중은 30%를 웃도는 정도로 아일랜드와 칠레 다음으로 낮은 수준을 나타내고 있다. 경제 전체에서 정부 비중이 낮다는 점은 우리 정부의 소극적 태도를 잘 보여주는 지표로 이해할 수 있다.

다른 한편 〈그림 6〉은 OECD 정부들의 재정수지를 보여주고 있다. 이 지표가 마이너스(-)일수록 정부가 보다 적극적으로 경제에 개입하고 있음을 의미한다 할 수 있다. 정부의 재정적자는 자본주의 경제의 고질적인 수요부족 문제 해소에 정부가 크게 기여하고 있음을 의미하기 때문이다. 1980년대 후반까지 우리나라 정부의 재정은 대개 적자를 기록했다. 하지만 우리나라 재정수지는 1998년 외환위기 이후 20년 동안 2009년 한 해를 제외하고는 지속적으로 흑자를 기록해 왔다. 소득주도성장을 야심차게(?) 추진했던 2018년 재정수지도 31.2조, GDP 대비 1.7% 흑자였다(이에 대한 비판을 의식한 듯, 정부측은 '관리재정수지'가 적자이므로 적극적인 재정정책을 펼친 것이라 주장한다. 하지만, 수요확대라는 취지에서 보면 이는 전혀 설득력이 없는 해명이다. 관리재정수지란 통합재정수지에서 국민연금, 고용보험, 산재보험 등 사회보장성기금을 제외한 재정수지를 말한다. 통합재정수지는 흑자인데 관리재정수지는 적자라는 말은 보장성 사회보험으로 거두어들인 돈이 그에 지출한 돈보다 많다는 뜻이다. 정부와 대비되는 민간 경제의 입장에서 보면 일반 세금이든 사회보험료든 모두 정부에 강제로 납부하여야 하는 돈이고, 그에 따라 소비여력은 감소한다. 따라서 사회보험료로 거두어 들인 돈을 지출하지 않았다는 것은, 그렇지 않았다면 민간이 지출했을 소비를 정부가 지출하지 않은 것과 같다. 결국 이는 소비를 줄이는 요인이다). 따라서 수요부족이라는 자본주의 일반의 모순을 해소하는데 우리나라 정부는 큰 역할을 하지 않고 있다고 할 수 있다. 다른 나라 정부들과 비교하더라도(그림 5), 우리나라 정부재정은 너무나 '건전'하게 유지되고 있다.

〈그림 4〉에 더하여 경제에서 정부와 각 경제주체가 담당하는 역할을 살펴보는 또 다른 방법은 소위 '자금순환표'를 살펴보는 것이다(그림 7). 자금순환표란 경제 주체를 가계, 기업, 정부, 해외 부문으로 나누고, 각각의 순저축(소득-지출)을 나타내는 통계이다. 어떤 경제 부문의 순저축이 0보다 크면 벌어들인 것보다 지출이 적다는 뜻이다. 다른 말로 하면, 이 경제 주체는 경제 전체에 수요부족 문제를 악화시키는 부문이라는 의미이다. 반대로 순저축이 마이너스(-)를 기록하면 소득보다 지출이 많다는 뜻으로, 국내 수요부족 문제를 해소하는데 긍정적 영향을 미치고 있다고 할수 있다(단, 해외부문은 반대로 해석해야 한다. 예컨대, 우리나라의 해외부문은 우리와 거래하는 다른 나라를 의미한다. 따라서 우리나라 입장에서 해외부분 순저축이 마이너스(-)를 기록하고 있으면, 해외가 우리나라에 팔아 벌어들인 소득보다 우리나라 상품을 구매하는데 더 많이 지출했다는 뜻이므로, 해외가 우리나라 생산물을 소비하는데 도움을 주고 있다는 말이다). 경제 내 한 부문의 저축은 다른 부문의 부채를 의미하므로, 각 경제 주체의 순저축을 모두 합하면 제로(0)가 되어야 한다.

〈그림 7〉은 세계 주요 지역의 자금순환표를 그린 그래프이다. 이를 자세히 살펴보면 우선 대부분의 나라에서 가계는 플러스의 순저축을 기록하고 있음을 알 수 있다(2008년 이전 미국은 예외). 가계는 대개 소득보다 덜 지출하는 경향이 있어, 수요부족 문제를 해결하기 보다는 악화시키는 역할을 한다. 이는 어쩌면 당연한 결과일 수 있다. 가계와 개인은 무한정 빚(마이너스 저축)을 늘려갈 수 없다. 노후 준비, 주택마련, 질병 등 예상치 못한 사고에 대비하기 위해서라도 가계는 최대한 많이 저축하려는 경향이 있다(물론 소득 수준이 생계비에도 미치지 못하는 개인과 가계는 저축을 하기 어려울 것이다). 따라서 가계부문이 저축을 하므로 생산물의 소진을 위해서

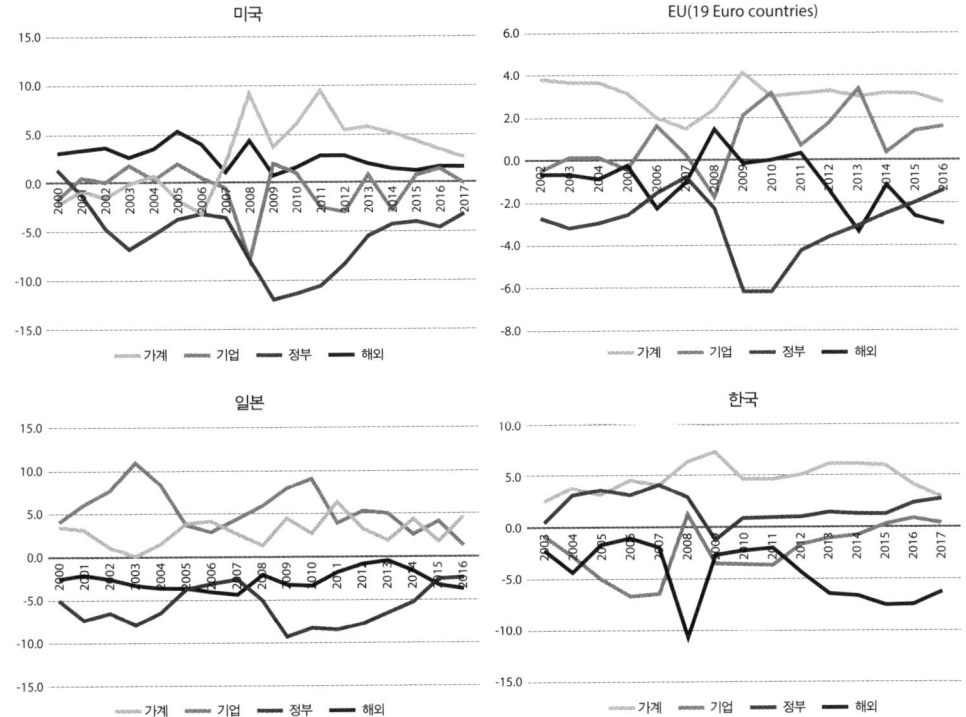

그림 7 세계 주요국의 자금순환

출처 : 미국, 일본, 한국은 OECD database, Euro 19개국은 eurostat database; 저자 계산

는 다른 부문이 그만큼 마이너스 저축을 해야 한다.

　기업부문을 살펴보자. 일본과 EU 19개국에서는 기업도 플러스 순저축을 하고 있다. 기업들이 이윤을 투자에 사용하지 않고 기업 내부에 쌓아두고 있다는 뜻이다. 우리나라 기업부문은 2015년까지는 이윤보다 더 많이 투자(기업의 마이너스 저축)하여 수요부족 문제를 해소하는데 일조했다. 하지만 최근 우리나라 기업들도 플러스 순저축으로 돌아섰다. 기업의 플러스 순저축은 경제환경이 좋지 않음을 의미한다. 우선 기업이 투자하지 않는 이유는 투자 기회가 없음을 의미하고, 그것은 경제 전체의 경제 상황을 반영한다. 경제가 위축되어 있다는 말이다. 또한 기업 투자가 부진하면 고용이 감소하고 생산성도 정체하는 경향이 있다. 고용의 감소와 생산성 정체 모두 경제를 더욱 어렵게 만드는 요인이다. 생산성이 하락하면 임금도 하락한다. 생산성이 낮으면 고용된 노동자 1인당 벌어들이는 돈이 적다는 뜻이기 때문에, 기업이 임금을 인상할 이유가 없다. 따라서 기업의 투자 감소는 경제를 악순환으로 이끌 가능성을 만들어낸다.

해외부문을 살펴보면, 미국을 제외하고 모두 해외부문이 적자를 기록하고 있다. 다른 말로, 우리나라를 포함하여 세계 주요 나라들이 수출에서 흑자를 보고 있다. 이들은 해외시장을 국내 생산물의 판매처로 삼아 국내에 부족한 수요의 원천으로 활용하고 있다고 말할 수 있다. 특히 우리나라 경제는 해외에서 소비해 주는 비중이 이들 중 가장 크다. 해외에 크게 의존하고 있다는 의미이다. 수출로 먹고사는 나라라는 말은 이를 두고 하는 말이다. 하지만 전 세계 모든 나라들이 무역수지 흑자를 기록할 수는 없다. 한 나라의 흑자는 다른 나라의 적자를 의미하고, 무역적자는 무한히 지속될 수 없기 때문이다.

〈그림 7〉에서 우리의 관심사인 정부부문을 살펴보자. 대부분의 나라에서 재정적자를 기록하고 있은 반면, 우리나라만 유독 흑자를 유지하고 있다. 이는 〈그림 6〉에서 본 것과 같다. 가계와 기타 부문이 소득보다 덜 지출하여 국내 생산물에 대한 수요가 부족할 때 정부가 나서서 부족한 수요를 메워주는 것이 세계적 경향이라고 이해할 수 있다. 특히 미국경제에서 이러한 특징이 잘 나타나 있다. 미국의 기업부문은 평균적으로 번 만큼 지출하고 있고, 가계는 소득보다 소비를 덜 하고 있다. 또한, 플러스 저축을 보이는 미국의 해외부문은 미국이 수출하는 것보다 더 많은 상품이 미국으로 수입되어 들어오고 있다는 뜻이다. 미국에서 기업은 최소한 번 만큼은 투자하고 있다. 하지만 미국 가계와 해외는 미국 제품의 소비를 꺼려하고 있는 상황이라 할 수 있다. 이렇게 미국 내 소비가 부족한 상

황에서 적자를 보는 정부부문이 없다면 미국 경제는 심각한 수요부족 문제에 봉착하게 될 것이다. 이에 대응하여 미국 정부는 대규모의 재정적자를 자처하여 이 수요 부족분을 메워주고 있는 것으로 나타났다. 물론 2008년 금융위기와 뒤이은 침체기간 동안에는 더 큰 재정적자를 기록하기도 했다. 경기침체로 부족해진 수요를 정부가 떠안았고, 그래서 더 악화될 수도 있었던 경제를 견인했다고 해석할 수 있다.

정부가 경제를 침체로부터 견인해 가고 있는 모습은 일본의 경우에서도 쉽게 발견 할 수 있다. 잘 알려져 있는 것처럼, 1990년 이후 일본은 장기 불황(소위 잃어버린 30년)에 시달려 왔다. 가계와 기업 모두가 돈을 쓰지 않았기 때문이었다(플러스 순저축).[3] 1990년 일본 부동산과 금융시장의 거품이 붕괴된 이후 일본의 가계와 기업 모두 소비를 줄이고 저축이 급격히 증가했다. 그렇다면 일본의 가계와 기업은 왜 저축에 열을 올렸을까? 이에 대해 소위 '대차대조표 불황론'은 설득력 있는 설명을 제시하고 있다. 이에 따르면, 1990년 거품이 꺼지기 전까지 개인과 기업 모두 대규모 차입을 통해 부동산과 주식 등 자산을 매입했다. 하지만 자산가격이 폭락하자 자산의 가치는 큰 부분 사라진 반면, 부채는 그대로 남게 되었다. 이 부채를 갚기 위해 허리띠를 졸라매지 않을 수 없었던 것이다. 저

---

3   Richard C. Koo(2009), *The Holy Grail of Macroeconomics: Lessons from Japan's Great Recession*, NY: John Wiley & Son (김석중 역, 2010. 『대침체의 교훈』, 서울: 더난출판); Richard C. Koo(2015), *The Escape from Balance Sheet Recession and the QE Trap: A Hazardous Road for the World Economy*, NY: John Wiley & Son; Werner(2005)는 일본의 민간은행들이 신용창조 기능을 제대로 실행하지 않은 점을 장기불황의 원인으로 지목한다. 하지만 은행의 신용창조, 다른 말로 대출을 꺼려한 이유가 1990년 자산버블 붕괴로 남겨진 대규모 불량채권 때문이었다고 지적함으로써, Koo(2009; 2015)와 유사한 견해를 제시한다. Richard A. Werner(2005), *New Paradigm in Macroeconomics: Solving the Riddle of Japanese Macroeconomic Performance*, NY: Palgrave Macmillan.

축이 증가하자 이번에는 수요가 급격히 감소했고, 그 결과 기업의 수익도 하락하여 투자가 일어나지 않았다.

그래서 일본경제의 장기불황은 민간의 부채가 해소될 때까지는 끝나기 어려워 보인다. 기업의 부채는 상대적으로 단기에 상환되어 해소되었지만, 개인은 거품 붕괴로 떠안게 된 부채를 청산하기가 쉽지 않았다. 여기에 노령화 경향까지 가세하면서 가계의 소비(수요)는 회복되지 않았다. 이에 대응하여 기업도 투자를 통해 영업활동을 확장할 수 없었다. 이것이 장기침체가 지속된 원인으로 진단한다. 일부 사람들은 일본 정부의 대규모 적자를 통해 재정정책에도 '불구하고' 경제가 회복되지 않았다는 점을 들어 재정정책의 무용성을 주장한다. 하지만 이는 오해에 불과하다. 만약 일본 정부가 대규모 적자를 통해 수요를 부양하지 않았더라면, 일본 경제는 실제로 경험한 것보다 훨씬 더 악화되었을 것으로 추론할 수 있다. 국내 수요가 크게 부족해지고 경제가 침체하자 일본 정부는 대규모 재정적자를 운용했다. 2008년 경제위기가 발생했을 때처럼, 경제에 부정적 충격이 가하지면 정부가 재정적자를 더욱 크게 확대하면서 그 충격을 흡수하는 것은 이제 일반적 통념처럼 되었다.

하지만 우리나라 정부는 다른 나라들에 비해 경제위기 혹은 장기적 침체에 매우 소극적으로 대응해 왔음을 부인하기 어렵다. 2008년 세계금융 위기시 일시적으로 적자재정을 운영하긴 했지만, 그 마저도 GDP 대비 2% 미만이었다. 당시 미국 13.1%, 일본 9.9%, EU 19개국 평균 6%에 비해 턱없이 적었다. 이후 세계적 경기침체가 뒤따르자, 대부분의 주요 국가들은 재정적자를 통해 경기를 부양하려는 노력을 멈추지 않았다. 이에 반해 우리 정부는 곧바로 다시 재정흑자로 돌아서서, 이와 대비되는 모습을 보였다. 물론 오랫동안 다른 나라들이 재정적자를 유지하는 동안 우리나라 정부는 재정수지 흑자를 고수해 왔다. 우리나라 경제는 외환위기 이후 최저수준의 제조업 설비가동률을 기록할 만큼 경제가 침체에 빠져 있음에도, 우리 정부의 재정흑자 기조는 전혀 흔들림이 없어 보인다.

우리나라 정부의 긴축 기조는 코로나19 바이러스 사태에도 그대로 관철되고 있는 듯하다. 전례없는 감염병이 생산과 소비 모두를 동시에 강타한 위기 상황에서 전 세계 정부들은 너나 할 것 없이 대규모 대응 경제정책을 발표하고 실행하고 있다. 우선 코로나19 감염병이 가장 심각한 유럽과 미국의 중앙은행이 서둘러 양적완화 정책을 발표했다. 양적완화 정책이란 중앙은행이 발권력을 활용하여 민간의 금융자산을 사들이겠다는 정책이다. 2008년 이후의 경험을 통해 잘 알려진 것처럼, 이러한 양적완화는 금융시장 안정에는 큰 도움이 된다. 2008년 말 서브프라임 관련 금융자산 가격이 폭락하면서 발생한 금융위기는 양적완화 정책을 통해 불과 1년도 지나지 않아 간단히 진압되었다.

하지만 양적완화 정책은 실물부문 회복에는 무력했다. 2008년 미국발 금융위기 이후 양적완화 정책을 통해 금융시장이 빠르게 진정되자, 유럽과 미국의 정부들은 서둘러 긴축적 재정정책으로 회귀했다. 그 결과 고용과 경제성장 등 실물경제의 회복은 매우 느리게만 회복해 갔다. 예컨대, 미국의 고용은 2019년이 되어서야 금융위기 이전 수준을 회복했다. 따라서 실물경제가 회복하려면 정부의 재정정책이 특히 중요하다는 교훈을 남겼다.

지난 10년의 교훈 때문인지 코로바19발 경제위기에 맞서 선진 자본주의 정부들은 양적완화 정책과 병행하여 서둘러 대규모 경제부양책을 제시하고 실행하고 있다. 예컨대, 미국은 2020년 3월 13일 코로나19의 대규모 확산을 공식 선언했고, 4월 27일까지 미 의회는 3조 달러에 달하는 감염병 재난 대응 재정지출을 결정했다. 이는 미국의 1년 예산 4.8조 달러의 62.5%에 해당하고, 미국의 1년 GDP 21조 달러의 14% 이상에 달하는 천문학적 규모이다. 여기에는 기업에 대한 지원자금 뿐만 아니라 전 국민에게 직접 현금을 지급하는 계획이 대규모 포함되어 있다. 인접 국가인 캐나다도 신청자 누구에게나 매월 4,000 캐나다 달러를 4개월간 지급하기로 했다. 문제가 가장 심각한 지역 중 하나인 유럽 각국도 자신의 GDP의 10~30% 수준의 재정적자를 결의했다.

하지만 우리나라 정부는 적자재정 반대에 매우 강고한 입장을 유지하고 있다. 예컨대, 긴급재난지원금 지급을 두고 특정 소득계층에만 지급할 것인가, 모두에게 지급할 것인가를 두고 1달 가까이 허무한 입씨름을 했다. 그 규모에 있어서도 2차 추경에서 결정된 재정적자 7.6조 원 이상은 허용할 수 없다는 기재부의 입장은 후퇴할 줄 모르고 있다. 오히려 지방정부의 재난지원금 지급 정책이 신속하게 진행됐다. 기재부의 긴축재정에 대한 강한 집착은 재정건전성만이 유일한 선이라는 믿음에 근거한다. 다른 말로 하면, 그들은 정부의 부채가 증가하면 경제 전체가 위험에 빠질수 있다고 굳건히 믿고 있는 것이다.

재정적자의 위험성, 과학일까 미신일까

우리나라 정부가 재정건전성을 강조하는 데에도 나름의 이유는 있다. 주류 경제학은 재정적자의 부정적 효과를 주장하며, 역사적 경험에 대한 연구결과를 근거로 제시한다. 정부부채 규모가 지나치게 커지면 국채위기 혹은 경제위기가 발발할 수 있고, 물가가 크게 오를지도 모르고, 또는 민간부문을 경제에서 밀어내게 될지도 모른다. 이러한 경제적 충격 이외에도, 현 세대가 정부 빚을 많이 끌어다 쓰면 미래 세대가 원금과 이자의 상환부담을 떠안게 된다는 미래세대 부담론도 회자된다.

역사적 경험을 보면 이러한 우려들이 단순히 기우만은 아닌 것처럼 보인다. 2010년대 중반 PIIGS로 대표되는 남유럽 국가들과 남미 국가들이 겪고 있는 국채위기, 과거 1차 대전 이후 독일과 보다 최근의 짐바브웨, 베네수엘라에서 발생한 초인플레이션 등은 대규모 재정적자와 함께 발생했다. 국가부채가 늘어나면 세금의 더 큰 부분이 이자비용에 지출되는 것도 사실이다.

하지만 최근에 발전된 경제이론(특별히 앞서 언급한 MMT)[4]과 인류가 축적한 경제적 지혜에 따르면, 이러한 우려는 과학이 아니라 미신에 지나지 않는다. 역사적 경험도 잘못 해석한 것이라 주장한다. 특정한 조건을 살피면서 조심스럽게 재정적자를 확대하여 운용한다면, 이러한 문제는 발생하지 않을 것이라는 말이다. 가장 널리 알려진 MMT 전문가로, 2014년 미국 상원 재정위원회의 민주당 측 경제자문위원을 역임했고, 2016년 샌더스 대선캠프에서도 수석경제자문역이었던 스테파니 켈튼 교수는 이를 다음과 같이 일갈한다. "재정이 아니라 경제를 균형시켜라!"(Balance the economy, but not the budget!). 재정건전성에 집착하지 말고, 실업과 빈곤을 퇴치하는데 정부가 나서라는 뜻이다. 정부는 이를 해결할 수 있는 충분한 '재정적' 역량을 갖고 있다. 그 과정에서 정부는 대규모 재정적자를 겪게 될 것이다. 하지만 재정적자에 대한 부정적인 인식으로, 정부가 적극적으로 나서지 않고 있다는 비판이다. 초긴축 재정을 유지하고 있는

---

4   MMT에 대한 경제학 원론 수준의 소개로는 L. Randall Wray, 2015, *Modern Money Theory : A Primer on Macroeconomics for Sovereign Monetary System*, 2nd Edition, NY: Palgrave Macmillan (홍기빈 역, 『균형재정론은 틀렸다』, 서울: 책담, 2017). 이 책이 통화와 재정과정에 대한 분석에만 한정되어 있다면, 다음 책은 거기경제 전반을 다룬다. William Mitchell, L. Randall Wray, and Martin Watts (2019), *Macroeconomics*, London: Red Globe Press.

우리나라에 대해서는 울림이 큰 충고이다.

정부의 재정적자, 그에 따른 국가부채는 크게 우려할 일인가? 그렇지 않다면, 국민의 경제적 부담을 덜어주는 정책을 실행하는데 제일 무거운 제약을 벗어나게 된다. 과연 이들의 주장이 사실일까? 이를 제대로 이해하기 위해서는 현대 화폐금융체제와 재정통화정책의 작동원리에 대한 이해가 필수적으로 선행되어야 한다. 이 책의 다음 장부터 이 문제들을 본격적으로 다룬다.

제2장

돈은 어디에서 오는가

현대 경제의 작동원리를 이해하고, 이를 바탕으로 정부가 활용할 수 있는 정책에는 어떤 방법들이 있을지를 상상하기 위해서는 현대 금융시스템의 작동원리를 이해하는 일이 필수적이다. 현재 감염병 재난에 정부는 어떤 정책을 취해야 할 것인지를 두고 논쟁이 치열하게 전개되고 있다. 코로나19 감염병 재난이 발생하자 생명의 위협에 더해 '경제적' 위기가 동시에 발생했다. 이에 세계 각국은 전례 없이 신속하게 대규모 통화정책과 재정정책으로 대응하고 있다. 양적완화 정책으로 불리는 통화정책이야 2008년 미국발 세계금융위기 당시 실행해 봤던 경험과 교훈이 있을 테니 새로울 것은 없어 보인다. 하지만 경제위기에 이처럼 대규모의 재정정책을 실행한 일은 새로운 역사적 현상이라 할 것이다.

선진 자본주의 국가들의 신속하고 과감한 통화·재정정책적 대응과는 달리, 우리나라 정부는 소극적 대응으로 일관하고 있다는 비판을 받고 있다. 특히 긴급재난지원금을 지급하는 문제에 대해 예산을 담당하는 정부 부서인 기획재정부의 부정적 태도는 공분을 사기에 충분하다. 기재부의 입장은 긴급재난지원금을 전 국민이 아니라 소득 기준으로 가난한 사람들에게만 지급해야 하며, 규모도 너무 과도해서는 안 된다는 것이다. 지금은 '누구에게' 줄 것인가의 문제가 쟁점이지만, 경제위기의 범위와 폭이 확대되면서 '얼마나' 줄 것인가도 중요한 문제가 될 것이다.

대상과 규모 모두에서 보수적인 입장을 견지하고 있는 기재부도 나름대로 근거가 있다. **"재정적자는 위험하다"**는 것이다. 재난지원금이든 기타 재정정책이든 정부의 지원이 지나치게 과도하여 정부가 빚을 많이 지게 되면 다양한 문제들이 나타날 것이고, 궁극적으로 경제 전체의 장기적 성장에 부정적 효과를 낳을 것이라 항변하고 있다. 정부부채가 경제 전체에 부정적 효과를 낳는다면 기재부의 우려가 타당하다고 할 것이고, 재정지출을 확대하는 문제에 신중해야 할 것이다. 하지만 과연 그러한가?

결국 국민 스스로 이에 대해 올바른 판단을 내려줘야 한다. 정치권이든 정부 관료든 국민의 판단과 명령을 거스를 수는 없기 때문이다. 그런 판단의 기초지식을 제공하는 것이 이 책의 목적이기도 하다. 결론부터 말하자면, 이 책은 기재부의 주장은 잘못된 경제이론에 기초하고 있음을 보일 것이다. 기재부가 우려하는 재정정책의 부정적 효과는 통화와 재정에 대한 비현실적 이론에 근거하고 있다. 이는 현재 경제학의 주류로 군림하고 있는 신고전파 경제학 이론을 정책에 반영한 결과인데, 그 이론들 대부분이 현실과는 동떨어진 사고실험에 지나지 않는다고 단정할 수 있다.

재정의 작동원리는 이 책의 다음 장에서 자세히 설명한다. 이 장에서는 우선 현대의 통화(이하에서는 이해의 편리를 위해, 특별히 명시적으로 구분하는 경우를 제외하고는, '돈' 혹은 '화폐'라는 용어와 혼용한다)와 금융 시스템의 작동원리를 상세히 설명한다. 이것이 재정이론과 재정정책을 이해하기 위한 기초이기 때문이다. 여기서 설명하는 이론은 흔히 '포스트 케인지언'이라 불리는 경제이론 체계 중 '화폐론'에 해당한다. 주류 경제학으로부터 철저히 무시되고 배제되어 왔지만, 오랜 시간 동안 무거운 논쟁과 토론을 통해 정교하게 발전되어온 이론이다.[1] 이들의 정신을 따라 이 책도 정확한 '현실 묘사'를 목표로 한다. 이로부터 도출되는 정책적 함의는 또 다른 논의의 영역에 해당된다.

주류 경제학이 들려주는 우화

우선 주류 경제학이 통화공급 과정을 어떻게 설명하는지부터 살펴보자.

---

1   주류 경제학계로부터 '배제'되었다는 말은 이 이론의 전공자나 지지자들을 교수 혹은 영향력 있는 연구소 등의 채용에서 배제하거나 정책적 논의 테이블에 초청하지 않는다는 뜻이다. 이런 이유로 이들의 목소리는 세상에 잘 알려지지 않게 되는데, 이런 실질적인 의미에서 배제했다는 뜻이다. 또한, 주류 경제학계의 '무시'란 그들의 주장에 반하는 논리와 실증적 증거를 제시해도 눈여겨보지 않거나, 자신들의 연구에 반영하지 않는다는 뜻이다. 세계적으로 대부분 대학들에서 개설하는 경제학 교육 과정에서조차 이들의 연구결과는 토론되지 않고 있다. '포스트 케인지언' 경제학 일반에 대한 개론서로는 Marc Lavoie(2007), *Introduction to Post-Keynesian Economics*, New York: Palgrave Macmillan(김정훈 역, 『포스트케인스학과 경제학 입문: 대안적 경제 이론』, 서울: 후마니타스, 2016); 중급 수준의 교과서로는 Marc Lavoie(1992), *Foundations of Post-Keynesian Economic Analysis*, Hants, England: Edward Elgar Publishing Company; Hyman P. Minsky(1975), *John Maynard Keynes*, NY: Columbia University Press(신희영 역, 『포스트 케인스주의 경제학자 하이만 민스키의 케인스 혁명 다시 읽기』, 서울: 후마니타스, 2014); 이 장에서 소개하는 화폐금융론에 대한 선구적 연구로 다음의 책을 추천한다. Basil J. Moore (1988), *Horizontalists and Verticalists: The Macroeconomics of Credit Money*, NY: Cambridge University Press. 이 저작 이후로 무수히 많은 논쟁을 거치면서 이론적 실증적 발전이 있었다. 또한 이하에서 소개하는 거의 대부분의 저작도 이 책의 설명과 유사한 설명을 제공한다(특히 대안을 논의하는 이 장의 마지막 절에 소개되는 참고문헌들 참조).

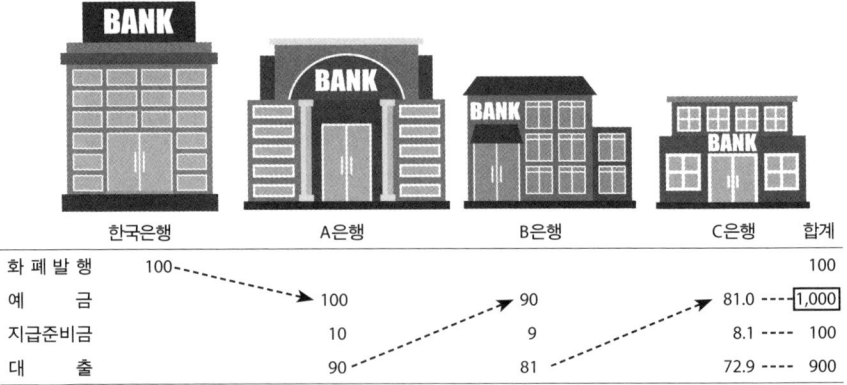

	한국은행	A은행	B은행	C은행	합계
화 폐 발 행	100				100
예 금		100	90	81.0	1,000
지급준비금		10	9	8.1	100
대 출		90	81	72.9	900

그림 1 　주류 경제학의 신용창조 과정

출처: 한국은행-경제교육, "통화는 누가 어떻게 공급하나?"
https://www.bok.or.kr/portal/bbs/B0000219/view.do?menuNo=200148&nttId=236275

〈그림 1〉은 우리나라 중앙은행인 한국은행 홈페이지에서 가져온 것이다. 일반 시민을 대상으로 한 경제교육용 자료로 보인다. 이 〈그림 1〉을 읽어 보자. 우선 중앙은행인 '한국은행이 화폐를 발행하여' A은행이 보유한 100만 원어치의 채권(이것을 통칭하여 은행의 자산이라 부르기도 한다)을 매입한다. 채권을 팔아 돈을 갖게 된 A은행은 자신의 고객 김씨에게 대출하여 이자 수익을 얻고자 한다. A은행 입장에서는 이 100만 원 전부를 대출할 때 이자 수익이 가장 크겠지만 그렇게 하지 못한다. 예금액의 일정 비율을 따로 떼어 한국은행에 맡겨두도록 법으로 정해져 있기 때문이다. 이것을 '지급준비금'이라 부르는데, 은행이 대출할 때마다 대출액의 일정 비율만큼 중앙은행에 맡겨야 하는 돈을 말한다. 지급준비금 비율을 법률로 정하는 이유는 고객의 예금을 보호하고 은행의 파산을 막아 금융시스템 전체의 위기를 예방하기 위함이다. 고객이 예금을 찾으러 왔는데 은행에 여윳돈이 없어 고객의 예금을 인출해 줄 수 없게 되면, 은행은 파산하고 고객은 돈을 잃게 되기 때문이다.[2] 우리의 예에서 법정 지급준비율

2　영국, 캐나다, 호주, 뉴질랜드 등 법정지급준비율 제도를 폐지한 나라도 있다. 아래에서

을 10%로 가정하면, A은행은 김씨에 90만 원을 대출하고, 10만 원은 중앙은행에 지급준비금으로 예치한다. 이제 김씨는 90만 원의 예금을 갖게 되었다.

예민한 독자라면 이런 질문을 제기할 것이다. "대출을 왜 예금이라 부르나?" 필자의 학습 경험으로 볼 때, 이에 대한 답을 이해하는 일이 앞으로의 논의를 이해하는데 결정적이다. 우리가 은행에 가서 대출을 받을 때, 은행은 언제든 돈을 인출할 수 있는 '예금계좌'(이것을 전문용어로 '요구불예금'이라 부른다)를 개설해 준다. 대출 고객이 이미 그런 계좌를 가지고 있다면 이 절차는 생각되겠지만, 중요한 사실은 은행은 대출해주는 돈을 고객의 계좌에 '입금'시켜 준다는 점이다. 그렇게 일단 대출 고객의 계좌에 입금 된 후에야 비로소 대출금은 인출하든 이체하든 사용된다. 돈을 빌리는 사람의 입장에서 보면 이는 '예금'이다. 물론 자기 돈을 입금하여 만든 예금은 아니지만, 어쨌든 자기 계좌에 돈이 생겼으므로 이것을 예금이라 부른다. 그래서 '은행이 대출하면 즉시 예금이 창조'되는 것이다. 이 점을 꼭 명심하자. **"대출은 곧 예금을 창조한다"**.

그렇다면, 김씨가 대출한 돈을 다른 누군가에게 지출한다고 해도 이 명제는 유효한가? 그렇다. 위 사례로 돌아가 보자. 90만 원을 대출받은 김씨는 이 돈을 누군가에게 지출할 것이고, 그 누군가는 그 돈을 자신의 은행 계좌에 입금하게 될 것이다. 그 누군가가 한 사람일 이유가 없고, 각자의 거래 은행에 입금할 것이다. 하지만 은행권 전체로 보면 대출금 90만 원은 '예금'으로 나타난다. 설명의 편의를 위해 그 누군가가 한 명이고, 거래 은행이 B은행이라 하자. 이제 B은행이 90만 원의 예금을 수취하게 된다. B은행은 다시 김씨의 예금 90만 원의 10%인 9만 원을 지급

설명하겠지만, 법정 지급준비금이 정해져 있지 않더라도 은행은 '지급결제'를 위해 일정 정도의 지급준비금을 항상 보유한다.

준비금으로 남겨두고 81만 원을 다른 고객 이씨에게 대출한다. 다시 이씨는 대출받은 81만 원을 지출하고, 그 돈은 C은행에 예금되고, C은행은 고객 박씨에게 그 90%인 72.9만 원을 대출하고, 그 돈은 또 다른 은행에 예금될 것이다. 이러한 대출과 예금이 무한히 반복된다면, 최초 '한국은행이 공급'한 100만 원은 은행권 전체적으로 1,000만 원의 예금으로 나타나게 된다. 이렇게 한국은행이 공급한 100만 원이 예금과 대출과정을 반복하면서 1,000만 원의 은행 예금으로 전환되는 과정을 '신용창조'(과정)라 부른다. 물론 법으로 정해진 의무지급준비율을 낮추면 총 예금액은 더 커질 것이다. 이와는 반대로, 중앙은행이 은행에게 채권을 팔고 그 대금을 회수해 가면, 전체 은행의 예금은 감소할 것이다. 신용창조의 반대과정이 진행될 것이란 뜻이다.

여기서 주의할 점은 은행을 거치면서 창조된 '예금'이 현실에서 다양한 거래에 지불수단으로 사용된다는 사실이다. 은행으로부터 대출을 받아 자신의 계좌에 만들어진 예금으로 인터넷 쇼핑을 할 수도 있고, 집을 사거나 물건을 구매하기도 한다. 기업이 그렇게 대출을 통해 예금을 갖게 되면, 그 돈으로 납품업체 대금을 지불하기도 하고 임금지급에 사용할 수도 있다. 민간은행의 신용창조를 통해 만들어진 예금들이 우리가 흔히 말하는 '돈' 또는 통화 또는 화폐인 것이다. 우리의 예에서 1,000만 원 전체가 통화량이다. 이것이 이하의 논의를 이해하는데 매우 중요한 개념이다. "민간은행의 신용창조로 만들어진 예금이 곧 통화이다". 이를 **예금통화**라 부르기도 한다.

지금까지 주류 경제학이 상정하는 통화가 공급되는 과정을 간단히 설명했다. 간단한 설명이지만 여기에는 매우 중요한 정책적 함의가 숨어 있다. 이 스토리를 진실로 믿는 경제학자나 경제 관료들도 이를 기초로 정책을 제안한다. 그것은 첫째, '궁극적으로' 예금(통화)을 공급하거나 회수하는 등 시중의 통화량을 통제하는 것은 중앙은행이라는 것이다. 위의 예에서처럼 중앙은행이 '최초의 통화'를 공급하지 않으면, 시중 은행은 신용창조활동을 시작조차 할 수가 없다는 말이다. 또는 법정 의무지급준비율을 올리거나 내려서 시중의 통화량(예금총액)을 통제할 수 있다는 말도 된다. 법정 지급준비율을 올리면 은행은 더 많은 돈을 지급준비금으로 빼놓아야 할 것이기 때문에 대출할 수 있는 여력이 감소할 것이다. 그 반대의 경우에는 더 많은 대출이 일어나고 예금(통화)량도 증가할 것이다. 중앙은행이 유통되는 통화량을 조절할 수 있다는 관념은 앞으로 살펴보게 될 수 없이 많은 잘못된 경제적 관념을 만들어 낸다. 이 책은 중앙은행이 예금과 통화량을 조절하는 데 무력함을 보여줄 것이다.

이 스토리가 암묵적으로 가정하는 두 번째 관념은 민간은행의 역할에 대한 것이다. 주류 경제학은 시중 은행의 역할을 매우 수동적으로 묘사한다. 이에 따르면, 민간은행이 대출을 하기 위해서는 빌려줄 돈을 미리 갖고 있어야 한다. 민간은행은 중앙은행에 자신이 가진 채권을 판매하거나, 중앙은행 혹은 다른 은행으로부터 빌리거나, 혹은 고객의 저축을 수취하여 대출자금을 확보할 수 있다. 누군가로부터 수취한 자금을 다른 누군가에게 전달해 주는 기능을 '금융중개'라 부른다. 위 예에서 보듯, 민간은행은 단순히 수취한 예금을 빌리려는 사람에게 대출하는 중개 역할만 수행한다. 하지만 이는 실제와 다르다. 아래에서 더 자세히 설명하겠지만, **민간은행은 수동적으로 금융중개 역할에만 머무르기보다는 능동적으로 신용을 창조하여 대출한다.**

금융 중개기관으로서의 은행이라는 관념은 또 다른 그릇된 금융 관념을 낳는다. 은행이 대출하기 위해서는 미리 예금을 받아 놓고 있어야 한다. 예금을 유치하지 못하면 대출도 불가능하다는 것이다. 저축이 경제 성장을 촉진한다는 흔한 캠페인 역시 이 관념을 표현한다. 실제 경제와 금융의 문제를 이해하기 위해서는 이 점이 특히나 중요한데, 이 책에서는 전혀 그렇지 않음을 입증할 것이다. 은행은 고객의 상환 가능성(이것을 '고객의 신용도'라 부른다)을 평가하고, **스스로 예금을 창조하여 대출한다.** 스스로 예금을 창조한다는 말은, 다른 고객이 예금을 하지 않더라도 대출이 얼마든지 가능하다는 뜻이다. 이를 자세히 살펴보자.

Money? What money?

과연 신고전파 경제학의 우화가 실제 현실을 잘 묘사하는 것일까? 복잡한 경제 현상의 본질을 설명하고 이론으로 정립하기 위해서는 단순화 가정이 필수이다. 이를 인정한다 하더라도 위와 같은 주류 경제학 이론은 완전히 현실을 호도하고 있다. 결론부터 말하면, 시중의 민간은행(이윤 목적의 민간 기업)은 고객의 신용도를 판단하여 대출을 결정하는데, 이때 대출금은 '스스로 무에서 창조'한다(단지 은행의 전산망에 키보드로 숫자를 입력하여 예금을 만들어 낸다고 말하는 것이 보다 생생한 묘사일 것이다). 이는 사전에 수취한 예금이 부족하더라도 대출이 제약받지 않는다는 말이고, 그래서 중앙은행은 시중에서 돈으로 사용되는 예금의 양을 통제할 수 없다는 뜻이기도 하다.

　이를 이해하기 위해 우선 용도와 성격이 결정적으로 다른 두 가지 종류의 화폐를 구분할 필요가 있다. 주류 경제학 이론은 이 두 종류의 화폐를 구분하지 않기 때문에 실제와는 다른 설명을 내놓는 것이다. 이를 〈그림 2〉를 참조하여 설명해보자. 〈그림 2〉는 현대 화폐금융시스템의 구조를 단순화한 그림이다. 그림에 나타나 있는 것처럼 현대 금융시스템은 가계와 기업으로 구성되는 민간경제, 민간은행, 그리고 한국은행(중앙은행)

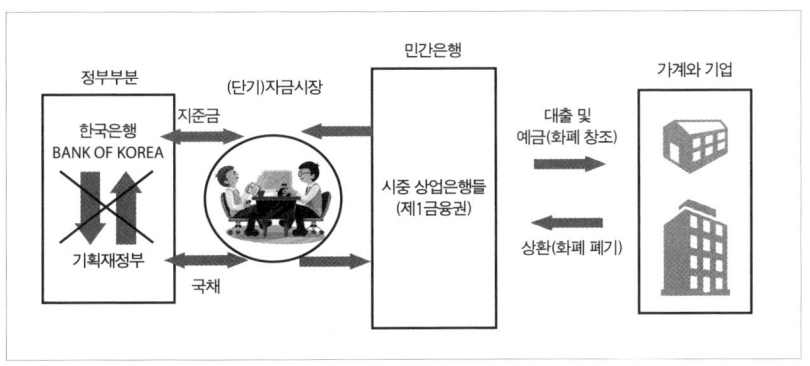

그림 2 금융시스템의 구조

과 정부로 구성되는 정부부문 등 크게 세 경제주체로 구성되어 있다.

우선 눈여겨보아야 할 사실은 각 경제 주체들의 거래 상대방이 제한되어 있다는 것이다. 가계와 기업 등 민간부문은 구성원들 사이에서, 그리고 민간은행하고만 거래할 수 있다. 민간부문은 정부 혹은 중앙은행과 직접 돈을 주고받을 수 없다. 아래에서 보겠지만, 세금납부 등 정부에 돈을 지불할 때에도 민간은행을 통해서만 그렇게 한다. 또한, 기초연금이나 기초생활보장금, 재난지원금 등 정부가 개인에게 직접 돈을 주더라도 민간은행을 통해서 한다. 민간부문이 정부와 거래하고자 하면 반드시 민간은행을 통한다. 이 점을 미리 확인하는 것이 매우 중요하다.

반면에, 민간은행은 개인과 기업 등 민간부문과 거래하기도 하지만 중앙은행 및 정부와도 직접 돈을 주고받는 거래를 수행한다. 또한, 민간은행은 상호 대출, 이체 등 서로 돈을 주고받을 수 있다.

그런데 가계와 기업, 그리고 민간은행 등 비정부부문 내에서 사용하는 돈의 종류와 정부부문과 민간은행 사이의 거래에 사용하는 돈의 종류는 전혀 다른 것이다. 우선, **정부부문을 제외한 경제 영역이 사용하는 화폐 대부분은 민간은행이 창조하여 공급하는 신용화폐이다.** 쉽게 말해, 이 돈은 민간은행이 대출을 통해 창조한 예금통화이다. 예외적으로 중앙은행이 발행하는 화폐인 지폐와 동전을 사용하기도 하지만, 지폐와 동전을 얻으려 해도 반드시 민간은행을 통해야 한다. 일단 민간은행에 예금을 보유한 후, 그 예금을 지폐와 동전으로 바꾸어야 하는 것이다. 그러니 민간은행 예금이 없으면 한국은행이 발행하는 지폐와 동전에조차 접근할 수 없게 된다. 그렇다면, 민간은행은 지폐와 동전을 어떻게 획득하는가? 민간은행이 보유한 예금을 중앙은행에 제시하고 지폐로 교환하는 것인가? 그렇지 않다. 이는 민간은행과 정부부문 사이의 거래로, 다른 종류의 돈이 사용된다.

민간은행이 중앙은행과 거래할 때 사용하는 화폐는 중앙은행이 발행하는 화폐이다. 이 중앙은행 화폐를 통칭하여 '지급준비금'이라 부른다. 앞서 대출이 일어나고 예금이 창조되면 민간은행은 의무적으로 중앙은행에 법정 지급준비금을 예치해야 한다고 설명했다. 예금을 보유한 고객이 은행에 지폐 인출을 요구하면, 해당 은행이 중앙은행에 지폐를 요청한다. 그러면 중앙은행은 해당 은행이 예치한 지급준비금에서 차감하고 지폐를 전달하는 것이다(그럼 지폐는 어디서 오는가? 중앙은행이 조폐청에 지폐의 인쇄를 요구하면 된다. 따라서 지폐와 동전은 이 지급준비금이 조폐청을 통해 손에 잡히는 실물로 전환된 것이다). 의무지급준비금을 정한 이유가 이런 것이다. 반복하자면, 민간은행이 중앙은행과 주고 받는 돈은 모두 중앙은행만이 발행하는 화폐, 즉 지급준비금이다(지급준비금의 더 중요한 기능은 '은행간 지급결제 수단'인데, 이는 아래에서 설명한다). 정부(행정부)에 세금을 납부하는 경우처럼 민간은행과 정부 사이의 거래에도 지급준비금만 사용한다(이에 대해서는 3장에서 자세히 설명한다).

이 원리를 적용하면, 법정 지급준비금 제도가 실행되는 경제에서 대출과 예금이 창조될 때마다 민간은행은 지급준비금을 중앙은행 계좌에 예치해야 한다. 이것은 민간 경제와 정부부문(중앙은행) 사이의 거래이다.

그런데 이 지급준비금은 민간은행 스스로 창조한 예금과는 전혀 다른 종류의 화폐이다. 지급준비금은 중앙은행만이 발행하므로, 민간은행도 중앙은행으로부터 얻어야 한다. 이것이 제도이고 현실이다. 그럼에도 불구하고, 신고전파 경제학의 우화가 들려주는 이야기는 이러한 '사실'을 무시한다. 이를 구분하지 않으면 전혀 엉뚱한 결론과 정책을 제안하게 된다. 신고전파 경제학을 신봉하는 경제학자와 경제 관료들이 현실에서 무능한 이유 중 가장 중요한 이유가 이것일 수도 있다.

무엇을 화폐 혹은 통화라 할 것인가를 두고 지루하고 비생산적인 논쟁이 전개되어 왔다.[3] 이런 학술적 논쟁은 잠시 무시하고 실용적 측면에

---

3 무엇을 화폐, 즉 돈으로 간주할 것인지에 대해 합의된 견해는 없다. 하지만 민간의 금융수단(현금도 일종의 금융수단이다) 대부분이 정도의 차이는 있지만 현금과 유사하게 쓰인다는 점을 주목할 필요가 있다. 여기서 정도란 유동성 정도를 말한다. 예컨대, 현금은 거의 모든 거래에서 즉시 사용 가능하므로 유동성이 가장 높은 금융수단이다. 여기서 말하는 예금도 현금만큼이나 손쉽게 사용된다. 하지만 이 예금은 금융위기처럼 특정 상황에서는 사용되지 않기도 한다. 반면, 정기적금은 만기까지 기다려야 사용 가능하고, 만기 전에 사용하려면 일정 수수료(혹은 페널티)를 물어야 한다. 이런 의미에서 정기적금은 유동성이 떨어지는 금융수단 혹은 화폐라 할 수 있다.

시중에 유통되는 화폐의 양을 측정하고자 한국은행은 '통화량 지표'라는 통계를 발표하고 있다. 무엇을 돈이라 부를 수 있을지 불명확하므로 통화량 지표도 다양하다. 아쉬운대로 유동성 정도에 따라 금융수단을 분류하고, 각 분류에 속하는 금융수단의 양을 측정하는 방식이다. 거듭 말하거니와 대부분의 금융수단이 현금 비슷한 기능을 수행하므로 이를 '통화'량 지표라 부르는 것이다. 다음은 우리나라 분류기준이긴 하지만, IMF가 제시하는 국제기준을 따르고 있으므로, 국제 공용 지표로 봐도 무방하다. ①본원통화는 가장 좁은 의미의 통화로 한국은행이 발행한 화폐량이다. 여기에는 유통중인 지폐와 동전(현금통화), 그리고 금융기관들이 한국은행에 예치한 원화 예치금(지급준비금이라 부른다)을 포함한다. ②M1(협의통화) 지표는 본원통화에 민간은행이 발행한 통화 중 유동성이 높은 예금, 즉 요구불예금, 수시 입출식 저축성 예금을 합한 금액이다(단, 동 금융수단의 예금취급기관간 상호 거래분은 제외한다. 이하 통화량 지표도 동일하다). ③M2(광의통화)는 M1에 정기예금, 적금 및 부금, 시장형 금융상품(CD, RP, 표지어음), 실적 배당형 금융상품, 금융채, 기타(투신증권저축, 종금사 발행어음) 등

서만 보면, 민간경제에 유통되는 금융수단 모두가 약간의 절차를 거치면 은행예금이나 지폐처럼 사용할 수 있다는 점에서 화폐(같은 말이지만, 통화)라 부를 수 있다. 이는 대부분의 통념과도 다르다. 예컨대, 흔히 예금은 '돈'이 아니라고 생각하지만, 인터넷쇼핑 등 일상적인 소비활동에서부터 주택거래 등의 거대 자산의 매매에까지 거의 모든 거래에 예금을 사용하고 있다. 가장 포괄적인 통화 지표인 광의유동성 지표에만 포함되어 있는 회사채(기업이 돈을 빌리고 발행하는 차용증서)를 예로 들면, 이것도 쉽게 예금으로 전환하여 어디에서나 지불수단으로 사용할 수 있다. 또한, 이것은 저축(가치저장)수단이기도 하다. 이렇게 본다면 이들 모두가 화폐라 할 수 있다. 화폐의 선험적 정의보다 더 중요한 점은 모든 금융수단들이 실물경제와 직간접적인 관계를 맺고 상호 영향을 미친다는 사실이다.

한국은행 경제통계시스템이 공개한 최신의 자료에 따르면 2020년 2월 말 기준 지급준비금이 79.3조 원인데, 지급준비금 예치 의무가 있는 금융기관들이 한국은행에 예치한 돈이다. 지폐와 동전은 116조 원이다. 이 둘을 합해 본원통화라 부르고, 총액은 약 197조 원이었다. 이에 반해 민간은행(금융권 전체)이 발행하는 금융수단들까지 포함하는 통화량은 이보다 압도적으로 많다. 본원통화와 예금통화만을 포함하는 M1은 985조, 그보다 포괄적인 M2는 2,978조 원에 달했다. 실물거래와 가장 밀접한 관계를 갖는 통화량은 M2로 알려져 있다. M2에서 현금(지폐와 동전)의 비중은 겨우 2.66%에 지나지 않는다. 민간경제 전체에 유통되고 있는 민간은행이 창조한 돈의 규모는 더 정확하게 계산하면 96%이다. 이는 다음과

만기 2년 이하 금융상품 등을 추가한 지표이다. ④Lf(금융기관유동성)은 M2에 M2 구성항목 중 만기 2년 이상 금융수단, 증권금융예수금, 생명보험사의 보험준비계약금 등을 포함하여 계산한 금액이다. ⑤L(광의유동성)은 가장 포괄적인 통화량 지표로 Lf에 국공채, 회사채, 자산유동화증권, CP 등을 포함한다.

같이 계산한다. 경제에 유통되는 통화량은 M2에서 지급준비금 79.3조 원을 제외한 2,898.7조 원이다. 지급준비금은 민간은행과 한국은행 사이의 거래에만 사용되기 때문이다. 한국은행이 발행하고 시중에 유통되는 지폐와 동전 116조 원은 이의 4%에 불과하다. 나머지 96%는 민간은행이 발행한 돈이다. 그렇다면 통화발행의 주요 주체는 한국은행(중앙은행)이 아니라 민간은행이라 해도 큰 무리가 없다.

중앙은행이 통화량을 통제할 수 있나?

민간은행이 통화를 어떻게 공급하는지 살펴보기 전에 우선 위 신고전파 경제학이 내놓은 첫 번째 결론부터 살펴보자. 중앙은행은 이러한 다양한 종류의 통화량을 통제할 수 있는가? 다른 말로 하면, 중앙은행이 지급준비금과 지폐와 동전(모두 합해서 본원통화라 부른다. '현금'이라 부르는 것도 이것이다)의 발행을 증가시키거나 감소시켜 민간이 사용하는 나머지 96% 이상의 통화량을 조절할 수 있을까? 불가능하다. 이는 역사적으로 증명된 사실이기도 하고, 현실이다. 왜 그런지 살펴보자.

중앙은행이 통화량을 통제하고자 할 때, 그 목적은 통화량 관리 자체에 있는 것이 아니다. 통화량 통제는 그 수단에 지나지 않고, 물가안정, 금융안정성, 혹은 실물경제의 성장 등이 최종 목표이다. 이것이 가능하려면 다음의 두 가지 양적 관계가 안정적으로 유지되어야 한다. 첫째, 중앙은행이 직접 발행하는 본원통화량과 여러 통화량지표가 매우 밀접하게 연결되어 있어야 한다. 둘째, 통제의 목표로 정한 통화량지표와 물가, 금융안정 등 최종 목표 사이에 안정적이고 비례적인 관계가 유지되어야 한다. 예컨대, 본원통화 발행이 5% 증가하면 M2가 10% 증가하고, 그에 따

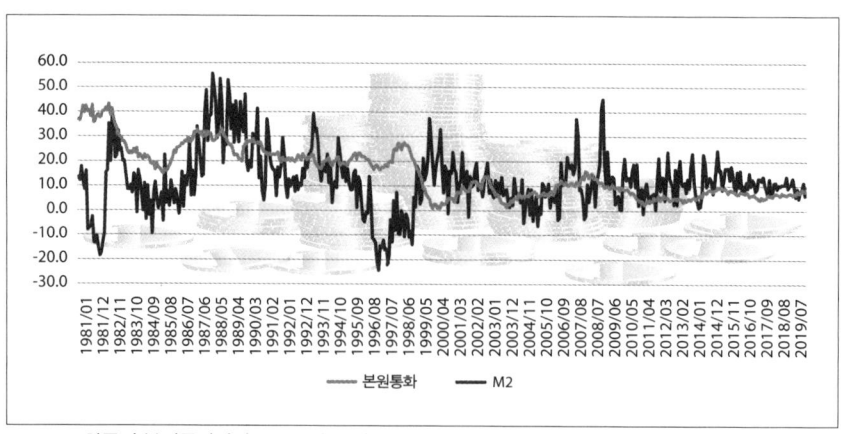

그림 3   한국의 본원통화량과 M2 증가율(전년동월대비, %)(1981.01~2020.02)

출처: 한국은행 경제통계시스템

라 경제성장률도 2% 증가한다거나, 그 반대의 관계도 성립되어야 하는 것이다.

　　여기서는 본원통화량과 M2 지표 사이의 관계에만 집중해보자. 다음 그림들은 한국, 일본, 미국의 본원통화량과 M2 지표의 관계를 보여주는 그래프이다(**그림 3~5**). 엄격한 통계적 분석 없이 육안으로도 두 변수의 변화율 사이에 일관되고 안정적인 관계가 없음을 확인할 수 없다. 민간은행은 중앙은행이 공급하는 본원통화량과 무관하게 자신의 예금통화를 발행하고 있다는 것이다. 중앙은행이 본원통화량 공급을 늘리거나 줄여도 민간의 통화량은 그에 반응하여 변하지 않는다. 따라서 중앙은행은 민간 경제에 유통되는 통화량을 통제할 수 없다.

　　일본과 미국의 예(**그림 4, 5**)에서, 시기적으로는 2008년 금융위기 이후의 경우, 특히 이 사실이 가장 선명하게 드러난다. 2008년 말 금융위기가 발발하자 일본과 미국의 중앙은행은 경기 침체를 막고 금융위기를 극복하고자 대규모 본원통화를 발행했다. 그렇게 발행한 지급준비금으로 민간은행이 보유하고 있던 다양한 채권들을 매입했다. 다른 말로 하면,

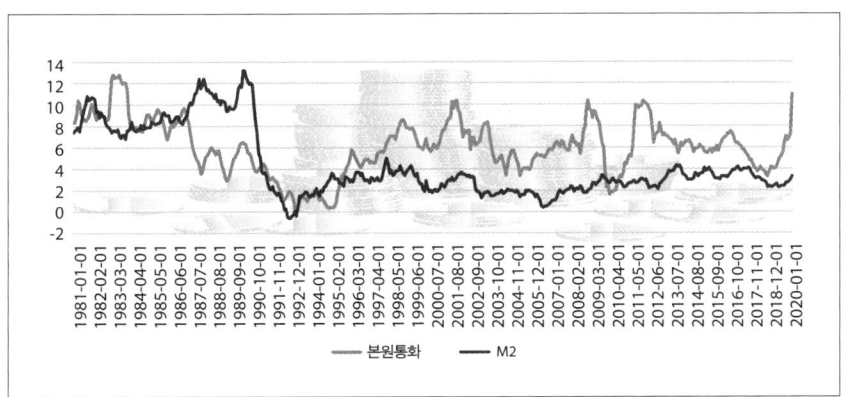

그림 4   일본의 본원통화량과 M2 증가율(전년동월대비, %)(1981.01~2020.02)

출처: 일본은행(Bank of Japan)

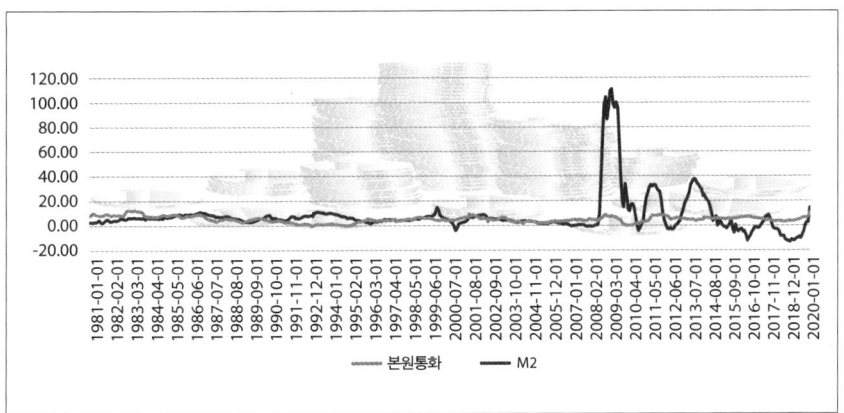

그림 5   미국의 본원통화량과 M2 증가율(전년동월대비, %)(1981.02~2020.02)

출처: Federal Reserve Bank of St. Louis, Economic Data

민간 은행에 엄청난 양의 돈을 공급한 것이다. 하지만 금융시장에서는 늘어난 지급준비금을 기업이나 개인에게 대출하지 않았다.

〈그림 6〉을 통해 미국의 예를 자세히 살펴보자. 〈그림 6〉은 은행이 보유한 '초과지급준비금'의 양을 시기에 따라 보여준다. 법정 지급준비금 이상으로 보유하는 지급준비금을 '초과지급준비금'이라 부른다. 이 그림에 따르면, 2008년 금융위기 직전까지 미국의 은행은 법정 지급준비금

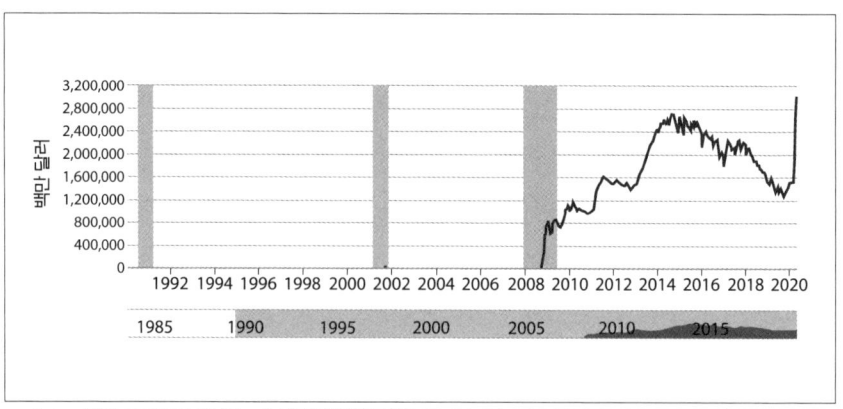

그림 6   미국 은행이 보유하는 초과지급준비금(1990.01.01.~2020.04.22., Weekly)
출처: Federal Reserve Bank of St. Louis

이상의 지급준비금을 보유하지 않고 있었다(**그림 6**의 그래프가 제로에 머물러 있었다). 왜냐하면 초과지급준비금에는 이자를 지급하지 않았기 때문이다. 하지만 2008년 이후와 최근 코로나19 위기가 발발하자 지급준비금이 폭등했다. 왜 이런 일이 벌어졌을까?

2008년 금융위기가 '위기'였던 이유는 은행이 보유한 자산이 대규모로 부실화(빌려준 돈을 상환받기 어려운 상태)되었기 때문이었다. 정부의 개입이 아니라면 은행은 파산해야 한다. 은행의 파산을 막기 위해 미국 중앙은행인 연준(Fed)이 민간은행의 부실자산들을 매입해 주었다. Fed는 자신의 전산망에 키보드로 숫자를 입력하는 방식으로 매입자금을 간단히 창조했다. 이것을 '양적완화'라 부른다. 그 결과 민간은행들은 대규모 지급준비금을 갖게 되었다.

주류 경제학의 설명(**그림 1**)대로라면 중앙은행이 통화를 대규모로 공급했으므로, 그것이 대출되어 몇 배의 예금(M2)이 창조되었어야 한다. 또한, 그렇게 실물경제에 돈이 풀려서, 민간 투자가 활성화되고 실업이 줄고 GDP 경제성장률이 크게 증가했어야 한다. 하지만 그런 일은 일어나지 않았다(**그림 5**). 대신 〈**그림 6**〉이 보여주는 것처럼 미국의 은행들은 그 돈을 은행의 은행인 중앙은행(연준)에 저축해 두었다. 2020년 3월부터 시작된 코로나19 경제위기에서도 똑같은 일이 벌어졌다. Fed가 금융위기를 막기 위해 민간 금융기관들의 위험 자산들을 대규모로 매수하여 금융시장에 지급준비금을 쏟아부었다. 하지만 그렇게 늘어난 지급준비금은 실물경제로 흘러가지 않고 Fed로 돌아와 '초과지급준비금'으로 쌓였을 뿐이다(**그림 6** 오른쪽 끝의 최근 추세를 보라!). 2008년 경제위기 이후 이전 수준의 실업률을 달성하는 데에는 10년이나 걸렸다. 민간은행들이 지급준비금이 충분함에도 대출을 꺼려한 이유야 다양하겠지만, 이 사례는 민간이 사용하는 돈 대부분을 창조하는 일은 민간은행의 결정에 달렸음을 잘 보여준다. 앞으로 차차 보겠지만, 이 사실은 "통화량이 증가하면 인플레이션이 높아진다"는 통념이 틀렸음을 의미한다.

역사적으로 1970-80년대 잠시 통화량 목표제를 시행하다 폐지한 이유도 중앙은행이 통화량을 통제할 수 없음을 확인했기 때문이었다. 현재 통화량 목표제를 채택하고 있는 나라는 없다. 중앙은행이 통화량을 통제할 수 없는 이유는 영국의 저명한 금융경제학자(Charles Goodhart)의 이름을 딴 '굿하트의 법칙'(Goodhart's Law)으로 설명되곤 한다(또한 Lucas Critique(1976)도 유사한 주장이다).[4] 이에 따르면, 통제하고자 하는 통화량 지표(보통 M2)를 정하고 그에 포함되는 '화폐의 종류'를 정의하는 순간, 그 통화량 지표는 예전처럼 작동하지 않는다. 전문적인 용어로 표현하면,

---

4   Charls A.E. Goodhart(1975). "Problems of Monetary Management: The U.K. Experience". *Papers in Monetary Economics*. *I*. Reserve Bank of Australia; Robert Lucas(1976). "Econometric Policy Evaluation: A Critique". In Brunner, K.; Meltzer, A. (eds.). *The Phillips Curve and Labor Markets*. Carnegie-Rochester Conference Series on Public Policy. 1. New York: American Elsevier. pp. 19-46.

통화의 수요와 공급이 매우 불안정하다. 화폐처럼 사용되는 특정 금융수단을 규제하면 금융기관들은 규제대상이 아닌 새로운 금융수단을 발행하고, 그것을 화폐처럼 사용한다는 말이다. 예를 들어, 중앙은행이 M2 통화량을 통제하고자 하고, 그에 포함되는 1개월 적금을 규제하고자 하는 상황을 고려해 보자. 이 규제가 시행되는 은행은 더 이상 1개월짜리 적금을 공급하지는 않을 것이다. 대신 유사하지만 이름이 다른 금융상품을 만들어낼 것이다. 주류 경제학은 은행과 금융기관들의 이러한 금융상품 발명 활동을 '금융혁신'이라 부르고, 규제를 풀어 오히려 부추겼다. 그 극단적인 예가 2008년 세계금융위기의 주범이었던 MBS 등 자산유동화증권들이었다.

돈은 누가 창조하는가?

지금까지 설명은 통화공급은 민간은행이 '결정'한다는 점을 보여준다. 이 모든 사실은 은행이 단순한 금융중개기관이 아님을 의미한다. 〈그림 1〉과 같은 주류 경제학의 설명은 현실을 오도한다. 은행은 수동적으로 수취한 예금을 모아 차입자에게 대출하는 역할에 머물지 않는다. **은행은 '누구에게' '얼마만큼' 대출할지를 스스로 결정한다.**

그렇다면 민간은행이 빌려주는 돈은 어디에서 나올까? 결론부터 말하면, 은행은 '화폐를 스스로 창조'하여 대출한다. 은행의 대출은 자신의 대차대조표에 자산(대출채권)과 부채(예금)를 동시에 기입하여 이루어진다. 이런 의미에서 대출과 예금을 신용이라 부르고, 대출로 예금이 만들어지는 과정을 '신용창조'라 부르기도 한다. 앞서 살펴본 것처럼, 민간은행의 대출과 예금 창조활동은 중앙은행이 제공하는 지급준비금과 별 관계가 없다. 또한, 대부분의 대출은 수취한 예금과 무관하다. 굳이 따지자면, 경제 전체로 보면 오히려 민간은행의 대출이 예금을 창조한다. 그 역은 아니다. 대출이 예금을 창조하고, 예금이 바로 민간이 사용하는 대부분의 통화를 구성하는 것이다. 또한, 대출은 다른 누군가의 돈을 빌려주는 것이 아니므로, **은행은 무(無)에서 신용을 창조하여 대출한다**고도 할 수 있다. 이는 수 많은 세계의 중앙은행 관계자들도 공식, 비공식적으로 증언한 바이기도 하다.[5] 중앙은행이 은행에게 돈을 공급하거나 여윳돈이 있는 사람이 저축을 해야만 대출할 수 있다는 신고전파 경제학의 설명은 이렇게 현실을 오도하는 것이다. 충격적이지만 이것이 진실이다.

　예를 통해 이 과정을 자세히 설명해보자. 앞의 김씨가 A은행으로부

5　대표적으로 Federal Reserve Bank of Chicago(1992), *Modern Money Mechanics: A Workbook on Bank Reserves and Deposit Expansion*(3판, 초판은 1965년 발행); Deutsche Bundesbank(2017), "The Role of Banks, non-banks and the central bank in the money creation process," *Monthly Report*, April 2017; Bank of England(2014), "Money Creation in the Modern Economy," *Quarterly Bulletin* 2014 Q1. 이러한 중앙은행들의 공식적 연구보고서 외에도 다수의 전문서와 학술논문들이 발표되어 있다. Ryan-Collins et al. (2012), *Where Does Money Come From?*, London: New Economic Foundation (특히 이 책과 아래 Bain and Howells(2009)에 소개되고 있는 수 많은 중앙은행장 및 고위 관리자들의 증언과 아래 참조. 그 외에도 중앙은행장들의 이러한 증언은 수없이 많다.); Keith Bain & Peter Howells (2009), *Monetary Economics: Plicy and its Theoretical Basis*, 2nd edition, NY: Palgrave Macmillan; Richard A. Werner (2014a) "Can a bank create money out of nothing? Using accounting information to test the three theories of banking empirically", Finance and sustainable development discussion paper, CBFSD 2-2014, Southampton, University of Southampton Centre for Banking; Richard A. Werner(2014b), "Can banks individually create money out of nothing? The theories and the empirical evidence," *International Review of Financial Analysis*, 36 (2014), pp. 1-19. James Tobin (1963), "Commercial banks as creators of 'money'," C. Carson (Ed.), *Cowles foundation paper* 205, *Banking and monetary studies*.

터 대출을 받아 최씨로부터 아파트를 매입한다고 하자. 김씨는 A은행에 매입하는 아파트를 담보로 제공하고 2억 원을 대출받는다. 이때 A은행은 대출금을 김씨에 현금으로 주지 않는다. 김씨의 계좌를 개설하고 예금잔고 숫자를 입력해 주는 방식으로 대출금을 지급한다. 김씨에 대한 대출로 A은행의 자산 중 '대출채권'이 2억 원 증가했다. 김씨는 이 돈을 언제든 인출할 수 있으므로 A은행에게 이는 '예금', 즉 '부채'로 기록된다. A은행이 대출한 2억 원은 한국은행이나 일반 저축자들로부터 사전에 빌린 돈이 아니다. A은행은 단순히 대차대조표(자산과 부채를 기록하는 장부)라는 장부에 자산과 부채를 동시에 기입하여 대출금 2억 원을 창조했다(표 1). 더 정확히 말하자면, 김씨에게 대출한 2억 원은 은행이 키보드로 숫자를 입력하여 창조한 것이다!

표 1 A은행이 김씨에게 대출할 때 대차대조표의 변화

자산	부채
김씨 대출채권 2억 원 증가	김씨 예금 2억 원 증가

이 글을 매우 신중하게 읽고 있는 독자라면 즉시 의문을 제기할 것이다. 분명 은행은 예금을 수취하고 있지 않은가? 그렇다. 하지만 은행이 예금을 받는다는 사실이 '은행이 무(無)에서 신용을 창조하여 대출하고, 이 대출이 곧 예금이고, 이 예금이 민간이 사용하는 대부분의 돈을 구성한다'는 명제를 부정하진 않는다. 더 나아가, 설사 A은행으로부터 김씨가 대출받은 2억 원이 누군가(박씨라 하자)의 예금이라 하더라도 결과는 변하지 않는다. 박씨도 그 돈을 다른 누군가로부터 받았을 것이고, 그 누군가도 다른 누군가에게 받은 돈이다. 이렇게 최초의 예금자를 추적해 보면 그것은 결국 예금을 창조한 민간은행으로 귀결된다. 문제를 단순화하여 은행 시스템 전체를 하나로 간주하고, 민간경제부문 전체를 다른 하나로

간주해 생각해 보면 답은 더욱 명확해진다. 가계와 기업으로 구성되는 민간부문이 사용하는 대부분의 화폐는 은행이 대출을 통해 발행한다. 경제 전체로 보면, 은행은 다른 누군가의 예금을 대출하는 것이 아니다. 앞서 본 것처럼 은행의 대출이 예금을 창조한다. 그리고 그 대출은 단순히 장부에 기입함으로써 창조된다.

또 다른 관점에서 생각해 보자. 만약 은행이 스스로 창조한 신용이 아니라 예금자의 저축을 대출하는 것이라면, 새로운 대출을 하더라도 대차대조표의 자산과 부채 총액은 변하지 않아야 한다. 예를 들어, A은행이 예금 100만 원을 수신하면 대차대조표상에는 자산과 부채가 똑같이 100만 원씩 증가한다. A은행이 이 돈을 다른 누군가에게 대출하는 것이라면, 이 은행의 자산과 부채 모두 100만 원씩 감소해야 한다. 하지만 실제에서는 그렇지 않다. 은행이 새로운 대출을 행하면 기존의 자산과 부채는 그대로인 채, 새 자산과 새 부채가 추가로 기록된다. 실제로 은행은 이렇게 증가한 액수의 자산을 활용한다. 기존 대출은 은행에게는 자산이다. 왜냐하면 미래에 이자와 원금을 돌려받을 것이기 때문이다. 은행은 이 자산(이 경우 대출채권)을 다른 금융기관에게 매도하기도 한다. 그러면서 다른 한편에서는 여전히 대출을 실시한다. 이것이 알려주는 바, 은행은 기존의 예금을 대출하는 것이 아니라, 새로 창조하여 대출한다는 사실이다.

신용창조와 반대로 상환은 신용의 파괴라 부를 수 있다. 대출을 상환하면 그 만큼의 예금통화가 줄어드는 것이다. 이는 마치 개인간 돈을 빌리고 빌려주는 거래에서 채무자가 빚을 상환하면 차용증서가 폐기되는 원리와 같다. 대출과 예금은 민간은행이 발행하는 차용증서에 지나지 않는다.

또 다른 반론도 있다. 예금이란 노동이나 기업활동을 통해 얻은 소득을 저축한 돈이라는 주장이 제기될 수도 있겠다. 기업활동과 노동이 더 많은 가치를 창조한다는 점은 분명하다. 하지만 여기서 다루는 문제는 기업활동이나 노동을 통해 가치의 양이 증가하는지의 문제가 아니다. 그렇게 창조된 가치를 표현하고, 교환하며, 저장하는 수단인 '돈'이 어디에서 나오는지에 대해 논의하고 있다. 물론 일을 열심히 하고 사업이 번성하여 가치가 증가했다면, 이를 거래하고 표현해주는 '돈'(예금)도 증가해야 한다. 여기에서는, 그렇다면 '그 돈(예금)은 어디서 온 것인지'에 대한 답을 찾고 있는 것이다. 위 논의는 민간은행이 무에서 신용을 창조하여 대출하고, 그 대출된 돈이 저축된다는 사실을 알려준다(이 말은 생산이 증가함에 따라 대출, 즉 부채도 함께 증가함을 의미한다. 이 점은 아래에서 더 자세히 설명한다).

성실하게 노동하고 임금 중 일부를 은행 적금에 들어 예금을 보유하고 있는 사람은 대출을 받은 적이 없다. 그렇다 하더라도 이 결론은 변하지 않는다. 이 저축을 위해 누군가는 그에게 임금을 지불했음을 의미하고, 그 누군가는 임금을 지불하기 위한 수단을 은행으로부터 제공받았다. 이런 지불수단을 돈이라 부르고, 은행이 대출을 통해 제공하면 예금의 형태로 나타나게 되는 것이다.

마지막 의문으로, 우리는 어떻게 해서 한국은행 발행 화폐인 현금(지폐와 동전)을 사용할 수 있는가? 앞서 2020년 2월 말 기준 116조 원의 현금이 유통되고 있음을 확인했다. 그런데 여기서는 민간부문이 사용하는 모든 돈은 민간은행이 대출을 통해 창조한 예금(화폐)이고, 가계와 기업은 한국은행과 직접 거래하지 않는다고 말하고 있다. 그런데 어떻게 한국은행이 발행한 돈인 현금이 사람들의 손에 쥐어져 있다는 말일까? 모순적이지 않은가? 한국은행이 발행한 화폐를 민간은행이 가계와 기업에 대출하여 유통시키고 있기 때문은 아닐까?

그렇지 않다. 중앙은행 발행 화폐가 우리 손에 쥐어지는 과정도 민간은행이 창조한 예금으로부터 시작한다. 우리는 개인적으로 중앙은행과 직접 거래할 수 없기 때문이다. 우리가 은행에 인출 가능한 예금을 보유하고 있으면, 해당 은행에 현금 인출을 요구할 수 있다. 그러면 그 은행은 한국은행으로부터 현금을 구매한다. 다만 민간은행이 중앙은행으로부터 현금을 매입할 때 자신이 발행한 화폐, 즉 예금(대출)을 사용할 수는 없다. 대신 민간은행은 자신이 보유하고 있는 지급준비금을 한국은행에 제시하고 현금을 인도받게 된다. 이렇게 중앙은행 전산망의 숫자로 존재하던 지급준비금이 현금이라는 실물로 나타나 우리에게 전달된다(지급준비금의 용도에 대해서는 아래에서 더 자세히 다룬다). 지급준비금을 발행하면서 중앙은행 혹은 국가가 보장하는 부분도 바로 이것이다. 금이나 귀금속 또는 어떤 현물이 아니라 그저 현금(지폐와 동전)을 인쇄해 주겠다는 것. 금으로 바꿔주던 옛날의 화폐와 대비하여 이를 불태환화폐(fiat money)라 부른다.

이 과정을 달리 보면, 예금이라 부르든 신용화폐라 부르든 민간통화 공급은 신용도가 높은 대출수요가 견인한다고 볼 수도 있다. 대출금은 다른 누군가의 저축이 아니므로, 민간은행의 신용창조와 대출능력에는 제약이 없기 때문이다(물론 자기자본비율 등 규제가 있는 것은 사실이다. 하지만 이러한 규제도 쉽게 무너진다. 이하에서 자세히 설명한다). 은행이 장부에 숫자를 기입하여 대출과 예금을 창조하므로 통화창조 능력에 (이론적인) 제약이 없다고 하더라도, 믿을 만한 대출 수요가 없으면 그럴 수 없다. 이는 "통화량이 늘어나면 인플레이션이 일어난다"는 흔한 통념에 심각한 의문을 제기한다(이 문제는 4장에서 보다 자세히 다룬다).

지급준비금은 은행대출을 제약할까?

일부 주류 경제학자들은 이렇게 민간은행이 스스로 대출과 예금을 창조하여 통화를 공급한다는 점을 인정하면서도, 의무지급준비금 제도가 존재하기 때문에 은행은 여전히 중앙은행의 통제를 받는다고 주장한다. 민간은행이 대출을 통해 예금을 창조하면, 이 예금에 지급준비율 요건이 부과되는 점은 사실이다. 그래서 대출을 늘리려면 그에 상응하는 지급준비금을 추가로 마련해야 한다. 그런데 지급준비금은 중앙은행만이 발행하므로 은행의 신용창조 활동은 여전히 중앙은행 화폐(지급준비금)에 종속되어 있다는 말이다. 이러한 지급준비금 제약 주장은 형식적으로는 맞지만, '실질적으로는' 맞지 않다.

이를 살펴보기 위해 위의 예로 돌아가 보자. A은행이 김씨에 2억 원의 예금(대출)을 창조해 주게 되면 추가 지급준비금을 마련해야 한다. 법정 의무지급준비율이 10%라면 A은행은 2,000만 원의 지급준비금을 마련해야 한다. 이것이 지급준비금의 첫 번째 용도이다.[6] 지급준비금이 필요한 이유는 크게 보아 두 가지가 더 있다. 중앙은행이 발행하는 지급준비금이 은행의 활동에 '실질적인' 제약조건인지를 검토하기 위해서는 지급준비금의 나머지 용도도 미리 살펴보는 게 좋겠다.

지급준비금의 두 번째 용도는 은행 간 지급결제 수단이다. 앞의 예를 통해 설명해보자. 김씨가 아파트 매입을 위해 A은행으로부터 2억 원을 대출받았다. 이제 이 돈을 최씨에게 전달해야 하는데, 최씨가 자신의 B은행 계좌로 송금해 달라고 요청한다고 해 보자(자기앞 수표도 동일하다). 우리의 일상적 경험에서는 이런 이체 거래가 매우 간단히 이루어지지만,

---

6   각국의 제도에 따라 지급준비금 제도를 운영하는 방법은 상이하지만 원리는 동일하다. 우리나라의 경우 월별로 지난달 은행의 영업활동을 반영하여 필요 지급준비금을 계산하게 되는데 매달 1일부터 말일까지를 대상으로 한다(계산기간). 은행은 매달 두 번째 수요일(매달 두 번째 목요일을 지급준비일이라 부른다)까지 이 필요 지급준비금을 준비하여 다음 달 수요일까지 보유해야 한다(지준 적립기간).

은행시스템 전체적으로는 그리 간단한 문제가 아니다. 은행 사이에 예금의 이동은 하루에도 셀 수 없이 많은 거래가 발생한다.

이런 업무를 수월히 처리하기 위해 신용을 창조하는 은행은 한국은행에 계좌를 개설해 놓고 지급준비금을 예치한다(제2금융권은 이 점에서 구별된다). 이 계좌를 통해 오고 가는 돈은 민간은행이 창조한 예금이 아니다. 여기서는 한국은행 발행 화폐인 지급준비금만 오고 간다. 〈그림 2〉를 설명하면서 지적했듯, 은행 간 거래에서도, 개별 민간은행과 한국은행 사이의 거래에서도, 또 한국은행과 정부 사이의 거래에서도 마찬가지다. 그래서 정부도 한국은행에 계좌를 개설하고 있다. 이들 사이의 거래는 모두 한국은행에 개설된 계좌를 통해 이루어지고, 그 관리의 권한과 책임도 한국은행이 갖고 있다. 이를 지급결제제도라 부른다.[7]

우리의 예로 돌아가 보자. 김씨가 A은행 계좌에 있는 2억 원의 예금을 최씨의 B은행 계좌로 이체해 달라고 요청하면, A은행의 직원은 지급결제 시스템을 통해 한국은행 계좌에 예치해둔 지급준비금을 B은행의 지급준비금 계좌로 이체한다. 이것이 지급준비금의 두 번째 용도이다. 은행간 지급결제 수단인 것이다. 은행이 지급준비금을 필요로 하는 이유는 의무지급준비금 요건을 준수하기 위함도 있지만, 일상적 영업활동인 지급결제 수단의 필요가 더 큰 이유일 수도 있겠다. 이체 결과 A은행의 자산 중 지급준비금이 감소하고, 부채에서는 김씨의 예금이 사라진다. 반면, B은행에서는 지급준비금 자산이 증가하고 김씨로부터 전달된 최씨의 예금이 부채로 기록되어, 자산과 부채가 일치하게 된다. 예금의 이체는 지급준비금으로 이루어진다. 이 모든 과정을 다음의 〈표 2〉와 같이 정

---

7 한국의 지급결제제도에 대한 간단한 설명으로 다음의 한국은행 홈페이지 참조 https://www.bok.or.kr/portal/main/contents.do?menuNo=200345

표 2 은행간 이체의 결과 : 간단 대차대조표

A은행

자산	부채
·김씨 대출 2억 불변 ·지급준비금 2억 감소	·김씨 예금 2억 감소

B은행

자산	부채
·지급준비금 2억 증가	·최씨 예금 2억 증가

중앙은행

자산	부채
(변화없음)	·A은행의 지급준비금 예금 2억 감소 ·B은행의 지급준비금 예금 2억 증가

리할 수 있다.

여기서 눈여겨 볼 점은 대출을 통해 창조된 예금은 인출되거나 다른 은행으로 이체되더라도, 은행시스템 전체에서는 소멸하지 않고 그대로 남아 있게 된다는 사실이다. 우선 중앙은행에 예치되어 있는 지급준비금은 한편에서 2억 늘고 다른 한편에서는 2억 감소했으므로 변화가 없다. 변화가 있다면 A은행의 지급준비금 계좌에서 B은행의 지급준비금 계좌로 옮겨진 사실 뿐이다. 경제 전체의 예금통화를 보더라도 마찬가지다. A은행의 부채(김씨에게 지불해야 하는 예금)가 줄어든 대신, B은행의 예금(최씨에게 지불해야 하는 예금)이 동일한 액수만큼 증가했기 때문이다. 그래서 경제 전체적으로 보면 한 은행에서 다른 은행으로의 이체는 총 예금을 감소시키지 않는다. 대출이 상환될 때에만 예금(화폐)도 소멸한다. 그럼 상환에 사용되는 예금(화폐)은 어디서 오는가? 어느 민간은행일 것이다. 따라서 경제 전체로 보면 민간부문이 사용하는 약 96%의 '돈'이 민간은행이 제공하게 된다. 물론 공짜는 아니다. 이자를 주고 빌려 쓰는 것이다.

지급준비금이 공급되는 과정을 살펴보기 위해 A은행의 지급준비금 잔고가 부족해지는 상황을 가정해 보자. A은행이 부족한 지급준비금을 보충하는 방법은 두 가지이다. 하나는 다른 은행으로부터 지급준비금을 빌리는 것이고, 다른 하나는 한국은행으로부터 직접 빌리는 것이다.

한국은행에 지급준비금이 부족할 수는 없다. 한국은행은 지급준비금 발행의 주체이고, 전산망에 키보드를 두드려 숫자를 입력하기만 하면 간단히 발행되기 때문이다. 중앙은행도 지급준비금을 무에서 창조하는 것이다.[8] 보통은 중앙은행으로부터의 차입보다는 다른 은행(은행간 거래가 이루어지는 플랫폼을 '단기자금시장'이라 부른다)으로부터 빌리길 선호한다. 왜냐하면 어떤 은행이 중앙은행으로부터 지급준비금을 빌리면 시장은 해당 은행의 신용에 문제가 있는 것으로 판단하는 경향이 있기 때문이다. 그렇게 되면 금융시장이 불안정할 때 집중적인 타격을 받을 수 있다. 그래서 대부분 은행은 부족한 지급준비금을 시장에서 이자를 지불하고 빌린다. 필요한 지급준비금보다 더 많은 지급준비금을 보유한 은행은 이런 방식으로 수익을 올릴 수 있다.

그런데 이렇게 자금시장에서 지급준비금을 구하려는 수요는 많은데 은행시스템 전체에 여유 지급준비금이 부족해지면 어떻게 될까? 지급준비금이 부족해진 은행은 지급결제와 의무지급준비율을 맞추기 위해 필

---

8 우리나라 중앙은행장이 이런 증언을 한 적은 없다. 그렇지만 미국의 전 중앙은행장 벤 버냉키는 매우 분명하게 이렇게 설명했다. 미국에서 2008년 말 금융위기가 발생하고 양적완화 정책이 한창이던 2009년 3월 15일, 그는 미국 CBS의 토크쇼 '60 Minutes'(진행 Scott Pelley)에 출연했다. Fed가 민간은행에 지출하고 있는 엄청나 양의 돈이 세금으로 걷은 돈이냐는 사회자의 질문에 그는 이렇게 답했다. "그것은 세금으로 걷은 돈이 아닙니다. 은행들은 Fed에 계좌를 개설하고 있습니다. 여러분이 일반 상업은행에 가지고 있는 계좌와 거의 흡사합니다. 그래서, Fed가 어떤 은행에 돈을 빌려주기 위해서, 우리는 간단히 컴퓨터를 사용해 Fed에 개설해 놓은 그 은행의 계좌에 그 액수만큼 채워줍니다. 이것은 돈을 빌린다(borrowing) 기보다는 돈을 찍어낸다(printing money)는 말과 더 가깝다고 할 수 있습니다." 사회자가 재차 돈을 찍어내고 있나요? 라고 묻자, 그는 "글쎄요, 사실상 그런 셈이죠(well, effectively)" 라고 답했다. (이 내용은 홍기빈 역, 『균형재정론은 틀렸다: 화폐의 비밀과 현대화폐이론』, 416~417쪽에도 소개되어 있는데, 여기에는 그가 의회에서도 했던 유사한 증언을 추가로 포함하고 있다) https://www.cbsnews.com/news/ben-bernankes-greatest-challenge/2/

사적으로 지급준비금을 빌리려 할 것이다. 이 과정에서 자본시장 금리가 급등할 수 있다. 일반 상품들도 공급이 부족하면 가격이 오르듯, 지급준비금 시장에서도 수요가 공급을 초과하면 그 가격인 이자율이 오른다. 더구나 금융시장의 변화는 매우 빠르다. 이에 대해 중앙은행은 어떤 태도를 취할 수 있을까? 그대로 방치할 수 있을까?

이를 이해하기 위해서는 통화정책이 실행되는 과정을 다소 이해할 필요가 있다. 우리나라의 중앙은행인 한국은행뿐만 아니라 전 세계 대부분의 중앙은행은 정책금리(기준금리)를 통화정책 수단으로 활용한다. 앞서 말한 대로 직접 통화량 통제가 불가능하므로 금리변화를 통해 통화량(대출과 예금)을 간접적으로 조절하려는 전략이다. 경기부양이 필요하다고 판단하면 기준금리를 인하하여 대출과 투자가 늘어나게 하는 방식이다. 그래서 통화정책은 특정 타겟 금리를 기준금리 수준으로 조정하는 방식을 취하게 된다. 즉, 특정 타겟 시장금리를 기준금리 수준에서 멀리 벗어나지 않도록 관리한다.

예를 들어 보자. 최근 코로나19 경제위기에 대응하기 위해 한국은행이 기준금리를 0.75%로 내렸다. 그리고 한국은행은 시장금리 중 7일물 RP거래 금리를 타겟으로 정하고 있다.[9] 7일물 RP금리가 0.75%로 유지되도록 관리한다는 뜻이다. 7일물 RP금리는 시장에서 거래 당사자들의 수요와 공급으로 결정되기 때문에, 중앙은행의 명령으로 이를 기준금리 수준에 고정시킬 수 없다. 대신 7일물 RP금리의 변화 압력, 즉 자금(지급준비금)의 공급을 조절하여 관리한다. 자금 수요가 공급보다 많아 이 타겟

---

9   'RP거래'란 채권을 판매하여 자금을 융통하는 방식을 말한다. 단, 채권을 판매하여 빌리는 쪽이 상환 만기(7일물이란 7일 후를 의미)에 해당 채권을 되사주기로 약속하기 때문에 이런 이름(Re-purchase)으로 불린다.

금리가 0.75% 이상으로 상승할 조짐을 보이면 한국은행이 지급준비금을 추가로 공급한다. 이때 해당 RP를 매입하는 방법을 사용한다. 그러면 RP 매입대금이 시장에 흘러 들어가 지급준비금 공급이 증가하게 된다. 수요보다 부족한 지급준비금이 공급되면 그 가격인 금리도 하락하게 된다. 반대의 경우에는 지급준비금 공급을 줄이면 된다. 타겟 금리를 기준금리 수준으로 유지하기 위해 RP를 매매하는 활동을 '공개시장운영'이라 부른다. 다른 말로 하면 기준금리를 정하고 그 수준을 '방어'하는 것이 현대 통화정책의 핵심이다. 이것이 실패하면 금융시장은 매우 빠른 속도로 혼란에 빠지게 되고, 심각한 경우 금융위기로 비화할 수도 있다.

중앙은행의 지급준비금 발행과 흡수 역량은 이론적으로 무한하다. 지급준비금은 중앙은행이 독점적으로 발행할 뿐만 아니라 발행 액수에 제약이 없기 때문이다. 그저 전산망에 숫자를 입력하는 방식으로 지급준비금이 창조된다. 중앙은행의 지급준비금 발행 능력은 기준금리를 변경할 때 극적으로 나타난다. 예를 들어, 지급준비금의 추가적 공급 없이도 기준금리를 인하하겠다고 발표하는 순간 즉시 타겟 금리도 하락한다. 민간 금융기관들이 타겟 금리를 변경하지 않고 현재 금리를 고수하면, 결국 손해를 볼 것임을 잘 알고 있다. 기준금리 수준으로 떨어질 때까지 중앙은행이 지급준비금을 충분히 공급할 의지와 능력이 있음을 민간은행과 금융기관들도 잘 알고 있다. 이 때문에 중앙은행이 구체적인 조치를 취하지 않아도 알아서 조정되는 것이다.

기준금리 방어의 실패가 어떻게 금융시장 혼란을 야기하게 될지 한 가지 예를 통해 살펴보자. 최근 'RP레버리지펀드'라는 금융투자상품이 급속도로 성장했다는 보도가 있다.[10] 저금리 시대에 여타 투자수단

---

10   https://www.hankyung.com/finance/article/2019020779241

보다 더 높은 수익을 제공하기 때문이라는데, 그 작동원리는 다음과 같다. 일단 ①투자자들로부터 자금을 모아, 예컨대 1년 만기이고 금리 2%의 국공채를 매입한다. 이 자산을 담보로 돈을 빌릴 것인데, 국공채의 신용도가 가장 높아 담보물로서 제격이다. RP레버리지펀드는 국공채가 제공하는 이자수익에 만족하지 않는다. ②매입한 국공채를 담보로 만기 1일 혹은 1주일 단위로 초단기 자금을 빌리고 갚기를 1년 동안 반복한다 (엄밀하게 말하자면 이것은 담보거래가 아니라 국공채를 매매하는 거래이다. 다만 국공채를 매도하되, 정한 만기(1일 혹은 1주일)에 되사주겠다는 약속이 붙어 있어서 RP(Re-purchase)라 이름 붙인 것이다). ③이렇게 빌린 자금으로 수익(3%)이 나는 또 다른 투자상품에 투자한다. ②와 ③을 3~4번 반복하여 투자 원금의 몇 배로 레버리지를 확대한다. 본질적으로 이는 이자가 낮은 초단기 자금을 원금(국공채)의 3~4배만큼 빌려(이것을 레버리지 투자라 부른다), 이자가 높은 장기로 투자하는 전략이다. 초단기 자금은 1년 금리로 환산해도 장기채권에 비해 상대적으로 저렴(예컨대 1.5%)하기 때문이다. 그럼 이 펀드의 1년 후 수익률을 계산해보자. 우선 애초 매입한 국공채로부터 2%의 이자수익을 얻을 수 있다. 또한 레버리지 3배를 가정하면 레버리지 투자로부터 9%(3%×3배)의 이익을 올린다. 마지막으로 초단기 RP 거래 이자비용은 4.5%(1.5%×3배)이다. 종합하면 총순이익은 6.5%(2+9-4.5)에 달한다.

이와 같이 RP를 이용한 레버리지 투자는 초단기금리가 안정적으로 유지될 것이란 전망에 기초한다. 그런데 이 초단기 금리는 다시 기준금리에 직접 연동되어 변화한다. 여기서 예로 사용하고 있는 RP레버리지펀드뿐만 아니라 금융상품의 큰 부분이 안정적 장단기 금리를 기초로 만들어져 있다. 그런데 어떤 이유로 한국은행의 기준금리 방어가 실패하고 초단기 금리가 크게 상승하기라도 한다면, 이와 같은 금융상품을 거래하는 금융기관들은 큰 타격(손실)을 받을 수밖에 없다. 금융기관 일부가 파산하기만 해도 금융위기로 비화될 수도 있는 것이다. 그보다 더 직접적으로는 중앙은행장과 책임이 있는 공무원들에게 책임을 묻게 될 것이다. 따라서 중앙은행은 타겟 금리의 급격한 변동을 절대 방관할 수 없다. 은행간 시장에 지급준비금이 부족하여 타겟 금리가 상승하면, 중앙은행은 '알아서' 시장에 부족한 지급준비금을 공급할 수밖에 없는 구조라 할 수 있다.

본래 질문으로 되돌아가 보자. 지급준비금은 민간은행의 대출에 대한 제약조건이 될 수 있는가? 다른 말로 하면, 중앙은행은 지급준비금 공급을 임의로 줄이거나 중단하여 민간은행을 규율할 수 있는가? 형식적으로 보면 그렇다. 중앙은행만이 지급준비금 발행 권한을 갖고 있기 때문이다. 하지만 중앙은행은 민간은행의 지급준비금 요구를 자의적으로 거부할 수 없다. 그렇게 되면 경제 전체가 위험에 빠질 수 있기 때문이다. 따라서 중앙은행이 지급준비금을 임의로 통제하여 민간은행의 대출활동을 규제할 수 있다는 발상은 현실적으로 실효성이 거의 없다.

이상의 논의를 다음과 같이 간단히 정리할 수 있다. 민간은행은 다른 누군가의 저축이 아니라 무(無)에서 새로운 신용을 창조하여 대출하므로, 대출 능력에 제한이 거의 없다. 민간은행이 제공하는 대출이 곧 현대자본주의 경제에서 통화로 유통된다. 따라서 시중의 통화량은 신용도 높은 대출 수요자들의 요구에 따라 결정된다. 원리금의 상환만 보장된다면 수익을 가져오는 대출을 은행이 마다할 이유가 없기 때문이다. 다른 한편, 대출과 통화량 증가에 따라 늘어나는 지급준비금은 자동으로 조달된다. 민간은행의 늘어난 지급준비금 수요를 중앙은행이 거절할 수 없기 때문이다. 그렇게 하면 금융시장이 불안정해지고, 심각한 경우 금융위기와 경제위기로 이어질 수도 있기 때문이다.

자기자본비율 규제와 은행의 신용창조

'자본주의 경제에서 통화공급을 결정하는 주체는 중앙은행이 아니라 민간은행'이라는 사실은 영국은행(Bank of England)이 설립된 1694년부터이미 잘 알려져 있다. 이후 민간은행의 과도한 통화공급(혹은 특정부문으로의 집중)으로 금융·경제위기가 반복되자, 민간은행의 대출과 그에 따른통화공급 활동을 통제하려는 다양한 방법들이 시도되어 왔다. 가장 최근의 규제 방식으로 BIS가 정한 '자기자본비율' 또는 'BIS비율'을 준수하게하는 제도가 정착되어 있다. BIS(Bank of International Settlement, 우리말로는 흔히 '국제결제은행'으로 번역하여 부르기도 한다)는 '세계 중앙은행 연합회' 정도의 국제금융기구이다. BIS가 정하는 규칙은 각 중앙은행에 대한 권고 사항으로, 형식적으로는 각국의 금융당국으로 하여금 자국 민간은행에이 규제를 적용하도록 강제하진 않는다. 하지만 이 기구의 권고를 무시할수는 없다. 왜냐하면 그럴 경우 세계 '시장'으로부터 낮은 신용평가를 받게 되어 불이익을 받기 때문이다. 그래서 대부분의 국가가 BIS의 권고를수용하여 국내 금융감독규제에 적용하고 있다. 한국은행과 금융감독원 등우리나라 금융당국도 BIS의 권고를 수용하여 민간은행으로 하여금 BIS비율(이 규칙을 '바젤협약(1988)'이라 부른다)을 충족하도록 규제하고 있다.

가상의 예를 통해 이를 설명해보자. 1억 원 어치의 주식을 발행해 자금을 조달하고, 이 돈을 기초로 '뺑은행'이라는 일반 상업은행을 설립했다고 하자. 그럼 이 '뺑은행'의 자기자본은 1억 원이 된다. 앞서 설명한것처럼, '뺑은행'도 일단 설립허가만 받으면, 무(無)에서 신용을 창조해대출(예금)하고 이자수익을 얻을 수 있다. 첫 해에 '뺑은행'은 갑, 을, 병이라는 세 고객에게 각각 10억 원씩 총 30억 원을 대출했다고 하자. 그럼이제 '뺑은행'의 자산(대출채권) 총액은 30억 원이 된다(의무지급준비금 제도

표 3   뻥은행의 대차대조표

자산	부채 및 자기자본	
개인 대출채권 30억	(1) 대출금이 인출되지 않은 경우 개인 예금 30억	(2) 대출금이 인출된 경우 지급준비금 30억
	자기자본 1억	

가 적용되지 않는다고 가정하였다). 뻥은행의 부채는 어떻게 되는가? 앞의 논의를 상기하는 의미에서 두 가지 경우를 고려할 수 있다. 우선 (1)대출받은 갑, 을, 병 모두 대출금을 인출하지 않고 그대로 예금으로 보유하는 경우이다. 이렇게 되면 뻥은행의 부채에는 이들의 예금이 기록된다. 예금은 은행이 돌려줘야 하는 돈이기 때문에 부채로 잡는다. (2)더 현실에 가까운 예는 대출된 돈이 모두 인출된 경우이다. 예금은 지폐로 인출되거나 타 은행으로 이체되는 방식으로 인출된다. 앞서 설명한 것처럼, 지폐든 타행 이체든 예금은 모두 지급준비금으로 인출된다는 말이다. 현재 뻥은행은 지급준비금을 전혀 보유하지 않고 있으므로 인출되는 예금만큼의 지급준비금을 중앙은행이나 '은행간 자금시장'으로부터 빌려 와야 한다. 결국 대출로 창조된 예금(부채)은 지급준비금 부채로 전환되었다. 이를 대차대조표로 나타내면 위의 〈표 3〉과 같다.

이제 자기자본비율을 계산해보자. BIS는 자기자본비율 8%를 준수하도록 권고하고 있다. 자기자본비율이란 '자산 대비 자기자본'의 비율((자기자본/자산총액)×100%)을 의미한다. 뻥은행의 자기자본비율은 가장 단순하게 계산하면 자기자본 1억 원을 자산 30억 원으로 나눈 3.33%가 된다. BIS 기준은 8%이므로, 현재 '뻥은행'은 자기자본비율 규정을 심각하게 위반한 것이 된다. 자기자본비율 3.33%는 8%에 미치지 못하므로 자기자본 대비 너무 '과도하게' 대출했다는 뜻이다.

하지만 이렇게 단순하지 않다. BIS비율 규제의 본래 취지는 '예금자 보호'와 '금융안정성 강화'이다. 자산(대출채권)이 부도나면 은행의 자산은 줄어들지만, 부채는 그대로 남게 된다. 예를 들어, 10억 원을 대출받은 갑이 예금을 인출하여 사용한 후 파산했다고 하자. 갑의 대출금 상환도 불가능해졌다. 이렇게 되면 뺑은행의 자산(갑에 대한 대출채권 10억)은 10억 원만큼 감소하지만, 부채는 변하지 않는다. 뺑은행은 이 손실을 보충하여야만 한다(대출로 창조된 예금이 인출되지 않았다면, 문제가 되지 않는다). 이 보충 자금이 자기자본이다. 이제 뺑은행의 자기자본은 −9억 원으로 마이너스(−) 자기자본을 갖게 된다. 이는 곧 파산을 의미한다.

자기자본을 충분히 확충하고 있으라는 BIS비율은 결국 손실이 나면 은행의 자기돈(자기자본)으로 메꿀수 있도록 보장하자는 취지이다. 그렇지 않으면 이 손실이 예금자에게 피해가 가기 때문이다. 은행이 자기자본으로 손실을 메꾸지 못하면 경제 전체에도 심각한 충격을 줄 수 있다. 그래서 BIS 자기자본 규제는 금융안정성 유지 목적이 더 크다. 이러한 취지에서 보면 여기서 문제가 되는 자산이란 '부도날 수도 있는 자산'이라는 뜻이다. 따라서 BIS비율 계산을 위한 필요 자기자본의 액수도 손실 가능성이 있는 자산만을 사용해야 한다.

문제를 간단히 하기 위해, '뺑은행'으로부터 대출을 받은 갑, 을, 병 모두 각기 50% 부도확률이 있다 하자(이 부도확률은 소위 신용평가회사들이 결정한다). 그렇게 되면 손실 가능성이 있는 자산의 규모는 총 15억 원((갑10억×0.5)+(을10억×0.5)+(병10억×0.5)=15억)이 된다. 그럼 뺑은행이 구비해야 하는 자기자본은 1.2억 원(손실 가능성 있는 자산 15억 원의 8%)이다. 자기자본비율로 계산하면 6.67%로 여전히 8% 규정을 충족하지 못하고 있다.

뺑은행은 다음과 같은 방식으로 부족한 자기자본을 확충할 수 있다.

실제로 대부분의 은행이 활용하는 방법들이다. 첫째, 자산의 일부를 다른 금융기관에 매각하거나 대출을 회수할 수 있다. 가장 간단하고 쉬운 방법이지만 그만큼 은행의 수익이 줄어든다. 은행에게 수익의 원천이 자산이기 때문이다(대출은 이자를 가져다 준다). 둘째, 50% 부도위험이 있는 현재의 대출채권을 부도위험(확률)이 작은, 다른 말로 더 안전한 자산으로 대체하는 것이다. 이를 위한 한 가지 편법은 BIS비율 규제 대상이 아닌 금융 자회사를 설립하고 그 회사에 위험이 큰 대출채권을 팔아넘기는 것이다. 2008년 서브프라임 위기로 밝혀진 것처럼, 상환능력이 빈약한 서브프라임 대출채권의 위험을 숨기기 위해 미국의 은행이 이렇게 했었다. 수많은 주류 경제학자들과 정책결정자들, 그리고 금융시장 관계자들은 이를 '금융혁신'이라 칭했고, 규제를 완화해 주면서 이를 부추기기까지 했다. 그 결과가 2008년 파국이었다.

여기까지는 BIS비율의 분모에 해당하는 자산을 조정하는 전략이다. 분자인 자기자본을 조정하는 방법도 있다. 셋째, 주식을 더 발행하거나 기존 주주들로부터 추가 투자를 받아 자기자본을 확충하면 된다. 가장 정직하고 효과적인 방법이지만, 실행하기 쉽지 않다. 우선 주식을 더 발행하게 되면 주가가 하락하여 기존 주주들이 반발할 것이다. 주가가 하락하는 이유는 은행의 자산과 이익은 (당분간) 그대로인데, 주식을 더 많이 발행한다는 말은 주식 1주가 나타내는 가치가 떨어진다는 의미이기 때문이다. 기존 주주들의 추가 투자를 얻어내기도 쉽지 않다. 그래서 이 방법은 예외적인 경우를 제외하고는 잘 활용되지 않는다.

네 번째 방법은 대출한 30억 원(기존 자산)으로부터 들어온 이윤을 주주들에게 나누어주지 않고 은행에 남기는 것이다. 이것을 유보이윤이라 부르는데, 주주에게 배당하지 않고 유보된 이윤은 자기자본으로 간주하기 때문이다. 따라서 이윤을 많이 내거나 배당을 적게 하면 자기자본이 증가하여 은행의 신용창조(대출) 능력이 확대된다. 하지만 배당을 하지 않으면 주가가 하락할 수 있어서, 주주들로부터 지지받기 어렵다. 다섯째, 우리의 예에서는 나타나지 않지만, 대손충당금(손실을 예상하고 미리 적립해 두는 돈으로, 자기자본에 포함시킨다)을 많이 쌓아 두는 방법이 있다. 물론 이렇게 되면 비용이 증가하여 이윤이 줄기 때문에, 이윤을 적립하는 것과 동일한 효과를 낳는다.

여섯째, 장기후순위채권처럼 주식은 아니지만 자기자본으로 계산되는 채권(빚)을 발행하거나, 우선주를 발행하는 방법도 있다. 이렇게 마련한 자금은 자기자본으로 인정된다. 앞에서 우리는 은행이 이러한 금융상품을 무(無)에서 신용을 창조하여 구매할 수 있음을 확인했다. 이는 대출과 거의 유사하다. 은행의 자기자본 확충을 위해 발행되는 채권 매입 자금도 은행시스템 전체로부터 공급된다. 다만 자신이 창조한 신용으로 자신이 발행한 장기후순위채권을 매입할 수는 없다. 다른 말로 하면, 은행은 스스로 신용을 창조할 수는 있지만, 이것으로 자신의 자기자본을 늘릴 수는 없다. 하지만 타 은행이 스스로 신용을 창조하여 자기자본으로 인정되는 금융수단을 사줄 수는 있다. 즉, 타 은행이 창조한 신용으로 자기자본을 확대할 수 있다. 예를 들어, A은행이 발행한 장기후순위채권을 B은행이 스스로 창조한 돈으로 매입할 수 있다는 말이다. 물론 B은행은 이 매입 자금을 무(無)에서 창조했다. 은행시스템 전체로 보면 이는 우리나라 재벌집단 기업들처럼 '상호출자'를 통해 자기자본을 부풀리는 수법과 유사하다. 2008년 금융위기 이후 규제를 강화하고자 도입한 바젤 III 규제에는 이러한 행위를 억제하려는 규정들이 일부 포함되어 있다. 예컨대, 일반 주식(보통주)으로 조달한 자기자본이 4.5%는 되어야 한다는 규정이 이에 해당한다. 하지만 이 또한 이론적으로 심각한 제약이라 할 수는 없다. 왜냐하면 보통주 매입 자금도 민간은행이 무에서 창조하여 공급하기 때문이다. A은행이 보통주를 발행하고, 이 은행의 주주가 B은행으로부터 대출을 받아 그 보통주를 매입하는 경우가 단적인 예라 할 수 있다. 결국 은행의 자기자본 확충을 위한 모든 자금도 무에서 신용을 창조하는 민간은행으로부터 나온다. 따라서 BIS 자기자본 규제는 궁극적으로 은행의 신용창조 활동을 제한적으로만 규제할 수 있다.

자기자본비율 이외에도 은행의 (무모한) 신용창조 능력을 억제하려는 다른 규제들도 있다. 2009년 G-20 재무장관회담, 그리고 바젤은행감독위원회가 2018년부터 시행하도록 권고한 '레버리지비율' 규제라는 것이 있다. 레버리지비율이란 자기자본 대비 몇 배의 부채를 지는가를 측정한다. 이는 본질적으로 BIS비율의 역수와 매우 유사하다. 자산과 부채는 비례적으로 증감하기 때문이다. 따라서 앞의 자기자본비율 규제가 갖는 한계와 유사한 한계를 갖는다.

또 하나의 규제로 '유동성 커버리지 비율'(liquidity coverage ratio, 약칭 LCR) 규제가 시행되고 있다. 우리나라 LCR 규정은 100%인데, 향후 1개월간 예상되는 순현금유출액(현금유출-현금유입) 이상의 고유동성 자산(즉시 매도하여 현금으로 전환할 수 있는 자산)을 보유하라는 규정이다. 은행의 신용창조 활동 억제라는 측면에서 그 효과성이 아직 검증된 적은 없지만, 이 역시 무력할 것으로 예상하는 것이 합리적이다. 앞서 말한 '굿하트의 법칙'이 작동할 것이기 때문이다. 순현금유출액은 어떻게 예상할 수 있으며, 무엇을 고유동성 자산으로 정의할 수 있단 말인가? 보통 금융이 불안정한 시기에는 예상 순현금유출이 증가하고 고유동성 자산의 비율도 감소한다. 이런 의미에서 이 규제가 금융안정화에 크게 기여하리라 기대하긴 어려울 것이다.

이러한 규제들의 효과는 은행의 신용창조 역량을 제한하기 위한 제도라기보다는 은행의 수익성에 영향을 미칠 뿐이다. 은행이 이러한 규제들에 호의적이지 않은 이유도 규제를 따르면 이윤이 감소하기 때문일 것이다.

통화공급을 민간은행에 맡기면 생기는 일

지금까지의 논의를 통해, 민간경제가 사용하는 대부분의 통화공급을 민간은행이 결정하고, 중앙은행이나 금융당국이 이를 통제할 수 없음을 이해할 수 있다. 그렇다면 이것이 왜 문제라는 것인가? 첫째, 금융위기의 가능성이 커진다. 단언컨대, 자본주의 역사상 대부분의 금융위기와 경제위기는 민간은행의 과도한 대출과 이를 활용한 투기적 투자(대부분의 금융파생상품이 이에 해당한다)로부터 발생했다. 2008년 세계 금융위기와 그에 뒤이은 경기침체를 상기하자. 민간은행이 통화 발행권을 보유하게 되면, 공공의 이익보다는 금융기관과 주주 등 그 이해당사자들의 이익을 목적으로 운영된다. 그리고 개별 은행의 이익이 경제 전체의 이익과 일치할 가능성이 희박하다. 이것이 큰 문제를 일으켜 왔다.

금융위기가 발생하면 '이윤은 사유화 되고 비용은 사회화된다'는 비판이 일곤 한다. 금융위기가 발생하면 금융기관 대부분이 파산에 직면한다. 하지만 어느 하나라도 파산하도록 내버려 둘 수 없다. 금융기관들의 자산과 부채는 서로 얽히고설켜 있어서, 그 중 하나의 고리라도 끊어지면 연쇄적으로 파산이 이어질 수 있기 때문이다. 그렇게 금융시장이 붕괴하면 그 불똥은 실물경제로 튄다. 실물경제를 지탱하는 기업들이 파산하거나 노동자를 해고하게 된다는 말이다. 공장은 아무 잘못이 없더라도 그렇다. 공장이 돌아가기 위해서는 돈이 순환되어야 하는데, 금융시장의 붕괴는 돈의 순환을 끊기 때문이다. 그래서 정부와 중앙은행은 금융기관을 구제할 수 밖에 없다. 금융시장이 위기 국면을 지나는 동안 실업 등 그 고통과 비용은 고스란히 사회 전체가 감당하게 된다. 그럼에도 금융시장이 성장하고 금융기관들이 막대한 이윤을 벌어들일 때, 그들은 이를 사회와 나눈 적이 없다. 마지막으로, 자본주의가 탄생한 이래 금융위기와 그에 따른 경제위기는 주기적으로 발생했다. 통화를 민간은행이 공급하는 한 앞으로도 그럴 것이다.

민간은행이 경제가 필요로 하는 통화를 공급할 때 발생하는 두 번째 부정적 효과는 자원배분이 왜곡된다는 점이다. 대표적으로 부동산 거품이 좋은 예이다. 야생에서 견딜 수 있는 튼튼한 털과 가죽을 가지고 있지 못한 인간은 주택이 꼭 필요하다. 그래서 주택가격이 오르면 사람들은 경제적으로 고통받는다. 주택가격 상승의 주범은 직접적인 투기꾼들이지만, 이들의 뒤에는 신용창조를 통해 그 부동산 투기 자금을 대는 민간은행들이 있다. 은행들이 부동산 투기에 대출을 거부하면, 부동산 거품은 일어나기 쉽지 않을 것이다. 하지만 민간은행은 이윤을 추구하는 민간 기업이기 때문에, 이윤만 높다면 어디에라도 대출한다. 기후위기가 지구를 위협하더라도, 민간은행은 이윤만 보장된다면 탄소를 대량 배출하는 기업과 산업에라도 충분한 자금을 공급하여 문제를 악화시킨다. 만약 은행이 공공의 이익을 목적으로 운영되거나 사회적 가치를 지지한다면, 지금과는 다른 부분으로 자금이 공급될 것이다. 자금은 곧 실물자원을 끌어다쓸 구매력을 의미하므로, 누구에게 얼마만큼의 자금을 공급할지 결정하는 은행이 경제발전의 방향을 사실상 좌우한다고 할 수 있다.

주류 경제학자들은 은행의 자유로운 결정이 효율적인 경제를 만든다고 주장해 왔다. 이에 따르면, 은행을 포함한 금융시장은 시장규율에 따라 움직이고, 임의적인 규제보다는 시장의 규율이 바람직한 결과를 낳는다. 은행의 통화공급(대출=신용창조)도 그렇다. 시장의 규율이란 가격에 의한 조정을 말한다. 금융에서 가격이란 금리이다. 물건값이 오르면 해당 물건을 더 많이 생산하려고 자본과 자원이 몰려든다. 주류 경제학자들은 은행이 이런 산업과 기업들에게 더 많은 자금을 공급하게 된다고 주장한다. 가격이 오르고 수요가 증가하면 높은 투자 수익률을 예측할 수 있다. 높은 투자 수익률을 예상하는 투자자는 더 높은 금리를 제시하여 필요 자금을 조달하고자 할 것이다. 반대로, 투자 수익률이 금리 이하로 예상되면, 해당 투자자는 대출과 투자를 포기할 것이다. 비용(금리)이 이익(투자 수익)보다 크다고 판단하기 때문이다.

따라서 금리에 따라 투자자금을 공급하는 행위는 최선의 투자처를 선별하는 과정이기도 하다. 주류 경제학은 규제로부터 자유로운 은행이 오직 금리를 기준으로 대출을 결정할 때 이런 선별과정이 제대로 작동한다고 강변해 왔다. 최선의 투자만을 선별하면 가장 효율적인 경제가 달성된다는 의미에서, 금리에 따라 대출을 결정하는 은행이 경제적 효율성을 달성하는데 가장 중요한 역할을 수행한다고도 말할 수 있다. 금융시장 규제를 폐지해야 한다는 주장의 배경이 이것이다.

과연 그럴까? 그렇지 않다. 은행은 무작정 높은 금리 순으로 대출하지 않는다. 대신 은행은 일정 정도의 마진을 확보할 수 있는 대출금리를 미리 결정하고, 대출을 신청하는 고객의 신용을 평가하여 상환 가능성이 큰 고객들에게 대출을 '할당'한다. 정보의 불완전성과 비대칭성, 그리고 그로부터 발생하는 문제들 때문에 그렇다. 만약 높은 금리 순으로 대출을 결정할 경우, (극단적인 예로) 상환 의사가 애초부터 전혀 없는 고객이 비상식적으로 높은 금리를 제시하며 대출을 신청할 때, 이를 거를 방법이 없게 된다.

다른 한편으로, 이런 고객이 제시하는 금리가 다른 대출에도 적용하는 금리로 결정된다면, 성실하고 신용도 높은 고객들은 대출받기를 포기할 것이다. 높은 금리를 제시하는 순서로 대출을 할당하면 결국 시장에는 매우 불량한 대출자들만이 남게 될 것이다. 그 결과 은행은 미상환 대출이 증가하고 머지않아 파산할 것이다. 따라서 대출 결정의 더 중요한 요인은 주류 경제학의 주장대로 높은 금리가 아니라 고객의 신용도이다. 이 모두는 고객에 대해 잘 알지 못하거나(정보의 불완전성) 고객만 알고 은행은 모르는 속사정(정보의 비대칭성)으로부터 발생하는 문제이다.

정보 문제로 은행은 상환 가능성을 기준으로 대출(통화공급)을 임의로 할당한다. 상환 가능성을 높이는 가장 확실한 수단은 대출액 이상의 담보이다. 부동산이 대표적인 담보물이다. 중소기업처럼 부동산 등 담보물이 부족하고 사업의 불확실성이 큰 경우, 아무리 혁신적 기술을 개발했다 하더라도 대출받기가 어려워진다.[11] 이는 생산영역에서 발생하는 혁신을 크게 제약할 가능성이 크다. 그 결과 경제 전체적으로 비효율이 유발된다. 이는 위 주류 경제학자들의 주장과 배치된다. 이와는 대조적으로 우리나라 은행들은 주택담보대출을 가장 선호한다. 우리나라에서 부동산 가격이 20% 이상 하락한 경험이 없다. 이를 기준으로 판단하면, 현재 평가액의 80%까지 대출하더라도 은행은 손실을 볼 확률이 거의 없게 된다. 우리나라 부동산 거품은 은행들이 주택담보대출을 선호한 결과이다.

은행이 상환 가능성에만 극단적으로 집착하여 충분한 담보를 제시하는 못하는 곳에는 대출하지 않는다면, 어떤 일이 벌어질까? 경제적 혁신은 일어나지 않고, 경제는 서서히 침체에 빠질 것이다. 만약 아이디어와 사업계획서, 그리고 열정 말고는 제시할 담보가 없는 혁신 중소기업들에게 대출이 거부된다면 경제적 혁신을 기대하기 어렵게 된다. 이렇게 되면 오늘날 세계적으로 기술진보와 혁신을 이끌고 있는 실리콘밸리의 유

---

11   한 가지 예로 다음 기사 참조 https://www.mk.co.kr/news/economy/view/2017/04/283965/

수 기업들도 존재할 수 없었을 것이다. 반대로, 담보물이 충분하고 파산 가능성이 작은 대기업에만 대출이 허용되면 경제적 집중과 불평등만 강화된다. 경제적 혁신은 침체되고 부동산 가격이 오르는 우리나라 경제의 문제는 자금조달을 은행들에게만 맡겼던 데 큰 이유가 있다고 할 수 있다.

경제성장과 부채

근본적으로 화폐는 그 본성상 공공재이고, 또 그래야 한다. 왜냐하면 자본주의 경제에서 화폐는 누구나 사용하는 경제수단이고, 화폐 없이는 실물경제도 작동하지 않기 때문이다. 왜 공공재의 공급을 사익추구가 목표인 민간기업에 맡겨야 할까? 이 장의 초반에서 설명한 것처럼 현재 경제활동에 필요한 대부분(96%)의 통화가 민간은행의 대출로 공급되고 있다. 통화를 민간은행이 공급하게 됨으로써 통화가 사유화되어 이자라는 비용을 지불해야 한다. 은행이 공짜로 통화를 공급할 리는 없기 때문이다. 민간은행이 통화공급을 독점하게 되면 이자 지급을 위한 돈도 민간은행으로부터 구해야 한다. 이는 마치 공기를 마시면서 돈을 내야 하는 것과 같다. 이자를 지불하기 위해서도 또 다른 부채를 져야 한다. 그 결과 화폐를 얻기 위한 무한경쟁이 펼쳐진다.

경제가 성장하면 그에 비례하여 통화량도 증가해야 한다. 경제성장은 재화와 서비스의 생산과 거래가 확대됨을 의미하고, 확대된 거래를 위해서는 더 많은 돈이 필요하기 때문이다. 물론 금융혁신과 새로운 금융수단의 발전으로 주어진 화폐를 보다 효율적으로 사용할 수 있게 되고, 그래서 똑같은 양의 통화라도 더 많은 거래에 사용될 수는 있다. 하지만 이는 상대적으로 그러하다는 말이지, 필요 통화의 절대량은 경제성장에 거의 비례하여 증가할 수밖에 없다. 그런데 현대 화폐제도 하에서는 그 통화가 민간은행에게 사유화되어 있다. 따라서 통화량의 증가는 부채의 증가를 의미한다. 다시 한번 말하지만, 화폐가 사유화되면 무료로 사용할 수 없고, 이자와 원금의 상환을 약속하고 빌려서 써야 한다. 그래서 경제성장은 결국 비례적으로 부채의 성장을 유발한다. 거꾸로 말해도 마찬가지다. 빚이 늘어야 경제성장도 일어난다(부채주도성장(debt-led growth)이라 부르기도 한다). 다른 한편, 경제성장에 따른 부채의 비례적 증가는 전체경제의 순부가 증가하지 않음을 의미하기도 한다.

경제성장이 부채를 낳는 과정을 〈표 4〉를 이용해 설명해보자. 〈표 4〉는 기업이 자동차를 생산하여 100억 원에 판매하는 경우 중앙은행, 민간은행 전체, 민간경제 전체의 대차대조표의 변화를 보여준다. 우선 자동차가 팔리기 위해서는 추가적으로 100억 원의 통화가 더 필요하다. 그런데 앞서 설명한 것처럼 현대 금융시스템에서 모든 통화는 민간은행이 대출을 통해 공급한다. 새로 생산된 자동차가 거래되기 위해서는 민간은행이 대출을 새로 해야만 한다. 구체적으로 살펴보면, 최초 자동자 기업은 실물자산으로 자동차를 갖고 있을 것이다. 개인들이 이 자동차를 구입하면 자동차 회사의 자산은 실물자산으로 기록되어 있던 '자동차들'이 100억 원의 금융자산으로 전환된다. 자동차를 구입하는 개인들에게 100억 원에 해당하는 자동차가 실물 자산으로 증가한다. 이에 필요한 100억 원은 부채를 통

표 4 자동차 100원어치를 생산하여 판매한 경우

중앙은행		민간은행 전체		민간경제 전체	
자산	부채	자산	부채	자산	부채
은행에 대한 지준금 대출 10	은행의 지준금 예금 10	대출 100	예금 100	자동차 100	대출 100
		중앙은행 지준금 예치 10	중앙은행 지준금 대출 10		

해 조달되므로, 부채도 100억 원 증가한다. 이렇게 자산과 부채가 동일하게 증가했으므로 개인들을 전체로 보면 순부(純富)는 증가하지 않았다. 자동차 회사가 이윤을 남긴다면 기업의 순부는 증가할 수 있다. 하지만 그 이윤도 증가한 통화량 100억 원의 일부일 뿐이다. 결국 민간경제 전체적으로 실물생산이 증가하긴 했지만 부채 또한 동일하게 증가했다.

전체 민간은행은 자산으로 대출채권 100억 원과 부채로 예금 100억 원 동일하게 증가했다. 다만 법정 지급준비율이 10%라면, 예금 100억 원의 10%인 10억 원은 지급준비금으로 중앙은행에 예치해야 한다. 이 지급준비금은 중앙은행만이 공급하므로, 민간은행은 지급준비금 자산과 부채가 동일하게 증가한다. 결국 전체 민간은행에서도 순부는 증가하지 않았다. 대신 자산과 부채가 동시에 증가했을 뿐이다. 중앙은행도 마찬가지다. 지급준비금 10억 원을 창조하여 민간은행에 대출했으므로, 자산과 부채가 10억 원씩 증가했고, 순부의 증가는 없다.

종합하면, 자동차라는 실물 생산이 증가하여 경제가 성장했지만, 경제 전체적으로 순부는 증가하지 않았다. 실물 생산이 증가하는 만큼 그 판매대금으로 부채가 증가했기 때문이다. 이렇게 생산물 거래에 필요한 통화를 민간은행이 대출의 형태로 공급하는 한, 경제가 성장해도 부채만 증가할 뿐 순부의 증가는 없다.

경제가 아무리 빠르게 성장한다 하더라도, 그에 비례하여 빚이 증가하는 경제는 장기적으로 지속가능하지 않을 것이다. 빚에 의존하는 경제성장이란 물질적 풍요가 아니라 빚의 덫에 갇혀 신음하는 고통일 뿐이다. 부채의 축적은 주기적인 경제위기를 낳고, 매번 위기마다 대중이 겪는 고통은 가중된다. 부채는 반드시 상환되어야 하는데, 아무리 경기가 좋다 하더라도 반드시 경제의 일부에서는 상환이 불가능한 상황이 발행하게 마련이다. 거대한 부채의 탑을 쌓은 경제에서는 조그만 충격에도 전체가 무너질 수 있다. 왜냐하면 '금융혁신'으로 부채가 또 다른 부채로 증폭되고, 모두가 빚으로 엮여 있기 때문이다. 1990년 부동산과 금융 자산 거품이 붕괴한지 30년이 지난 지금도 아직 불황에서 벗어나지 못하고 있는 일본경제가 부채가 경제발전을 가로막은 대표적인 사례이다(이에 대해서는 이 책 1장에서 설명했다). 2008년 미국발 세계 금융위기와 그 이후 10여 년의 불황도 최근에 경험하고 기억하는 대표적인 예이다. 사실상 자본주의 역사 전체에서 주기적으로 반복된 모든 금융위기와 뒤이은 경기침체는 빚이 어떻게 인류를 곤경에 빠뜨리고 있는지를 보여준다. 말이 경기침체이지 개인의 입장에서 실제 내용은 실업과 소득감소, 그리고 우울증, 범죄, 자살 등 거기서 파생하는 각종 사회병리 현상들이다.

성실한 노동은 인간에게 필요한 다양한 가치를 창조하고 인간의 삶을 풍요롭게 한다. 우수한 기업가의 혁신도 마찬가지다. 이렇게 건전하고 소중한 생산과 교환의 수단을 왜 민간기업의 돈벌이 수단이 되어야 할까? 이 정직한 노동이 낳은 가치가 활용되기 위해 꼭 민간은행이 발행하는 부채를 써야만 하는 어떤 경제법칙이 있는 것일까? 경제 발전의 자연적이고 필연적인 결과일까? 그렇지 않다.[12] 이는 경제적 진화가 낳은 자연적 결과가 아니다. 제도가 그렇게 정하고 있을 뿐이다. 그 제도는 인간이 임의로 고안한 것이고, 그런 고안의 이면에 경제적으로 불가피한 어떤 이유가 있는 것은 전혀 아니다.

---

12   인류학과 정치경제학에서 20세 가장 위대한 사상가 칼 폴라니(Karl Polanyi)는 '토지', '노동', '화폐' 등 세 요소를 상품화하면 인간사회 전체가 위협받고 인류가 공멸할 수 있다고 역설했다. 불행히도 자본주의는 이 세 가지 모두를 사유화하고 시장에서 거래하는 상품으로 만들었다. 자본주의가 인간사회를 위협하는 모순적 현상이 발생하는 근본적인 이유가 여기에 있다고 할 것이다. Karl Polanyi (1944), *The Great Transformation: The Political and Economic Origins of Our Time*, London: Beacon Press (홍기빈 역, 『거대한 전환 : 우리 시대의 정치·경제적 기원』, 서울: 도서출판 길, 2009).

당연히 정부(중앙은행)도 일반 공공재처럼 이자를 물지 않아도 되는 통화를 공급할 수 있다(이에 대한 더 자세한 설명은 이 책의 제3장 참조). 또한, 통화를 사회 전체의 이익에 도움이 되는 방식으로 할당할 수도 있다. 그렇게 되면 투기용 대출보다는 생산적 대출이나 사회적으로 바람직한 분야에 자금이 공급될 것이다. 사회는 보다 풍요로워지고 금융위기와 같은 주기적 재앙도 피할 수 있을 것이다. 예를 들어 보자. 금융위기가 발생하면 공장이 멈추고 경제가 침체되고, 무엇보다도 실업이 증가한다. '공장의 위기'가 아니라 은행의 위기인데도 그렇다. 은행들이 위기에 처하면 통화공급을 중단하기 때문이다. 통화공급을 민간은행에 맡긴 결과이다. 민간은행의 부채발행 활동을 억제할 마땅한 수단이 없거나 방기되는 상황에서 개별 은행의 탐욕적 빚잔치가 주기적인 파국을 낳는다. 그럴 때마다 왜 죄가 없는 공장이 멈추고 노동자들은 실업의 고통을 겪어야 하는 것일까?

이미 중앙은행은 자신의 통화를 발행하고 있다. 다만 그 통화는 제도적으로 민간경제로 흘러가지 못하도록 정해져 있을 뿐이다. 앞서 본 것처럼, 중앙은행 통화는 건전한 기업과 개인이 사용할 수 없다. '제도적으로' 민간경제는 은행이 제공하는 통화만을 사용하도록 정해 놓은 것이다. 정부가 화폐를 공공재로 공급한다면, 은행들은 망할 것이다. 하지만 경제 전체에게는 더 큰 이익이 될 것이다. 그렇다면 은행이라는 기업의 이익이 공공의 이익보다 더 중요하다는 말인가?

이 엄중한 주제는 왜 현재 토론조차 되지 않고 있을까? 우선 주류 경제학계의 배타성 때문이다. 주류 경제학자들은 이런 문제를 제기하는 전공자나 연구자를 대학 교수, 영향력 있는 연구소 연구원 등의 채용에서 배제해 왔다. 그래서 거의 모든 경제학 교육에서도 이와 같은 경제학 접근법은 언급되지 않는다. 이들이 경제학에서 '주류'로 행세하지만, 사회에 가장 큰 영향력을 행사하고 있다는 의미일 뿐이지, 현실을 가장 잘 설명한다는 의미는 결코 아니다. 또한 인간이 태어나자마자 접하는 대중 매체들 대부분이 주류 경제학이 내리는 교리를 반복해서 들려준다. 그래서 경제학 교육을 받은 경험이 전혀 없는 사람조차도 성인이 되면 주류 경제학의 '잘못된' 교리를 줄줄 읊게 된다. 주류 경제학의 세력이 쇠퇴할 줄 모르는 이유이다.

대안들과 쟁점

주류 경제학의 영향력이 여전히 강고하고 가까운 미래에도 큰 변화를 기대하긴 어려울 것이다. 그렇다 하더라도 사유화된 통화제도를 개혁하려는 토론이 없는 것은 아니다. 이들은 모두 현대 자본주의의 화폐·금융제도에 대한 이 장의 설명과 문제점에 대체로 동의한다. 하지만 '대안' 체제에 대한 구상은 큰 차이를 보이고 있다. 아직 실행된 적도 없고, 그래서 아주 구체적인 기술은 찾아보기 힘들지만, 각각의 개략적인 아이디어와 실행전략을 소개하고자 한다.[13]

13　앞서 설명한 것처럼 현대 자본주의 경제에서 대부분의 통화는 민간은행이 공급하고, 따라서 부채이다. 자본주의 경제가 성장할수록 부채는 증가하고, 부채가 주도하는 경제는 지속가능하지 않을 뿐만 아니라 바람직하지 않은 사회적 결과를 낳는다. 부채를 줄여 안정적인 경제체제를 유지하고, 녹색성장 등 지속가능하고 바람직한 경제성장을 위해서 화폐는 민주적으로 발행되고 관리되어야 한다는 주장이 제기되고 있다. 개념적으로 이를 '화폐의 민주화'라 부른다. 이에 대해서는 Franes Hutchinson, Mary Mellor, and Wendy Olsen(2002), *The Politics of of Money: Toward Sustainability and Economic Democracy*, London: Pluto Press; Mary Mellor(2016), *Debt or Democracy: Public Money for Sustainability and Social Justice*, London: Pluto Press; Mary Mellor(2019), *Money: Myths, truths*

● 민간은행 통화를 공공통화로 완전히 대체하려는 계획들

① 주권통화론

첫 번째 개혁안은 가장 급진적인 주장으로, 민간은행의 통화 발행권을 박탈하고, 민주적으로 운영되는 '통화위원회'와 같은 독립기구가 통화량 공급을 결정하게 하자는 주장이다.[14] 이 개혁안에 따르면 민간은행의 통화

_____

and alternatives, Bristol, UK: Policy Press 등을 참조할 수 있다. Mellor(2019)는 가장 쉽게 설명하려는 노력이 돋보이는 대중서로 평가할만 하다. '화폐의 민주화' 주장은 민간은행의 화폐 사유화 분석과 개혁 취지에 공감하지만, 구체적인 대안을 제시하진 않는다. 다만 정부지출의 확대를 통해 '공공화폐'(public money) 공급을 늘려야 한다고 짧게 제안하고 있을 뿐이다(Mellor, 2019, 7장. 이 절에서 설명하는 세 번째 화폐 개혁안). Mellor(2019)의 부록은 관련 문헌 목록을 간단한 설명과 함께 제공하고 있다. 궁금한 독자에게 유용할 것이다.

14   정부가 직접 무상으로 화폐를 공급해야 한다는 '일반적' 주장은 언론 사설에도 종종 등장했다. 예컨대, Martin Wolf(2014) "Strip private banks of their power to create money", Op. Ed., Financial Times, April 24. 대중서로는 Ellen H. Brown(2012), Web of Debt: The Shocking Truth about Our Money System and How We Can Break Free, 5th edition, LA: Third Millennium Press(이재황 역, 『달러: 사악한 화폐의 탄생과 금융 몰락의 진실』, 서울: AK 출판사, 2009); Ellen H. Brown(2019), Banking on the People: Democratizing Money in the DIGITAL AGE, Washington DC: The Democracy Collaborative 등을 참조하면 좋을 것이다. 보다 기술적이고 구체적인 제도적 설계를 제시하는 연구로는 Ben Dyson, Graham Hodgson, and Andrew Jackson(2015), Digital Cash: Why Central Banks Should Start Issuing Electronic Money, London: Positive Money; Ben Dyson and Andrew Jackson(2012), Modernizing Money: Why our monetary system broken and how it can be fixed, London: Positive Money; Joseph Huber(2017), Sovereign Money: Beyond Reserve Banking, NY: Palgrave Macmillan; Ben Dyson, Graham Hodgson, and Andrew Jackson(2015), Digital Cash: Why Central Banks Should Start Issuing Electronic Money, London: Positive Money; Ben Dyson and Andrew Jackson(2012), Modernizing Money: Why our monetary system broken and how it can be fixed, London: Positive Money. 이 연구들 대부분은 화폐와 은행업 개혁운동을 주도하고 있는 영국의 시민단체 "Positive Money"가 주도하고 있다. 이들의 홈페이지(https://

발행 권한이 제한되므로, 중앙은행이 독점적으로 발행하게 된다. 따라서 시중에 유통되는 통화는 모두 중앙은행 화폐이고, '통화위원회'와 같은 독립 기구가 통화공급을 조절하게 된다. 이를 '주권통화론'(sovereign money)이라 부른다. 이는 '어떻게 하면 민간은행의 신용창조와 통화공급 기능을 폐지하고, 정부가 직접 통화를 발행하여 무료로 공급할 수 있을 것인가'의 문제에 초점이 맞춰져 있다. 이들에 따르면, 자본주의에서 반복되는 금융위기와 경기침체는 공공재의 성격이 매우 강한 화폐를 이윤을 목적으로 경영되는 민간은행이 '부채 형태'로 발행하기 때문에 나타나는 현상이다. 민간은행이 독점적으로 공급하는 통화는 부채이므로, 경제가 성장한다 해도 부채 또한 필연적으로 증가한다. 부채가 축적되면 금융위기와 경제위기 또한 필연적이다. 주택 등 자산가격 거품도 이로부터 유래한다. 따라서 안정적인 경제를 유지하기 위해서는 민간은행의 통화발행을 제한할 필요가 있다.

화폐를 민간은행이 아니라 공적 기관이 민주적으로 공급하게 되면 '바람직'하고 '지속 가능한' 경제체제로 유도하는 것도 가능해진다. 공적 기관은 공공의 이익이 되는 경제영역으로 재원을 할당할 수 있게 되기 때문이다. 예를 들어, 기후위기에 대비하여 탄소배출을 줄이고 녹색경제를 달성하고자 한다면 관련 산업에 통화공급(혹은 투자)을 확대함으로써

_____

positivemoney.org/)는 관련 다양한 연구결과를 무료로 제공하고 있다. Positive Money 그룹의 일원은 아니지만 Huber 교수의 홈페이지에도 좋은 자료들이 걸려 있다. https:// sovereignmoney.site 이 외의 화폐개혁 시민단체들로는 미국의 American Monetary Institute(www.monetary.org), 뉴질랜드 Positive Money(www.positivemoney.org.nz), 아일랜드의 Sensible Money(www.sensiblemoney.ie), 독일의 Monetative(www.monetative.de), 스위스의 Vollgeld(www.vollgeld.ch), 이탈리아의 Moneta Proprietà(www.monetaproprieta.it) 등이 있다.

그렇게 할 수 있다. 녹색산업의 성장은 투자를 필요로 하고, 그 투자자금을 공적 기관이 제공할 수 있다는 것이다.

민간은행의 통화발행을 제한하기 위해서는 어떻게 해야 할까? 현대 은행제도는 주권통화론자인 Huber 교수가 이름 붙인 "분절된 지급준비금 제도"(split-circuit reserve banking)에 기초한다. 앞서 설명한 것처럼, 현재에도 중앙은행이 발행하는 화폐(지급준비금)는 금융시스템에서 결정적으로 중요한 역할을 담당한다. 은행 간 지급결제 수단으로서[15] 지급준비금이 존재하지 않는다면 금융기관 간 거래는 거의 불가능하거나 매우 비효율적이고 불안정해질 것이다. 1913년까지도 현재와 같은 중앙은행을 갖추지 못하고 있던 미국이 경험한 금융시장의 혼란이 이를 잘 보여준다. 법률로 의무지급준비금을 보유하도록 한 것도 사실은 지급준비금이 부족할 경우 은행 간 지급결제 활동에서 발생할 수 있는 혼란을 방지하려는 취지이다. 이처럼 현대 금융제도는 지급준비금에 결정적으로 의존하고, 또 그것은 중앙은행이라는 공적 기구가 발행하는 공공재이지만, 아무나 사용할 수 없다. 그 결과 시중의 민간경제(개인와 기업)는 민간은행이 발행하는 예금화폐에 의존할 수밖에 없다는 것이다. 예금화폐는 대출로 창조되는 부채이고, 부채의 축적이 모든 자본주의 경제문제의 근원으로 지목된다.

따라서 "분절된 지급준비금 제도"(split-circuit reserve banking)란 이원화된 화폐체제라 부를 수 있다. 한편에서는 은행과 중앙은행 사이에서 지

---

15 앞서 소개한 지급준비금의 역할은 크게 두 가지였다. 첫째, 법정 지급준비금을 준수하기 위한 수단이다. 둘째, 은행 간 지급결제 수단이다. 법정 지급준비금 제도를 실행하지 않는 나라들도 존재한다는 의미에서 첫 번째 기능은 다소 부차적이라 할 수도 있겠다. 이 외에 지급준비금은 '세금납부와 정부의 지출수단'으로서, 정부(행정부)와의 거래에 사용되는 통화이다. 이 기능 또한 현대 통화제도에서 결정적으로 중요한 기능이다. 이는 이 책의 제3장에서 자세히 설명한다.

급준비금이 유통되고, 다른 한편(민간경제 전체)에서는 민간은행이 발행하는 예금통화가 유통되고 있는 상황을 묘사하는 말이라는 의미에서 그렇다. 지급준비금의 유통이 정부부문과 민간은행 사이의 거래로만 한정하는 제도(**그림 2 참조**)가 민간은행이 통화를 발행할 수 있게 하는 필요조건이다. 그리고 민간은행은 공공의 이익이 아니라 사적 이윤을 목표로 통화를 발행하고, 나아가 민간경제에 유통되는 통화는 '부채'로만 존재하게 된다. 이것이 문제의 근본 원인이다. 이러한 진단으로부터 이 두 가지 화폐제도를 하나로 통합하고, 중앙은행 화폐인 지급준비금만 유통되도록 하자는 제안이 도출된다.

이 대안 체제에서도 민간은행은 여전히 활동할 수 있다. 다만 신용 창조 기능 없이 금융중개기관으로서의 역할만 수행할 수 있다. 이는 마치 현재 활동하고 있는 제2금융권의 비즈니스 모델과 유사할 것이다. 제1금융권으로 분류되는 시중 은행들과 달리 저축은행, 증권사, 신용협동조합, 투신사 등 제2금융권은 예금자 혹은 투자자들의 저축을 수취하여 자금이 필요한 차입자들에게 연결해 주는 업무를 수행한다. 또한 은행은 직접 투자기구의 역할을 수행할 수도 있다. 하지만 투자의 모든 위험은 고객, 즉 투자자가 지도록 한다. 이렇게 함으로써 투자 사업의 실패가 경제 전체로 확산되는 것을 막을 수 있다는 말이다.

② 시카고플랜(완전 지급준비금 제도)

두 번째 개혁안으로, '완전 지급준비금 제도'(Full Reserve Banking)를 도입하자는 주장도 있다. 1930년대 초 대공황의 와중에 미국 시카고대학교 경제학과 교수들은 소위 '시카고플랜'(Chicago Plan)이라는 은행 개혁안을 제시했다.[16] 이들은 대공황을 유발한 금융위기의 원인으로 민간은

---

16 시카고대학교의 경제학자 Frank Knight가 3월에 작성하여 은밀히 유통하던 이 짧은 메

행들의 무분별한 부채(예금) 발행을 지목했다. 유사한 경제위기의 재발을 막기 위해서는 은행의 발권력을 제한해야 한다는 아이디어는 이러한 진단에 기초한 것이었다. 이 목표를 달성하기 위한 실행 방안으로 법정 지급준비금 비율을 100%로 인상하자는 의견이 제시되었다. 당시나 현재의 법정 지급준비율은 7~10%로 낮다. 즉, 은행 전체의 예금(=부채)의 일부분만을 지급준비금으로 비축한다는 뜻에서 이를 '부분 지급준비금 제도'(Fractional Reserve Banking)라 부른다. 이에 반해, 지급준비율을 100%로 하면 모든 예금이 지급준비금으로 지지되므로, 이를 '완전 지급준비율 제도'이라 부르기도 한다.

최근 연구자들 사이에서는 완전 지급준비금 제도의 목적과 기능, 그리고 그 성격을 이해하는 방식이 제각각인 것처럼 보인다. 일부 연구자는 이 완전(혹은 100%) 지급준비금 제도가 은행의 발권력을 제한하는 기능을

모(제목이 "Memorandum on Banking Reform"이었다)는 1933년 말까지 Lloyd W. Mints, Henry Schultz, Henry C. Simons, Garfield V. Cox, Aaron Director, Paul H. Douglas, and Albert G. Hart 등 시카고대학교 경제학자들의 지지 서명을 받았다. 이 메모는 이후 은행개혁에 대한 다양한 논의를 촉발했는데, 대부분의 논의는 '완전(혹은 100%) 지급준비금 제도'라는 아이디어를 공유했다. 하지만 이를 반영한 은행개혁법 입법 시도는 무산되었다. 시카고플랜에 대한 역사적 설명에 대해서는 Ronnie J. Phillips(1995). *The Chicago Plan & New Deal Banking Reform*, Armonk, NY, M.E. Sharpe 이 아이디어가 입법으로 관철되진 못했지만 그 아이디어가 자체가 폐기된 것은 아니었다. 1930년대 초부터 잠시 회복하던 미국 경제가 1937년 또 다시 침체에 빠지자 완전 지급준비금 제도를 제안하는 보고서가 1939년 재차 제출되었다. Paul H. Douglas, Earl J. Hamilton, Irving Fisher, Willford I. King, Frank D. Graham, and Charls R. Whittlesey (1939), *A Program for Monetary Reform*, Available from the Kettle Pond Institute for Debt-free Money http://www.economic-stability.org/history/a-program-for-monetaryreform-the-1939-document. 1930년대 완전 지급준비급 제도를 제안하고 입법으로 관철시키고자 했던 모든 연구와 은행법 개혁 활동을 '시카고플랜'이라 부른다.

수행할 것이라 믿는 듯 하다.[17] 또 다른 일부는 지급준비금 확대 제도를 은행의 통화 발행권을 제한하려는 목적이 아니라, 단지 민간은행의 지불 능력을 강화하려는 목적으로 이해한다. 시카고 플랜에 대한 이론적 해석 문제는 이 책의 범위를 넘어선다. 여기서는 과연 은행에게 예금만큼(경제 전체적으로는 대출만큼) 지급준비금을 보유하도록 강제하는 것이 그들의 통화 발행권을 제한할 수 있을 것인지만을 살펴보고자 한다.

결론부터 말하면, 완전 지급준비금 요건 자체만으로는 민간은행의 통화 발행 능력을 제한하지 못할 것이다(Huber(2017)와 그가 운영하는 웹사이트 https://sovereignmoney.site/도 참고). 은행이 지급준비금을 더 많이 보유하도록 강제한다 하더라도, "분절된 지급준비금 제도"가 유지되는 한 은행은 여전히 대출을 통해 통화를 공급하게 된다. 앞서 살펴본 것처럼, 금융안정을 유지해야 하는 중앙은행은 시중 민간은행의 부족한 지급준비금 수요를 거절할 수 없다. 따라서 민간은행은 여전히 무분별한 대출을 제공할 것이고, 중앙은행은 그에 요구되는 의무지급준비금을 공급할 수밖에 없다.

다만 의무지급준비금의 증가는 은행의 이윤을 다소 줄일 수는 있다. 왜냐하면 지급준비금을 더 많이 보유하려면 은행이 가진 자산을 중앙은행에 매각하거나 이자를 내고 빌려와야 하는데, 이는 더 큰 비용을 의미하기 때문이다. 완전 지급준비금 제도가 민간은행의 통화 발행권을 제한하려는 취지였다 하더라도, 실무적으로 그 취지는 달성되기 어려울 것이다. 민간은행의 발권력은 의무 지급준비금의 수준과 전혀 무관한 문제이다.

---

17   Jaromir Benes and Michael Kumhof (2012), *The Chicago Plan Revisited*, IMF Working Paper, WP/12/202.

③화폐적 재정 조달(monetary financing)

세 번째 개혁안은 정부가 민간은행을 거치지 않고 재정지출을 통해 민간 경제에 직접 통화를 공급하자는 주장이다. 여기서 정부지출의 재원은 중앙은행이 공급하는데, 이를 '화폐적 재정 조달'(overt monetary financing of government budget)이라 부른다(중앙은행이 정부에 '직접' 재정을 지원함을 강조하기 위해 영문 표기에서는 'overt'란 형용사를 붙이곤 한다). 이렇게 하면 정부는 중앙은행에 부채를 지지만, 민간은 그렇지 않다. 재정건전성을 강조하는 풍토에서라면 이 과정에서 정부가 중앙은행으로부터 대규모 부채를 지게 된다는 점이 심각한 문제처럼 보일 것이다. 하지만 이는 전혀 문제가 되지 않는다. 왜냐하면 중앙은행도 정부기구 중 하나이므로, 이는 그저 정부 부처 간 내부거래에 지나지 않기 때문이다.[18] 여기서 '정부부채'란 장부상 기록에 지나지 않는다. 또한, 고인플레이션 등 경제적 문제를 일으키는 것도 아니다(이에 대해서는 이 책의 3장과 4장에서 자세히 다룬다).

중앙은행이 정부지출을 통해 공급하는 통화는 경제에게는 은행의 대출과 달리 부채를 발생시키지 않는다는 의미에서 '부채에서 자유로운 화폐'(debt-free money)라 불리기도 한다. '그린백'(Greenback)이란 애칭으로도 불리는데, 이는 남북전쟁 당시(1861~1865) 미국 정부가 발행했던 지폐의 이름을 차용한 것(당시 정부가 발행한 지폐의 뒷면이 녹색이어서 이런 이름이 붙었다)이다. 이 애칭을 사용하면 실제 실행된 적 있던 역사적 경험을 상기시킴으로써 이 개혁안의 실현 가능성을 강조하는 효과가 있다. '공공 통화'(public money)라는 용어를 사용하기도 하는데, 같은 의미이지만 정부가 지출하는 돈이 납세자가 낸 세금(taxpayer's money)이 아니란 점을

---

18 미국, 중국, 싱가포르, 홍콩 등의 중앙은행은 정부기관이다. 반면 한국, 일본, 영국의 중앙은행은 법인이다. 이러한 법적 지위의 차이에도 불구하고 중앙은행의 운영원리는 동일하다(차현진, 『법으로 본 한국은행』, 서울: 율곡출판사, 2020).

강조하려는 의도가 담겨 있다(이 점은 제3장에서 자세히 설명한다).

화폐 개혁안으로서 이 '화폐적 재정 조달' 방안은 다시 '급진적 주장' 과 '온건한 주장'으로 나뉘어 있는 것으로 보인다. 우선 급진적 주장은 민간은행이 발행하는 모든 통화를 정부 통화로 대체하는 것을 목표로 한다(Mellor, 2019, 7장). 다시 말하자면, 정부가 중앙은행이 발행하는 화폐로 재정을 조달하고, 이를 지출함으로써 민간은행 통화를 대체할 수 있다는 것이다. 그러기 위해서는 전체 경제에서 정부가 차지하는 비중이 크게 확대되어야 한다. Mellor(2019)는 양차 세계대전 당시 정부지출이 GDP 대비 70% 이상을 차지했던 경험을 언급하기도 한다. 하지만 이 급진적 주장은 아직 구체적인 실행 방법을 제출한 적이 없다. 따라서 그에 대한 평가도 제한적이다.

위 세 가지 개혁안은 모두 '민간은행의 통화 발행권을 박탈하고 정부(행정부+중앙은행)가 통화공급을 직접 관리한다'는 공통된 목표를 갖는다. 하지만 이에 대한 날카로운 비판들 또한 제시되고 있다.[19] 첫 번째 비판은 정부 혹은 중앙은행이 민간 통화 수요에 부응하여 통화량을 통제할

---

19 Sheila Dow, Guðrún Johnsen, Alberto Montagnoli(2015), "A critique of full reserve banking", *Sheffield Economic Research Paper*, SERPS no. 2015008 참조. 또한, 경제학계에 세계적으로 저명한 Cambridge Journal of Economics라는 학술지에서 지상 논쟁으로 전개되기도 했다. Giuseppe Fontana and Malcolm Sawyer(2016), "Full Reserve Banking: More 'Cranks' than 'Brave Heretics'", *Cambridge Journal of Economics*, 40, 1333-1350; Yeva Nersisyan and L. Randall Wray(2016) "Modern Money Theory and the facts of experience", *Cambridge Journal of Economics*, 40, 1297-1316 등이 '주권통화 개혁론'을 비판했고, Positive Money 측의 대표 저자들이 반론을 제기했다. Ben Dyson, Graham Hodgson, and Andrew Jackson(2016), "A Response to Critiques of 'full reserve banking'", *Cambridge Journal of Economics*, 40, 1351-1361. 그러자 재차 비판이 발표되었다. Giuseppe Fontana and Malcolm Sawyer(2017), "A Rejoinder to "A Response to Critiques of 'Full Reserve Banking'"", *Cambridge Journal of Economics*, 41, 1741-1748.

수 없다는, 즉 '계획적 통화공급'이 불가능하다는 비판이다. 이 장의 앞에서 통화량 목표제가 실패했던 역사적 경험을 소개했다. 간단히 말하면, 중앙은행은 민간의 통화 수요를 예측할 수 없다. 이와 유사하게 정부는 시의 적절하게 통화를 공급할 수도 없다. 둘째, 그 결과 이 계획은 필연적으로 경기침체를 유발할 것이라 비판된다. 이 개혁안은 금융불안정의 억제를 주요 목표로 한다. 따라서 통화공급도 최대한 보수적으로 결정될 가능성이 크다. 이 때문에 필요한 부문에 적절한 통화공급이 지체될 가능성이 크다. 그렇게 되면 경제 전체적으로 활력이 떨어지고, 경제가 침체할 가능성이 크다.

셋째, 민간은행들의 신용창조 기능을 규제한다 하더라도 궁극적으로는 이를 대체할 새로운 '화폐 형태'가 등장할 것이란 비판도 있다. 이 점은 앞서 '굿하트의 법칙'(Goodhart's Law)으로 설명하기도 한다. 반복하면, 현대 자본주의 경제에서 화폐란 궁극적으로 부채에 지나지 않는다. 현재 대부분의 거래에 사용하는 '민간은행 통화'(대출을 통해 창조하는 예금)도 민간은행이 발행한 차용증서에 불과하지만, 화폐로 사용되고 있다는 말이다. 이는 누구라도 통화를 발행할 수 있음을 의미한다. 실제로 특정한 형태의 채권-채무 관계를 화폐로 지정(모든 통화가 '부채'임을 기억하자)하고 규제하면 금융기관들은 반드시 해당 규제를 피할 수 있는 새로운 형태의 부채를 만들어 낸다. 이것이 굿하트의 법칙이다. 따라서 현재는 민간은행의 예금이 통화량의 대부분을 차지하고 있지만, 이를 금지한다고 해서 새로운 형태의 부채형식이 등장하고 그것이 지금의 예금처럼 통화로 사용될 가능성까지 차단하진 못할 것이다. 최근 등장한 소위 '그림자 금융'(Shadow Banking)이 이를 잘 보여주는 예이다.

넷째, 앞의 세 번째 논점과 관련된 문제로, 중앙은행이 화폐를 독점적으로 관리한다 하더라도, 그것이 금융위기를 막고 금융불안을 억제할 것이란 보장이 별로 없다. 대부분의 금융위기는 민간은행이 발행한 대출채권 자체가 아니라, 이를 기초로 발행된 '금융파생상품'이 원인이곤 했다. 대출과 예금이 궁극적 원인이라면 금융위기에 '뱅크런'(Bank-run, 어떤 이유로 은행이 파산할 것이란 우려가 커지면, 예금자들이 한꺼번에 예금을 인출하려 달려드는 현상을 이르는 말로, '대량예금인출사태'로 부르기도 한다. 이렇게 되면 우려의 진위와 무관하게 해당 은행은 실제로 파산할 수밖에 없다. 모든 예금을 한꺼번에 인출해 줄 수는 없기 때문이다)이 발생해야 한다. 하지만 2008년 세계 금융위기와 작금의 코로나19발(發) 경제위기에도 뱅크런은 발생하지 않았다. 예금자보호법에 따라 예금의 큰 부분을 정부가 보증하고 있기 때문일 것이다. 이와 대조적으로 부채가 금융위기와 경제위기로 비화하는 이유는 금융파생상품을 매개로 전체 금융권이 채무-채권 관계로 얽혀 있기 때문이다. 정부가 직접 통화를 공급하는 일이 모든 부채수단의 금지를 의미하진 않는다. 가계와 기업이 다양한 저축수단을 요구하기 때문이다. 금융위기 예방이 목적이라면 금융파생상품 거래를 규제하는 편이 더 효율적일 것이다.

다섯째, 이 개혁안은 현재의 통화정책과 양립 가능하지 않고, 새로운 통화정책 수단을 고안해야 할 것이다. 모든 통화가 중앙은행이 발행하는 화폐, 즉 지급준비금으로 대체되면 시중에는 대규모 초과지급준비금이 발생할 것이다. 이것은 타겟 금리를 제로(0) 수준으로 끌어내린다(이 장 앞부분의 통화정책 과정 참고). 그런데 통화정책 수단으로 기준금리를 활용하려면, 항상 양(+)의 금리 수준을 유지해야 한다. 왜냐하면, 예컨대, 경기부양을 위한 통화정책이란 기준금리를 인하하는 정책인데, 이미 제로 금리라면 더이상 인하할 수 없기 때문이다. 양의 금리를 유지하는 방법은 국채를 대규모로 발행하여 초과지급준비금을 모두 흡수해야 한다. 또는 민간은행들이 중앙은행에 예치하는 초과지급준비금에 이자(이를 '지준부리'라 부른다)를 지급하는 방법도 있다. 국채발행이든 지준부리든 어쨌든 통화에 이자가 지급된다는 점에서 개혁안의 효과는 제한적이라 할 것이다.

● 민간 및 정부 화폐가 병립하는 개혁안

④ 적자재정을 통한 확장적 재정정책

'화폐적 재정 조달' 개혁안 중에서 더 온건한 주장이 최근 대중적 지지를 얻고 있다.[20] 계획적 통화공급이 불가능하다면, 시중에 민간은행 통화와 중앙은행 통화가 공존하는 방법을 새로운 대안으로 생각할 수 있다. 이 온건한 개혁안은 민간은행으로부터 통화 발행권을 완전히 박탈할 것을 목표로 하지 않는다. 대신 대규모 화폐적 재정 조달과 민간은행의 통화공급이 병립할 것으로 기대한다. 다른 말로 하면, 민간은행의 활동은 지금처럼 그대로 둔 채, 정부가 중앙은행으로부터 대규모 부채를 지고 사회가 필요로 하는 공공 서비스를 제공하려는 계획이다. 예컨대, 기후위기에 대응하여 탄소배출 삭감이 시급하다. 이를 위해서는 대규모 에너지 전환 프로젝트(녹색뉴딜)를 가동해야 한다. 이는 거대한 재원을 필요로 하지만, 수익성이 불확실하고 수익이 난다 하더라도 너무 오래 기다려야 하기 때문에 민간은행들이나 민간기업들이 선뜻 나서지 못한다. 하지만 정부는 다르다. 정부의 목표는 당장의 이윤이 아니라 사회 전체의 이익에 있다. 또한, 재원도 중앙은행을 활용하여 조달할 수 있다.[21]

---

20   Ann Pettifor(2017), *The Production of Money: How to Break the Power of Bankers*, London: Verso. Adair Turner(2016), *Between Debt and the Devil: Money, Credit, and Fixing Global Finance*, NJ: Princeton University Press; Frances Coppola(2019), *The Case for People's Quantative Easing*, London: Polity Press(유승경 역,『프리드먼은 왜 헬리콥터로 돈을 뿌리자고 했을까: '모두'를 위한 양적 완화 옹호론』. 서울: 미래를소유한사람들, 2020).

21   정부가 부채를 지는 방법에는 국채를 발행하는 방법도 포함된다. 또한, 국채를 발행하는

제1장에서 소개한 미국 민주당의 대통령 후보 경선에서 예상치 못하게 큰 대중적 지지를 받은 버니 샌더스 후보의 공약도 이와 유사하다. 모든 미국인에게 의료보험을 제공하자는 것, 녹색뉴딜을 실시하자는 것, 공공 주택을 지어 저렴하게 임대하자는 것, 대학교육을 무상으로 하자는 것 등이 정부의 대규모 재정적자를 요구하는 일들이다. 사회 혁신과 경제적 전환은 금융제도의 수정 없이는 불가능한데, 그 재원을 정부가 중앙은행으로터 지원받을 수 있다.[22] 좀더 급진적으로는 모든 국민에게 생계비가 지급되는 일자리를 정부가 보장하자는 제안도 있다(일자리보장제(Job Guarantee)).[23]

방법에는 중앙은행이 인수하는 방법과 지금처럼 시중 금융기관들(이들을 '프라이머리 딜러'라 부른다)이 인수하는 방법으로 나뉜다. 하지만 "화폐적 재정 조달"과 "국채발행"은 재정통화정책적 관점에서 궁극적으로 동일하다(3장 참조).

22 예컨대, 녹색뉴딜 정책은 금융개혁이 선행되어야 한다는 주장으로 Ann Pettfor(2019), *The Case for the Green New Deal*, London: Verso 참조.

23 "일자리보장제"(Job Guarantee)를 세계 최초로 제안한 사람은 '금융불안정성 가설'로 잘 알려진 금융 경제학자 H. Minsky였다. Hyman P. Minsky(1965), "The Role of Employment Policy", in M.S. Gordon(ed.), *Poverty in America*, San Francisco, CA: Chandler Publishing Company. 여기서 민스키는 '최종 고용자'(employer of last resort)로서의 정부를 제안했다. 이는 경기변동의 충격을 흡수하는 수단으로 '실업'을 활용하는 현재의 야만적 정책기조를 비판하고, 실업이 아니라 고용을 경기변동의 버퍼로 도입해야 한다는 주장으로 발전했다. 대표적인 문헌 일부만 소개하자면 William F. Mitchell(1998) "The Buffer Stock Employment Model - Full Employment without a NAIRU," *Journal of Economic Issues* 32(2), 547-55; William F. Mitchell and J. Muysken(2008). *Full Employment Abandoned: Shifting Sands and Policy failures*, Cheltenham, UK: Edward Elgar; L. Randall Wray, "Job Guarantee". New Economic Perspectives, August 23, 2009.(http://neweconomicperspectives.org/2009/08/job-guarantee.html); Pavlina R. Tcherneva(2014), "Reorienting fiscal policy: a bottom-up approach", *Journal of Post Keynesian Economics*, 37(1), 43-66; Michael J. Murray and Mathew Forstater edited(2017),

중앙은행이 정부에 자금을 공급하여 경제와 사회의 발전에 크게 기여했던 역사적 사례는 무수히 많다.[24] 그 가운데 가장 규모가 크고 오랫동안 실행된 사례로 1939~1974년 동안 캐나다의 경우를 들 수 있다.[25] 캐나다 중앙은행(Bank of Canada)은 1938년 국유화되었다. 이후 1939년부터 1974년까지 캐나다 중앙은행은 화폐를 발행하여 정부 예산의 20~30%를 제공했다. 캐나다 정부는 이를 재원으로 대규모 공공 인프라와 사회 서비스 시설을 구축했다. 이 시기 동안 이런 방법으로 캐나다 대륙간 횡단 철도와 고속도로가 건설되었고, 수 많은 공공 학교와 병원들도

The Job Guarantee and Modern Money Theory: *Realizing Keynes's Labor Standard*, NY: Palgrave Macmillan 등이 있다. 소요 비용과 재정적, 경제적 효과 등에 대한 다양한 연구로는 Michael J. Murray and Mathew Forstater edited(2013), *The Job Guarantee*: *Toward True Full Employment*, NY: Palgrave Macmillan. 일자리보장제의 구체적인 실행 계획(brueprint)는 Pavlina R. Tcherneva(2018), "The Job Guarantee: Design, Jobs, and Implementation,"The Levy Economics Institute Working Paper No.902로 제시되어 있다. Tcherneva 교수가 운영하는 웹사이트(https://www.pavlina-tcherneva.net/job-guarantee)는 일자리보장제에 대한 다양한 연구성과물들 뿐만 아니라 기본소득과의 비교와 비판, 그리고 평범한 대중이 제기할 수 있는 질문에 답하는 Q&A 등을 제공하고 있다.

24　Brown(2013)은 세계 여러 나라들에서 실행된 역사적 사례들을 소개하는 거의 유일한 단행본일 것이다. Ellen H. Brown(2013). *The Public Bank Solution*: *From Austerity to Prosperity*, LA: Third Millennium Press. 관련 사례들은 대부분 1930년대에 집중되어 있는데, 제1차 세계대전의 종식과 1930년대 대공황의 여파를 극복하려는 노력의 일환으로 보인다. 이 외에도 심지어 히틀러도 정부화폐를 발행하여 침체에 빠진 독일 경제를 구하고 대중적 지지를 획득했다. 더 나아가 제2차 세계 대전을 위한 군수산업도 이렇게 발전시켰다. 1930년대 일본 또한 동일한 방식으로 경제불황을 탈출하고 전쟁준비를 했다.

25　William Krehm(1993), *A Power Unto Itself*: *The Bank of Canada* : *The Threat to Our Nation's Economy*, Toronto: Stoddart Publishing Company; Brown(2013), 17장; Josh Ryan-Collins(2015), "Is Monetary Financing Inflationary? A Case Study of the Canadian Economy, 1935-75,"The Levy Economics Institute Working Paper No.848. 또한, 각주(24)의 웹페이지 자료.

지어졌다. 심지어 제2차 세계대전에 대규모로 참전했고, 전쟁에서 사상한 군인들의 가족들과 돌아온 베테랑들에게 대규모 연금과 직업교육을 제공하기도 했다. 그럼에도 캐나다 정부의 부채는 거의 증가하지 않았다. 왜냐하면 캐나다 중앙은행이 정부에 자금을 공급했기 때문이었다.

하지만 캐나다 정부는 1974년 돌연 이 제도를 폐지했다. 대신 정부가 조세 수입보다 더 많이 지출하고자 한다면, '민간은행들'로부터 돈을 빌리도록 했다. 다시 말해, 정부의 재정 원천으로서 부채로부터 자유로운 공공 통화(public money)를 배제하고, 납세자의 돈(taxpayer money)과 '은행에 대한 부채'로만 한정한 것이다. 그 결과 정부부채는 기하급수적으로 증가했고, 1990년 초반에는 재정위기가 나타나기도 했다. 이에 캐나다 정부는 재정지출을 삭감할 수 밖에 없게 되었다. 1990년대 초반부터 시작된 재정지출 삭감의 결과 경제와 사회 전체가 침체상태로 빠져들었다. 최근 '화폐 및 경제 개혁 위원회'(the Committee on Monetary and Economic Reform)라는 캐나다 시민단체는 1974년의 정책적 전환이 캐나다 헌법 위반이라며 정식으로 법정 소송을 제기하도 했다. 1939~1974년 사이의 제도를 회복하자는 것이다.[26]

⑤공공은행 확대

마지막으로 소개할 대안은 공공은행(public bank)의 비중을 늘리고 이들이 더 적극적인 역할을 담당해야 한다는 제안이다.[27] 민간은행들과 달

---

26 https://canadiandimension.com/articles/view/the-bank-of-canada-should-be-reinstated-to-its-original-mandated-purposes

27 대표적으로 Ellen H. Brown(2013). *The Public Bank Solution: From Austerity to Prosperity*, LA: Third Millennium Press, 그리고 그녀가 이끄는 미국의 공공은행 설립운동을 주도하고 있는 시민단체 Public Banking Institute(https://www.publicbankinginsti-

리 공공은행은 이윤 목적이 아니라 해당 커뮤니티 혹은 경제부문에 기여할 것이다. 중앙은행을 여기서 말하는 공공은행으로 볼 수도 있다. 하지만 이들이 주로 인용하는 모범적 사례로는 Bank of North Dakota(BND)가 있다.[28] 이 은행은 미국 North Dakota 주정부 소유의 은행으로서, 비영리 목적으로 운영된다. 예컨대, 자연재해가 발생하거나 경기침체가 발생하면, 일반 상업은행이라면 대출을 거부당할 사람들과 중소기업들에게 대출을 제공한다. 그렇게 함으로써의 경제적 충격을 완충하는 역할을 담당한다. 실제로 미국 전역에 걸쳐 공공은행의 설립을 주도하고 있는 사람들은 BND의 역할로 North Dakota주의 경기변동의 폭이 다른 주(states)들보다 작다고 주장한다. 이 제안은 주로 미국의 시민단체들이 주도하고 있는 것처럼 보인다. 성과도 있어서, 최근에는 미국 주들 중에서 경제 규모가 가장 큰 캘리포니아 주에서 공공은행 설립 조례가 통과하기도 했다.

하지만 한계도 명확하다. 정부지출을 확대하는 한 가지 실행방안으로 정책은행 등 공공은행을 활용하는 방법이 제안되곤 한다. 정책은행은 일종의 정부정책 집행기구로서 정부가 제공하는 자금을 집행하는 역할을 수행한다. 이때 정부뿐만 아니라 중앙은행도 직접 자금을 제공할 수 있다. 이 재원은 바람직하다고 여겨지는 목적에 투자되거나 대출될 것이다. 여기서 쟁점은 정책은행이 수행하는 역할이 아니라 '재원의 원천'과 관련된다. 정부 혹은 중앙은행이 자금을 공급한다는 점에서 이 계획은 '화폐적 재정 조달' 개혁안의 한 범주에 속한다고 해야 할 것이다. 하지만

---

tute.org/)가 대표적일 것이다. 이 웹사이트에서 제공하는 세계 공공은행(public bank)의 역사와 운동들도 참조할 만하다.

28　　Mike Jacobs(2018), *The Bank of North Dakota: From Surviving to Thriving - The First 100 Years*, Bismarck, ND: Bank of Norht Dakota.

공공은행 확대 제안에서는 이 점이 빠져 있고, 그들은 주로 공공은행의 '목적'에 관심을 두고 있다. 즉, '화폐적 재정 조달'이 아니라 공동체의 이익에 복무하는 은행의 역할을 더 많이 강조하고 기대하고 있다. 중앙은행이나 정부로부터 충분한 재원을 지원받지 않는 공공은행은 한계에 직면할 수밖에 없다. 공공은행이 아무리 선의로 활동한다 하더라도 그 재원을 일반 은행들과 동일한 방법으로 조달해야 한다면, 경제적 효과가 결정적으로 제한될 것이기 때문이다. 공공은행의 지속 가능성을 심각한 문제로 받아들이게 되면, 이익이 나는 대출을 선호할 수밖에 없다.

그렇다면 1939~1974년의 시기에 캐나다 중앙은행과 정부가 실시한 것과 같은 '화폐적 재정 조달'이 지속가능할 것인가? 이것이 다음 장의 주제이다.

제3장

재정적자는 정부의 숙명

정부재정, 가장 속 편한 이해방식

영국의 마거릿 대처 전(前) 총리(1979-1991)는 '신자유주의' 경제 노선의 아이콘으로 불린다. 1970년대 들어 세계 경제는 소위 '자본주의 황금기'에 종말을 고하고, 인플레이션과 경기침체가 동시에 나타나는 최악의 경제적 곤경을 경험하고 있었다. 영국도 예외는 아니었다. 특히 '요람에서 무덤까지' 국가와 사회가 개인의 인간적인 삶을 보장하겠다는 '복지국가 영국'의 정부재정은 극심한 적자에 시달려야 했다. 1976년에는 IMF로부터 구제금융을 지원받기도 했다. 1979년 보수당이 집권하자 영국은 대처를 총리로 하여 정책 전환을 추진했다. 이 전환의 방향은 긴축적 재정정책, 민영화, 규제 완화로 요약된다. 우선 공기업의 민영화를 통해 대규모 구조조정(해고)을 단행하고, 이에 저항하는 노동운동을 탄압했다. 이후 노동시장에는 규제 완화란 명분으로 자본가에 의한 해고의 자유를 제도

화했다. 금융 규제 또한 완화하여 자유로운 투기와 자본이동의 자유를 보장했다. 재정적자를 줄이기 위해 사회복지지출도 축소했다. 이를 하나의 패키지로 추진하면서 대처 전 총리는 피도 눈물도 없는 '철의 여인'이라는 별칭까지 얻었다. 2013년 그녀가 사망하고 국장(國葬)을 준비할 때, 분노한 대중은 '그녀의 장례를 민영화하라'고 외치기도 했다. 대처 전 총리의 철권 정치가 1970년대 초반 보수당이 집권하고 추진하려다 실패했던 정책들을 실현했기 때문이다. 이후 전 세계는 영국과 유사한 정책 패키지를 유행처럼 도입했다.

대처 전 총리에 대한 '철의 여인'이란 별칭은 정책 추진 과정에서 나타난 무자비함을 표현한 것이기도 했지만, 자신의 신념을 결코 양보하려 하지 않던 강고함을 지칭하기도 한다. 신자유주의 시대라는 역사적 분기를 만든 대처 전 총리가 신봉한 재정과 경제에 대한 신념이란 무엇이었을까? 그것은 Herbert Spencer(1820-1903, 고전적 자유주의를 신봉한 영국의 사상가)가 남긴 유명한 레토릭 "There is no alternative"(자유 방임형 시장경제 외에는 대안이 없다, TINA)를 수시로 인용했단 사실로 드러난다. 그녀는 자유주의 시장경제만이 당시 영국과 세계 경제가 직면한 문제를 해결할 유일한 대안으로 인식하고 있었다. 하지만 이러한 추상적 수사 외에도 그녀는 재정에 대한 구체적인 신념을 표현하기도 했다.

> "가정경제 운영의 문제를 이해하는 여성이라면 국가경제 운영의 문제를 더 잘 이해할 수 있을 것입니다"(1979)
> "공공 통화(public money)라는 것은 없습니다. 오로지 납세자의 돈(tax-payer's money)만이 있을 뿐입니다"(1982)
> "사회 같은 것은 없습니다. 개인으로서 남성과 여성, 그리고 가정만이 존재할 뿐입니다"(1987)

위의 첫 두 인용문은 사회복지지출 삭감 등 재정적자를 줄이기 위해 긴축정책으로의 전환을 주장하며 한 말인데, 정부의 재정에 관한 이해방식을 보여준다. 세 번째 인용문 또한 맥을 같이 하는 언술이지만, 정부와 국민 사이의 관계를 보다 직접적으로 표현하고 있다. 개인과 가정은 사회나 정부의 지원에 의존할 수 없고, 각자도생해야 한다! 이하에서 자세히 살펴보듯, 사실상 이 세 번째 신념은 위 두 가지 재정 관념의 논리적 결론이라 할 수 있다. 현대 주류 경제학도 이와 유사한 신념을 공유하고 있고, 대중 사이에 통념으로 자리 잡고 있다. 이런 현재성을 고려하여, 그 의미를 다소 상세히 살펴볼 필요가 있다.

첫 번째 언급은 일반 가정경제의 운영원리와 정부의 재정 운영원리가 같다는 의미이다. 핵심은 양자 모두가 엄격한 예산제약 하에 운영된다는 주장이다. 일반 가정 혹은 기업이 장기간 소득보다 더 많이 지출하여 과도하게 빚을 지게 되면, 결국 파산할 것이다. 이것이 예산제약의 의미이다. 이와 동일하게, 한 나라의 정부도 재정적자를 지속하면 부채가 증가해 파산해야 한다는 의미이다. 재정적자의 공포를 이보다 더 쉽게 전파할 방법은 없을 것이다. 두 번째 언급은 정부재정의 재원에 대해 말하고 있다. 이는 정부의 재정은 부채를 제외하면 세금으로만 충당되어야 한다는 말이다. 이것이 사실이라면 정부의 지출 확대는 곧 세금 인상과 같다. 총리로서 공식적 언급임을 고려하면, 대중들에게 '재정지출을 확대하고 세금을 더 내시겠습니까?'라고 묻는 말이다. 이는 사실상 위협이라 할 것이다.

2차 대전 이후부터 1970년대 중반까지의 '자본주의 황금기' 이후 전 세계 정부들의 신자유주의 개혁도 이와 유사한 관념에 기초했다. 이는 당시 부상하던 신고전파 경제학의 교리를 따른 것이기 때문이다. 대처의 영국처럼, 이러한 역사적 전환은 폭력적이었다. 폭력적으로라도 개혁해야 하는 이유를 선전하는 과정에서, '건전재정' 혹은 '균형재정'이란 관념이 대중 속에 전파되었다.

되돌아보건대, 이런 관념은 참으로 영리한 선전 도구였다. 현재에도 널리 활용되는 방식이기도 하다. 국가 재정을 가계부와 같은 것이라고 단언함으로써 토론과 대안적 상상의 범위를 유리한 방향으로 한정한다. 정부재정이 가계 재정과 다름을 잘 이해하는 사람은 소수였기 때문이다. 이렇게 짜인 프레임 안에서 대중이 싫어할 증세 외에는 대안이 없다고 설파한다. 이에 대중이 움찔하는 순간, "그러니 정부나 사회의 지원을 기대하지 말고, 각자 삶은 스스로 책임지라"고 충고하거나, "게을러서 가난한 사람들을 위해 당신이 세금을 더 내시겠습니까?"라고 말하면 메시지가 완성된다. 그렇지 않다는 점을 주장하려면 다소 길고 지루한 강연이 필요할 텐데, 전 국민을 대상으로 올바른 재정 관념을 교육할 기회는 주어지지 않는다.

이것은 신고전파 경제학 교과서 대부분이 가르치는 교리이기도 하다. 다음 인용문에 나타나듯, 우리나라 정부도 이렇게 믿고 있는 것 같다.

"[정부의] 총수입이 총지출을 따라가지 못하면 재정적자가 늘어나고, 그래서 다른 누군가에게 빚을 계속 진다면 국가의 부채도 덩달아 증가하게 됩니다. 최근 유럽의 여러 나라에서 재정위기가 발생하였는데, 기본적으로 총수입과 총지출의 균형이 맞지 않았기 때문입니다."[1] (대한민국 국회예산정책처)

이는 대처 전 총리의 재정 이해와 정확히 같다. 정부재정이 일반 가정

---

1   알기 쉬운 재정: 우리나라 재정의 이해(재정규모 부분), 국회예산정책처.

이나 기업의 그것처럼 조세수입에 절대적으로 제약되어 있고, 이를 어기고 수입보다 더 많이 지출하면 정부도 파산할 수 있다고 주장한다(국회예산정책 처는 최근 발생한 남유럽 국가들의 국채위기를 사례로 제시하지만, 그 원인을 잘못 진단 하고 있다. 그것은 '주권통화를 포기'한 정부가 경험한 '외환위기'였다. 자세한 설명은 4 장 참조).

대부분은 쉬운 설명이 미덕이다. 대중을 이해시키면 지지를 받을 수 있기 때문이다. 그런데 이해하기 쉽다고 꼭 진실인 것은 아니다. 오히려 진 실은 대개 복잡해서 더 많은 설명이 필요하다. 대중을 선동하기에는 긴 설 명이 적합하지 않지만, 선동이 진실을 왜곡해서는 안 된다. 특히 공공정책 에서라면.

대처의 언술이 대중적 지지를 얻기 위해 만들어진 순전히 정치적 수 사법이었는지, 아니면 '전문가적 믿음'이었는지는 분명치 않다(대처가 경 제와 재정을 전문적으로 연구했던 경험이 '신념'의 완고함만큼 풍부했던 것 같지는 않다). 하지만 세계의 경제 대통령으로 불리며 약 19년 동안(1987년 8월부 터 2006년 1월까지) 미국 연방준비제도이사회(미국의 중앙은행, 흔히 'Fed' 또 는 '연준'이라 부른다) 의장을 지낸 앨런 그린스펀은 전혀 다른 의견을 피력 했다. 2005년 3월 2일 하원 예산위원회(committee on the budget House of Representatives)에 증인으로 출석하여 미국 사회보장기금(Social Security) 의 재정건전성(solvency) 강화방안에 대해 질문하는 Paul Ryan 하원의원 에게 그는 다음과 같이 답했다.

"부과방식(pay-as-you-go) 연기금이 파산할 수 있다고 생각하지 않는 다는 점을 말씀드리고 싶습니다. 정부가 원하는 만큼 통화를 창조하 고, 그것을 누군가에게 지급하는데 그 어떤 제약도 존재하지 않는다는 의미에서 그렇습니다. [연금을 포함하여 사회보장기금의 재정건전성 문제보다는-역자] 연금 수급자들이 구매할 실물 자산을 충분히 생산해낼 수 있는 시스템을 어떻게 구축할 것인가가 실질적인 문제입니다. 따라서 연기금의 문제는 재정을 유지하는 문제가 아닙니다. 은퇴자들이 소비할 수 있는, 현금과는 구분되는, 실물 생산을 보장하는 금융시스템의 구조가 진정한 문제라는 말입니다. 현금은 그 자체로 보유하면 좋은 것이긴 하지만, 연금이 지급되는 미래의 어느 시점에 실물자원이 창출되고, 그래서 연금으로 그것을 구매할 수 있어야만 의미가 있는 것입니다."[2]

사회보장기금의 재정건전성 질문에 그린스펀 전 의장은 그에 한정하지 않고 정부재정 일반에 대해 진술하고 있다. 사회보장기금도 정부재정의 일부이기 때문이다. 그에 따르면, 정부는 통화를 창조하여 지급할 수 있다. 이는 두 가지 의미를 함축한다. 우선 그는 화폐를 발행하여 지출해도 된다는 사실을 언급하여, 정부의 재정이 반드시 세금에 의존할 필요가 없다는 점을 지적하고 있다. 둘째, 정부는 파산하지 않음을 암시하고 있다. 이 두 가지 지적은 대처 전 총리와 우리나라 국회예산정책처의 재정 이해와는 완전히 반대이다.

이와 유사한 의미를 설명하는 보다 최근의 공식적 논평도 발표되었다. 미국의 의료서비스 지원제도(Medicare) 때문에 정부의 재정적자가 늘어나고 있었다. 이를 우려하는 목소리에 대해 미국 세인트루이스 연방준비은행(Federal Reserve Bank of St. Louis)은 다음과 같은 공식 논평을 홈페이지에 게시했다.

---

2 https://www.youtube.com/watch?v=vDMgGmk4vYA

"정부는 기업이나 가계와는 완전히 다르다는 점을 명심해야 한다. 미국 연방정부는 달러화로 가치가 매겨진 부채를 지는데, 연방정부만이 유일하게 달러를 제조한다. 따라서 연방정부는 결코 부채를 갚지 못하는 상태, 즉 부도날 수가 없다."[3]

여기서 첫 번째 문장은 대처 전 총리의 가정경제 은유와 정확히 반대되는 견해이다. 두 번째 문장은 정부의 재정이 가정경제의 그것과 결정적으로 다른 이유를 설명한다. 즉, 일반 가정과 달리 정부는 스스로 통화를 발행한다. 이는 또한 재정의 재원이 세금이나 부채로만 조달되어야 한다는 대처 전 총리나 대한민국 국회예산정책처의 주장을 정면으로 반박하는 것이기도 하다. 마지막 문장은 결론으로, 정부의 파산 가능성이 없음을 확인하고 있다. 재정의 성격 이외에, 그린스펀 전 연준 의장과 세인트루이스 연준은 사회보장기금(우리나라의 국민연금기금과 유사)과 의료서비스 지원제도(우리나라의 국민건강보험 제도와 유사)를 정부 예산의 일부로 보고 있다는 사실도 주목해야 한다. 이는 사회보장성 기금을 정부의 재정과 엄격히 구분하는 우리나라 정부의 태도와 대비되기 때문이다.

누구 말이 옳을까? 물론 우리나라 국회예산정책처도 정부(한국은행 포함)가 직접 화폐를 발행하여 지출할 수 있음을 알고 있을 것이다. 다만 그들은 그 부작용을 우려하는 것일 수도 있다. 이에 대해서는 4장에서 상세히 설명한다. 여기서는 두 상반된 견해를 평가하기 위한 기초를 논의한다.

---

3 Fawley, B.W. & L. Juvenal 2011. "Why Health Care Matters and the Current Debt Does Not", Federal Reserve Bank of St. Louis (October 2011).

정부가 지출하는 돈은 어디서 오는 것일까?

'재정지출 확대를 통해 실업을 줄이고 복지서비스를 늘려야 한다'와 같은 주장에 가장 흔한 반응 중 하나는 '취지에는 공감하지만, 방법이 없다'라는 현실론이다. "그 재원은 어떻게 마련할 것인가"(How will you pay for it?)라는 조롱 조의 반문이 대표적이다. 정부재정을 가계의 재정과 같은 방식으로 운영된다는 가정으로부터 출발하면, 재원은 세금으로밖에 조달할 수 없기 때문이다. 이 반문은 과도한 정부부채는 정부를 파산시킬 위험이 있으므로, 재정적자는 증세로 이어질 것이라는 의도를 담고 있다. 이에 대한 가장 효과적이고 간단한 답변은 '이미 모든 정부지출이 행해지는 방식 그대로!'이다. 현재 정부지출은 어떻게 이루어진다는 말인가? 세금을 걷어 예산안에 따라 지출하고, 재정이 부족하면 국채를 발행한다는 등의 통념과 다른 무엇이 있다는 말로 들린다. 이에 대한 상세한 설명이 필요하다.

2장에서 설명한 것처럼, 정부도 중앙은행에 계좌를 개설해 두고, 세금 징수나 정부지출도 이 정부계좌를 통해 이루어진다. 법률적으로도 한국은행은 정부의 재정을 관리할 책임이 있다. 중앙은행은 은행의 은행이기도 하고, 정부의 은행이기도 하다. 그런데 '중앙은행에 개설된 정부계좌를 통한 재정 운영'이라고 할 때, 매우 중요한 함의가 숨겨져 있다. 정부가 사용하는 화폐는 반드시 '중앙은행이 발행하는 화폐'이어야 한다는 점이 그것이다. 세금 징수와 재정지출 모두 중앙은행 화폐인 지급준비금으로 이루어진다. 그 결과 재정 활동은 반드시 시중 지급준비금의 증감을 가져온다. 이렇게 되면 재정 운영은 금융시장에 영향을 미치게 되고, 중앙은행도 단순한 재정 관리인의 입장일 수가 없게 된다. 재정 운영 결과 금융시장 변동에 대처하는 것도 중앙은행의 책임이기 때문이다.

더 구체적으로, 우선 세금을 징수하는 경우를 살펴보자. 우리나라뿐만 아니라 세계 대부분 국가는 민간은행(전산망)을 통해 세금을 징수한다. 이는 민간부문(가계와 기업)에 민간은행이 발행하는 신용화폐로 세금을 낼 수 있도록 하여, 민간은행 신용화폐의 유통을 원활히 한다. 신용화폐가 세금납부에 사용되지 못한다면, 민간은 은행예금을 지불수단(돈)으로 수용하지 않을지도 모른다. 이는 은행의 신용창조 활동을 심각하게 제한할 것이다. 어쨌든 정부의 재정은 지급준비금으로 운영되지만, 개인과 기업은 은행예금으로 세금을 납부할 수 있다는 사실이 중요하다.

세금 고지서가 발급되면 납세자는 거래은행에 예금되어 있는 신용화폐를 이용해 은행에 세금을 낸다. 그러면 납세자의 예금잔고가 감소하고, 은행은 해당 액수만큼의 지급준비금을 중앙은행에 개설된 정부의 계좌로 이체한다. 그 결과 정부의 중앙은행 계좌 잔고가 증가하게 된다.

이를 〈표 1〉처럼 단순화한 중앙은행 대차대조표를 이용해 설명해 보자(아래에서 제시하는 대차대조표의 숫자에는 플러스(+) 혹은 마이너스(-)가 붙어 있다. 즉, 숫자는 모두 '변동액'을 의미한다). 〈표 1〉은 논의의 편의를 위해 단순화한 중앙은행 대차대조표이다. 중앙은행의 자산은 크게 국내자산과 국외자산으로 구성된다. 국내자산에서 가장 중요한 구성 요소는 국채일 것이다. 중앙은행의 공개시장운영은 국채 매매를 통해 수행하기 때문이다(2장 참조). 국외자산은 외환보유고를 의미한다. 외환보유고의 관리 책임도 한국은행에 있다.

표 1 단순화된 중앙은행 대차대조표 : 세금을 징수하는 경우

자산	부채	
A1 : 국채 및 민간발행 유가증권	L1 : 현금발행액	
…	L2 : 민간은행 지급준비금	-100억
A2 : 외화자산	…	
…	L3 : 정부예금	+100억
	…	

중앙은행의 부채에서 가장 중요한 요소는 지급준비금이다. 중앙은행의 통화정책은 이 지급준비금의 증감으로 나타나기 때문이다. 그런데 중앙은행의 지급준비금 부채는 크게 민간은행이 예치한 지급준비금과 정부의 예금으로 구성된다. 민간은행은 의무지급준비금 규정을 준수하고 은행 간 지급결제를 원활히 하기 위해 충분한 지급준비금을 중앙은행에 예치해야 한다. 앞서 설명한 것처럼, 정부의 수입과 지출도 모두 중앙은행 계좌를 통해 이루어진다. 중앙은행은 또한 지폐와 동전(현금)을 발행하는데, 이것도 중앙은행 부채로 기록한다. 이하의 논의를 위해 주의할 점은 본원통화량은 현금(L1)과 민간은행 지급준비금 예치금(L2)을 더하여 계산한다는 사실이다. **세입으로 증가하는 정부예금(L3)은 본원통화량에 포함되지 않는다.**

이제 정부가 100억 원의 세금을 징수하는 경우를 생각해보자. 납세자가 은행예금으로 세금을 내면, 납세자의 은행예금 100억 원이 감소한다. 은행은 중앙은행에 개설된 정부의 계좌(L3)로 자신의 지급준비금 예치금 100억 원을 이체한다. 즉, 민간이 예금통화로 세금을 내면, 은행이 정부의 한국은행 계좌에 지급준비금을 넘겨준다. 이제 민간은행의 지급준비금(L2)은 100억 원 줄었고, 정부예금(L3)은 100억 원 늘었다. 이것이 지급준비금의 세 번째 역할이다. 중앙은행 화폐인 지급준비금은 납세 수단이다(아래에서 보는 것처럼 이는 정부의 지출 수단이기도 하다).

중앙은행의 부채 측면에서 보면, 민간은행에 대한 지급준비금 부채는 100억 원 감소했지만, 부채 총액에는 변화가 없다. 민간은행의 지급준비금 예치금이 정부의 예금으로, 중앙은행 내부의 한 계좌에서 다른 계좌로 옮겨졌을 뿐이다. 그렇다고 이것이 아무런 의미가 없다는 뜻은 아니다. 가장 중요한 사실은 경제 전체에 유통되는 본원통화량이 감소했다는 점이다. 본원통화량은 현금(지폐와 동전)과 민간은행의 중앙은행 예치금을 포함하지만, 정부예금은 포함하지 않기 때문이다. 즉, **정부가 세금을 징수하면 본원통화량이 감소한다.** 아래에서 더 자세히 논의하겠지만, 일각에서는 이를 두고 징세를 중앙은행 화폐를 폐기하는 절차로 설명하기도 한다. 민간은행의 대출로 창조된 신용통화가 대출 상환으로 폐기되는 과정에 비유한 것이다.

납세에 따른 은행의 지급준비금 감소는 통화정책에 중요한 의미를 내포한다. 예를 들면, 세금을 너무 과도하게 징수하면 (혹은 특정 시기에 집중적으로 징수하면) 민간은행 운영에 필요한 지급준비금(의무지급준비금 및 지급결제용)이 부족해질 수 있다. 〈표 1〉에서처럼 감소한 민간은행 지급준비금 예치금 100억 원이 과도할 수 있다. 시중에 지급준비금이 부족해지면 중앙은행이 개입하지 않을 수 없다. 중앙은행의 가장 중요한 임무 중 하나는 기준금리 방어인데, 납세로 지급준비금이 부족해지면 기준금리가 상승할 것이기 때문이다. 만약 세금 징수로 민간이 요구하는 지급준비금이 부족해서 시장에서 거래되는 지급준비금 금리가 상승할 조짐이 보이면, 중앙은행은 민간은행이 보유하고 있는 자산을 매입(A1 증가)하여 부족한 지급준비금을 보충(L2 증가)해 주어야 한다.

〈표 2〉는 징세가 과도하여 민간이 필요로 하는 지급준비금이 고갈된 후 통화정책이 이를 메꿔준 결과를 보여준다. 징세로 부족해진 지급준비금을 공급하기 위해 중앙은행이 민간보유 국채를 매입했으므로 국채 자

표 2   단순화된 중앙은행 대차대조표 : 세금 징수로 부족해진 지급준비금을 공급하는 경우

자산	부채
A1 : 국채 및 민간발행 유가증권 +100억	L1 : 현금발행액
…	L2 : 민간은행 지급준비금 +100억
A2 : 외화자산	…
…	L3 : 정부예금 +100억
	…

산(A1)이 100억 원 증가했다. 이제 민간은행의 지급준비금(L2)은 100억 원 증가하여 납세 이전의 수준으로 되돌아갔다(그렇다고 이것이 꼭 모든 세금만큼 중앙은행이 보충해 준다는 말은 아니다. 징세 충격을 완화하기 위한 공개시장 운영 규모는 이보다 작을 수 있다. 하지만 여기서 도출되는 결론은 변하지 않는다).

이제 정부가 거두어들인 세금을 지출하는 경우를 〈표 3〉을 통해 생각해 보자. 정부의 지출도 민간은행을 통해 이루어진다. 재난지원금같이 정부가 개인과 가계에 돈을 지급하는 경우에도 민간은행을 통해서 한다. 하지만 이때에도 정부는 중앙은행 화폐인 지급준비금만을 사용한다는 사실을 상기하자. 정부가 100억 원을 재난지원금으로 지급하는 상황을 가정해 보자. 이 과정은 다음과 같이 진행된다. 정부는 세대주에게 직접 돈을 지급하지 않는다. 항상 민간은행을 통해서만 그렇게 한다. 우선 정부는 대상 수급자(세대주)가 거래하는 은행에 해당 액수만큼의 지급준비금을 지급한다. 그래서 시중의 지급준비금이 증가한다. 은행은 수급자의 예금계좌에 숫자를 입력하여 예금을 창조해 준다. 이는 민간은행 스스로 창조한 예금화폐의 증가를 의미한다. 즉, 정부지출은 시중의 지급준비금 증가와 함께 시중의 통화량도 함께 증가시킨다.

그 결과가 〈표 3〉에 나타나 있다(다시 한번, 표 안의 숫자는 변화분을 의미함에 주의하자). 구체적으로, 재난지원금 지급으로 정부의 한국은행 예금(L3) 100억 원이 감소한다. 그리고 이 정부예금은 민간은행 지급준비금

표 3 단순화된 중앙은행 대차대조표 : 정부가 지출하는 경우

자산	부채	
A1 : 국채 및 민간발행 유가증권	L1 : 현금발행액	
...	L2 : 민간은행 지급준비금	+100억
A2 : 외화자산	...	
...	L3 : 정부예금	-100억
	...	

계좌(L2)로 이체된다. 민간은행에는 지급준비금 100억 원이 증가했다. 은행은 그에 상응하는 액수의 예금을 수급자들의 계좌에 입금했다. 이렇게 개인들의 통장에 총 100억 원의 예금이 찍히는 것이다.

이 과정에서 눈여겨볼 점은 정부지출로 본원통화량이 100억 원 증가했다는 사실이다. 앞서 설명한 것처럼, 정부예금은 본원통화량에 포함하지 않지만, 민간은행의 지급준비금 예치금은 포함한다. 따라서 정부지출은 지급준비금을 증가시키는데, 이를 두고 일각에서는 '**정부가 새로운 신용을 창조하여 지출한다**'라고 말하기도 한다. 시장에 없던 지급준비금이 정부지출로 등장했다는 의미이다. 이렇게 증가한 은행의 지급준비금 예치금은 은행 간 대출이나 지급결제에 '실제로 사용된다'.

이는 정부의 재정 운영이 통화정책과 무관치 않음을 의미한다. 세금을 징수하거나 재정을 지출하면 본원통화량, 특히 시중의 지급준비금이 변화한다. 이렇게 정부지출 증가로 늘어난 지급준비금이 기준금리를 끌어내리려 하면, 중앙은행은 국채를 매도하여 이 초과지급준비금을 흡수해야 한다. 민간은행 입장에서, 이자가 지급되지 않는 잉여 '현금'을 보유하기보다 이자가 지급되는 '국채'로 교환하는 것이 유리하다. 국채는 민간은행 저축 수단인 셈이다. 반대로, 대규모 징세가 이루어지면 중앙은행이 개입하여 부족해진 지급준비금을 보충해야 한다. 따라서 재정정책과 통화정책은 분리되기 어렵다. 이는 '중앙은행 독립성'이란 관념이 현실과 동떨어져 있음을 의미하기도 한다.

지금 우리는 세금을 납부하고 그 액수만큼 정부가 지출하는, 즉 정부로서는 '균형재정'을 유지하는 경우를 논의하고 있다. 그렇다면 균형재정정책이 민간(가계와 기업)에는 어떤 영향을 미칠까? 민간의 자산에 아무런 영향을 비치지 못한다. 우선 세금으로 100억 원 지출했으니 민간의 은행예금 100억 원이 감소했다. 이후 정부가 100억 원을 민간경제에 지출했으니 은행예금 100억 원이 증가한다. 결국, 정부가 균형재정을 운영하면 민간경제 전체로서는 손해도 이익도 없다.

여기서 또 하나 주목해야 할 사실은 국채가 통화정책 수단으로 이용된다는 점이다. 재정정책이 금융시장에 주는 충격을 흡수하기 위해 중앙은행은 공개시장운영을 실행해야 한다. 이는 은행에 자산을 매매하는 방식으로 이루어진다. 여기에 사용하는 수단이 국채이다. 민간이 발행하는 금융 수단(예컨대 회사채 등)은 공개시장운영 수단으로 활용할 수 없다. 만일 평소 중앙은행이 지급준비금 흡수에 회사채를 매입한다면, 중앙은행이 민간에 자금을 직접 공급하는 것과 같다. 이로부터 수많은 문제가 발생할 것임은 쉽게 예측할 수 있다.

그런데 우리나라 중앙은행인 한국은행은 국채 대신 스스로 발행한 채권, 즉 통화안정화증권을 주로 이용하는 것으로 보인다. 2020년 2월 말 현재 한국은행이 보유한 국채는 16.7조 원에 지나지 않지만, 통화안정화증권 발행 잔액은 무려 그 열 배에 가까운 164조 원 이상이었다(국채 혹은 통화안정화증권 등이 발행되지 않으면 발생할 문제점들에 대해서는 아래에서 자세히 설명한다). 짐작하건대, 정부가 오랫동안 균형재정을 유지하면서 국채를 발행하지 않자, 중앙은행이 이용할 국채가 부족한 것이다. 실제로 우리 정부는 2009년을 제외하고 2000년부터 2018년까지 해마다 재정수지 흑자를 기록했다.

정부의 재정 운영이 지급준비금의 증감으로 나타난다는 주장은 잘 알려져 있지 않다. 주류 경제학 교과서에서 가르치지 않기 때문이다. 언론도 이런 말을 하지 않는다. 그런데 시장과 정부의 관련 부서에서 실무를 담당하는 사람들에게 이는 상식처럼 보인다. 사례를 살펴보자. 기획재정부 국고과는 2010년 5월 28일 자로 "국고금 관리체제 선진화 방안"이라는 보도자료를 배포했다. 그 가운데 "국고금 관리의 특수성"을 설명하

는 절에서 다음과 같이 말하고 있다(**그림 1**, 밑줄은 인용자).[4]

여기서 말하는 통화란 정확히 말해 '지급준비금'을 뜻한다. 이렇게 중앙은행 화폐와 민간은행 화폐를 구분할 때 현실을 더 잘 이해할 수 있다. 또 하나의 예로, 〈그림 2〉는 매일 은행 간 자금시장을 취재하는 신문 기사의 일부이다.[5] 기자는 재정지출은 지급준비금의 증가, 세입은 지급준비금의 감소시킨다고 말하고 있다(밑줄은 인용자).

□ (통화정책과의 연계성) 국고금 관리는 한국은행을 통해 이루어지므로 관리 과정에서 통화 공급 및 환수가 발생

  ○ 정부부문의 수입·지출에 따라 한은 국고계정의 정부 순 대출 잔액이 변동하면 본원통화의 변동을 통해 통화량의 증감을 초래

    · 정부예금 잔고 증가(순대출 감소) → 본원통화 감소, 통화량 감소
    · 정부예금 잔고 감소(순대출 증가) → 본원통화 증가, 통화량 증가

  ○ 중앙은행은 정부부문의 수입, 지출 추이를 감안하여 공개시장 조작 등 통화정책을 수행

그림 1　재정운영과 통화정책 사이의 관계

[단기자금시장 분석] 지급준비금 잉여 지속

八 한종화 기자　|　⊙ 승인 2019.05.03 08:42　|　♀ 댓글 0

(서울=연합인포맥스) 한종화 기자 = 3일 단기자금시장은 지급준비금 잉여가 지속될 것으로 전망됐다.

이날은 재정 방출 1조3천억원, 자금조정예금만기 3조3천억원, 통안채 중도환매 2조원, 국고여유자금 4조원, 공자기금 4조3천억원으로 지준이 증가한다.

통안채 발행 2조8천억원, 세입 10조8천억원, 자금조정예금 3조3천억원으로 지준이 감소한다.

그림 2　재정운용과 지급준비금

4　http://www.korea.kr/archive/expDocView.do?docId=25385&group=S

5　http://news.einfomax.co.kr/news/articleView.html?idxno=4028365

재정 조달의 실제

앞서 정부지출 과정을 분석하면서 '정부가 지출할 때마다 새로운 지급준비금이 창조된다'라고 했다. 물론 기재부가 아니라 중앙은행이 그렇게 한다. 다시 한번 상기하면, 세금을 징수하면 '시중의' 지급준비금이 감소하고, 정부가 재정을 지출하면 '시중의' 지급준비금이 증가한다. 정부의 중앙은행 예금은 본원통화에 포함하지 않기 때문이다. 이는 마치 민간은행의 대출이 상환되면, 은행의 자산(대출채권)과 예금이 전산망에서 삭제되어 시중의 통화량이 감소하는 원리와 같다. 그리고 이러한 통화량 감소현상을 '민간 화폐가 폐기'되었다고 말한다. 마찬가지로, 정부의 재정 운영도 지급준비금을 새로 창조하기도 하고, 폐기하기도 한다. 세금을 징수하면 시중의 지급준비금이 사라져 지급준비금의 유통량이 감소한다는 의미에서 '지급준비금이 폐기'되었다고 말할 수 있다. 반대로 정부가 지출하면 시중의 지급준비금 양이 증가한다는 의미에서 '지급준비금이 창조'되었다고 할 수 있다.

'정부는 새로운 지급준비금을 창조하여 지출한다'라는 사실은 세금이 재정의 재원 조달 수단이 아닐 수 있음을 암시한다. 극단적으로, 세금 징수가 없다 하더라도 정부는 여전히 지출할 수 있다. 다만 정부의 중앙은행 잔고가 마이너스로 전환될 것이다. 달리 말하면, 이것이 2장에서 살펴본 '화폐적 재정 조달'이다. 현실에서는 이것의 부정적 효과를 우려하여 이를 제도적으로 금지하고 있을 뿐이다. 그렇지만 이론적으로 중앙은행이 새로운 화폐를 창조하여 정부의 재정을 조달할 수 있다는 사실은 변하지 않는다. 이는 세금이 아니어도 정부는 여전히 지출할 수 있음을 의미한다.

세금이 재정지출의 재원이 아니라는 주장을 더 구체적으로 살펴보

자. 세금이 걷히면 정부예금이 증가하고, 지출하면 이 예금 잔액이 감소하는 것은 사실이다. 이것을 두고 주류 경제학은 재정지출이 세금으로 충당된다고 말한다. 하지만 이는 실체의 일면일 뿐이다. 세금을 징수하면 지급준비금이 감소하고, 정부가 지출하면 지급준비금이 증가한다는 점도 분명한 사실이다. 다만 현실에서 정부의 예금이 고갈되면 지출할 수 없다는 규칙이 시행되고 있다. 이 때문에 정부예금이 고갈되면 예금 잔액을 우선 늘린 후 지출해야 한다. 중앙은행의 정부 대출도 금지하고 있으므로, 정부는 국채를 발행하거나 세금을 더 걷어야 지출할 수 있게 된다. 이를 두고 '세금과 국채발행'이 각기 다른 정부의 재정 조달 수단이라 부른다. 하지만 이 제도의 경제적 필연성은 없다. 이는 '임의로' 정한 제도가 그렇다는 뜻일 뿐, 중앙은행이 화폐를 창조하고 정부가 그것을 지출할 수 없는 필연적 이유가 없다는 뜻이다.

이것의 부정적 효과란 것도 대부분 허구적이다(4장 전체가 이를 살펴본다). 만약 현재의 제도가 바람직하지 않다고 판단하여 폐지한다면, 어떤 주장이 현실을 더 잘 묘사하는 것일까? 세금 징수로 감소했던 통화량(본원통화)이 정부지출로 다시 증가한다. 그렇다면 증가한, 또는 새로 나타난, 통화는 어디에서 온 것일까? 중앙은행이 창조한 것이다. **민간은행이 무(無)에서 예금이라는 통화를 창조하듯, 중앙은행도 무(無)에서 지급준비금을 창조한다. 정부는 이것을 지출한다. 즉, 정부는 이미 매번 중앙은행 화폐를 창조하여 지출하고 있다.**

정부가 새로운 화폐를 창조하여 지출한다는 사실은 정부부채의 본질에 새로운 관점을 제시한다. 결론부터 말하면, **정부부채란 단순히 정부의 수입(세금)과 지출의 차이를 기록한 장부에 지나지 않는다.** 정부부채가 100조 원이라면, 해당 정부가 설립되고 지금까지 거두어들인 세금보다 100조 원만큼 더 지출했다는 뜻일 뿐이다. 이것은 정부부채의 위험성 주장에 대한 반론은 아니다(이에 대해서는 4장 참조). 여기서 말하고자 하는 요점은 정부부채의 본질 혹은 성격이다. 정부부채의 본질은 정부재정 유출입의 역사적 기록이다. 부채가 과도하다고 정부지출 여력 자체가 줄어드는 것은 아니란 뜻이다.

이 사실을 다음의 예를 통해 설명해 보자. 세금이 부족하면, 즉 정부의 중앙은행 예금 잔고가 부족해도 정부는 지출할 수 있는가? 이를 금지하는 법만 아니라면, 그렇게 할 수 있다. 중앙은행이 정부의 요청에 따라 무(無)에서 지급준비금을 창조하여 지출하면 된다. 사전에 징수한 세금이 없고, 그래서 현재 정부예금 잔고가 0이라 가정하고, 정부가 지출한다고 해보자. 그 결과는 〈표 4〉에 나타나 있다.

〈표 4〉에서는 정부의 예금잔고가 0인 상태에서 지출함으로써 정부는 중앙은행에 -100억 원이 부채를 지게 되었다. 이는 중앙은행의 대정부 대출채권과 같다(이는 대정부 대출채권이므로 중앙은행 대차대조표상 자산으로 표기해야 한다. 여기서는 편의상 마이너스 예금의 부채 항목으로 표시하기로 한다). 중앙은행도 민간에 대해 지급준비금의 형태로 100억 원의 빚을 지게 되었다(지급준비금 혹은 현금발행액은 중앙은행의 '부채'로 인식된다는 점을 기억하자). 이 경우를 도식적으로 설명하면, 중앙은행이 지급준비금을 창조하여 정부에 지급하고, 정부가 그 돈을 지출하여 민간은행 지급준비금 예치금으로 흘러간 것이다. 정부(중앙은행)는 지급준비금을 창조하는데 제약이

표 4 단순화된 중앙은행 대차대조표 : 정부가 국채발행 없이 적자재정을 운영하는 경우

자산	부채
A1 : 국채 및 민간발행 유가증권	L1 : 현금발행액
…	L2 : 민간은행 지급준비금 +100억
A2 : 외화자산	…
…	L3 : 정부예금 -100억
	…

표 5 정부지출에 따른 민간경제 자산과 부채의 변화

민간은행		개인과 기업	
자산	부채	자산	부채
지급준비금 +100억	고객 예금 +100억	은행예금 +100억	-

없고, 정부만이 그렇게 할 수 있다. 이것이 정부 예산이 '가계부'와 결정적으로 다른 점이다. 현대 불태환통화 제도에서 중앙은행이 화폐를 창조하지 못할 이유가 없다.

그렇다만 '세금 없는 지출', 즉 정부의 적지지출은 민간경제(개인과 기업)에게는 어떤 영향을 미칠까? 이는 〈**표 5**〉에 나타나 있다. 민간경제에는 100억 원의 은행예금이 증가한다. 세금을 먼저 납부하지 않고, 정부지출을 일방적으로 수급했으니, 이는 순가증가이다. 민간은행 예금은 실물거래에서 실제 사용되므로, 시중 통화량이 증가했다고 말할 수도 있다. 2장에서 설명한 '정부지출은 무료로 통화량을 공급하는 방법'이라는 주장이 바로 이것이다(4장도 참조).

앞서 살펴본 것처럼, 중앙은행은 현재에도 이미 본원통화를 창조하여 정부의 지출요구를 실행하고 있다. 다만 그 정도를 '세금으로 걷힌 액수' 혹은 채권발행액으로 한정하는 제도를 채택하고 있을 뿐이다. 이 제도와 제한은 정부가 징수한 세금보다 더 많이 지출하려면, 민간으로부터 빌리라는 의미이다. 정부가 민간에 빚을 지고 발급해 주는 차용증서가 바로 국채이다. 제도만 바꾼다면, 정부의 재정 여력은 지금보다 훨씬 커질 수 있다. 정부는 왜 중앙은행의 발권력을 활용하지 않고, 꼭 민간에 이자를 지급하면서 빌려 써야 할까?

민간의 국채 매입 자금도 중앙은행이 (과거에) 발행한 지급준비금이라는 사실을 상기하면 더 큰 의문이 든다. 한번 더 상기하자면, 정부와의 거래에는 항상 중앙은행이 발행하는 지급준비금만 사용한다. 정부가 국채를 발행할 때, 이를 매입하는 민간(은행과 일부 비은행 금융기관들)은 지급준비금으로 그 대금을 지불해야 한다. 그렇다면 국채를 매입하는데 사용한 그 지급준비금은 어디에서 온 것일까? 지급준비금은 중앙은행만 발행한다. 따라서 그것은 과거 혹은 당대에 중앙은행이 발행한 것이다. 실무적으로, 정부가 국채를 발행하는 시점에서 시장에 이를 인수할 지급준비금이 부족하면 중앙은행이 나서서 저리로 빌려주기도 한다.[6]

그렇다면 국채발행은 중앙은행이 민간에 지급준비금을 제공하고, 정부가 그것을 다시 빌려 쓰는 것과 같다. 민간으로부터 지급준비금을 빌리면, 즉 국채를 발행하면, 정부는 이자를 지급해야 한다. 중앙은행이 정부에게 직접 빌려줄 수는 없을까? 없다. 제도가 이를 막고 있기 때문이다.

6　국채가 거래되는 시장은 두 종류로 구분할 수 있다. 우리가 흔히 관찰하는 것은 '이미' 발급된 국채가 금융시장에서 거래되는 현상이다. 이것을 '2차 시장'이라 부른다. 여기서 국채 매매에는 민간은행이 발행하는 신용화폐가 사용된다. A은행이 2차 시장에서 최씨가 보유한 국채를 매입할 때, A은행은 대출과 마찬가지 방법으로 매입대금을 지불할 수 있다. 즉, 자신의 대차대조표에 매입하는 국채를 자산으로 기록하고, 부채로 최씨의 예금을 기록하면 된다. 물론 최씨의 예금은 A은행이 무에서 창조한 것이다. 은행 간 거래에는 지급준비금과 신용화폐가 병용된다. 은행 간 대부나 지급결제에는 지급준비금을 사용해야 하기 때문이다. 그래서 은행 간 국채거래는 지급준비금을 빌려주고 빌려오는 수단으로 많이 사용된다.

이미 발행된 국채를 거래하는 2차 시장과 대비하여 '발행시장' 혹은 '1차 시장'이 있다. 이는 정부가 '새로' 발행하는 국채를 금융기관들에 판매하는 시장이다. 국채의 발행 주체는 정부이지만, 발행과 판매(경매 방식)의 전 과정은 중앙은행이 관장한다. 발생 시장에 참가하는 금융기관을 프라이머리 딜러(primary dealer, 혹은 국고채 전문 딜러)라 부른다. 발행시장에서는 지급준비금으로 결제해야 하는데, 프라이머리 딜러에 지급준비금이 부족한 경우, 혹은 시장 전체적으로 지급준비금이 부족한 경우가 있을 수 있다. 이를 대비하여 우리나라는 프라이머리 딜러에 '여유 공적자금'을 저리(익일물 콜금리의 70%)로 대출해 주는 제도를 운영하고 있다(한국은행의 증권업무 해설, 2017.12. 78쪽). 이들은 대개 발행시장에서 국채를 인수하는 즉시 2차 시장에서 매도하여 자금을 회수한다. 이는 딜러사에 이익을 안겨주는데, 그렇지 않으면 그들이 국채를 인수하지 않을 것이기 때문이다.

하지만 그러한 제도에는 어떤 경제적 필연이 없다.

국채는 왜 발행할까

현재 세계 대부분의 국가는 정부가 적자재정을 운영하려면 민간에 이자를 지급하면서 국채를 발행해야 하는 제도를 시행하고 있다. 그런데 민간이 정부에 빌려주는 돈도 중앙은행이 제공한 것이다. '정부의 재정적자는 민간은행으로부터 빌려서 충당해야 한다'라는 제도적 제약으로 한 번 우회하기는 했지만, '정부는 중앙은행이 창조하는 지급준비금으로 지출한다'라는 명제는 여전히 참이다. 이것은 그러한 제도적 제약이 바람직한가의 문제와는 무관하게 그러하다. 다시 한번 강조하거니와, 이것이 '적자지출의 부정적 효과가 없다'라는 뜻은 아니다(물론 부정적 효과라는 것이 허구이거나 과장되었음은 4장에서 상세히 다룬다).

국채발행의 의미를 다음의 표를 통해 살펴보자. 〈표 6〉은 국채를 발행하여 정부계좌를 채운 후 지출할 때 나타나는 결과를 보여준다. 〈표 4〉와 비교하여, 우선 정부예금 잔고가 변하지 않았다. 민간으로부터 지급준비금을 빌려서 지출했으니 당연한 결과이다. 하지만 국채발행과 정부지출 과정에서 지급준비금이 일시적으로 변동한다는 점은 반복해서 지

표 6 단순화된 중앙은행 대차대조표 : 정부가 국채를 발행하여 적자재정을 운영하는 경우

자산	부채
A1 : 국채 및 민간발행 유가증권	L1 : 현금발행액
…	L2 : 민간은행 지급준비금 0 (-100억)
A2 : 외화자산	…
…	L3 : 정부예금 0 (+100억)
	…

적할 필요가 있겠다(〈표 6〉에서 괄호 안의 숫자는 국채가 매각되고 그 대금이 아직 지출되지 않았을 때의 변화를 나타낸다.). 국채를 발행하여 민간에 매도하면 민간의 지급준비금은 정부계좌로 이동하여 감소한다. 정부가 지출하면 민간의 지급준비금이 다시 증가한다. 지급준비금, 즉 본원통화량이 감소하고 증가한다는 사실은 정부가 채권을 발행하여 지출한다고 하더라도 "정부지출은 여전히 중앙은행의 화폐 창조를 통해 이루어진다"라는 점을 상기시킨다.

아울러, 〈표 4〉와 비교하여, 정부가 지출했음에도 민간은행의 지급준비금 예치금이 증가하지 않았다. 정부가 국채를 매도하면 일단 민간의 지급준비금이 줄어든다. 하지만 정부가 이를 모두 지출하였으므로, 민간은 다시 지급준비금을 보충할 수 있게 된 것이다. 대신 이제 민간은행은 100억 원어치의 국채를 보유하게 되고, 이로부터 이자 수익을 올리게 된다. 정부지출은 민간은행에 지급준비금을 지급하고, 민간은행은 정부지출 수령자에게 스스로 창조한 예금을 만들어준다. 결국, 정부가 채권을 발행하면 민간은행의 지급준비금은 변하지 않지만, 민간에 이자가 지급되는 국채가 쥐어지게 된다.

민간은행의 대차대조표 변화 결과는 〈표 7〉과 같다. 이에 따르면, 정부가 발행한 국채를 매입하여 국채 자산이 100억 원 증가했다. 정부가 그 돈을 지출하면 민간은행이 국채 매입에 사용한 지급준비금이 돌아온다. 그래서 지급준비금 변화분은 제로(0)이다. 은행이 정부를 대신해 재난지원금 수급자에게 지급하는데, 이때 세대주의 통장에는 은행 자신이 발행하는 신용화폐인 예금을 창조하고 부채로 기록한다. 그래서 예금부채가 100억 원 늘어났다.

마지막으로, 정부가 국채를 발행해서 민간경제에 지급해도 민간의 은행예금과 순부가 증가한다. 이는 〈표 8〉이 잘 보여주고 있다. 정부는 민

표 7 단순화된 민간은행 대차대조표 : 정부가 국채를 발행하여 지출하는 경우

자산		부채	
국채 및 민간발행 유가증권	+100억	중앙은행 예치 지급준비금	0
...		재난지원금 수급자 예금	+100억
		...	

표 8 민간경제의 대차대조표 : 정부가 국채를 발행하여 지출하는 경우

자산		부채	
은행예금	+100억	-	
...		...	

간에 일방적으로 돈을 줬으므로, 민간의 자산이 증가한다. 이렇게 증가한 자산은 은행예금으로 나타나고, 이는 곧 시중 통화량이 증가했음을 의미한다. 국채발행 대신 중앙은행 대출로 재정적자를 보충하는 위 〈표 4〉의 경우와 마찬가지로, 정부지출은 지급준비금뿐만 아니라 민간이 사용하는 통화를 부채 증가 없이 공급하는 방법임을 기억하자. 정부지출이 아니라면, 위의 예들에서처럼 은행예금이 100억 원 증가하려면 반드시 은행에 대한 부채도 100억 원 증가해야 한다(2장의 설명 참조).

국채를 발행하지 않는 경우(표 4)와 국채를 발행하는 경우(표 6, 7)의 결정적 차이는 정부의 이자 지급 여부이다. 다시 설명하면, 정부지출은 민간은행의 지급준비금을 증가시킨다. 보통의 경우 민간은행의 지급준비금에는 이자를 지급하지 않는다. 지급준비금을 많이 보유하게 되면 은행의 수익성이 떨어진다. 그래서 은행은 최소한의 의무지급준비금만을 보유하고자 한다. 개별 은행에 초과지급준비금이 발생하면 다른 은행에 대출하여 수익을 올리거나, 수익을 낼 수 있는 다른 자산으로 대체하고자 한다. 이것을 은행의 저축 수단이라 부르자. 국채는 민간은행에 좋은 저축 수단이다.

이는 국채가 민간에 이자를 지급하는 도구로서의 성격을 지적한다.

하지만 정부가 적자재정을 운영하는 데 국채를 사용해야 하는 필연적인 이유가 있을까? 〈표 4〉처럼 중앙은행에 빚을 지는 방식으로 적자재정을 운영하면 왜 안 되는 것일까? 이에 대한 주류 경제학의 답변은 재정적자가 통화량 증가로 이어지지 않도록 하기 위함이다. 〈표 4〉와 같은 경우를 정부부채의 화폐화(monetization of debt)라 부른다. 재정정책으로 불필요한 통화가 공급되면 물가상승과 같은 부작용이 발생하기 때문에 이를 억제해야 한다는 논리이다. 하지만 이는 실제 금융시장의 작동원리를 잘못 이해한 데서 나온 결론이다. 2장에서 설명한 것처럼, '재정적자 → 통화량 증가 → 인플레이션' 주장이 성립하려면 다음의 두 전제가 필요하다. 첫째, 재정적자의 화폐화로 초과지급준비금이 발생하면 그것이 곧바로 민간경제로 흘러가야 한다. 즉, 지급준비금이 민간은행이 발행하는 신용화폐를 창조해야 한다. 둘째, 민간경제에 통화량이 증가해도 생산량은 증가하지 않아야 한다. 그래야 생산물보다 통화량이 많아지고 생산물 1단위당 거래에 사용되는 통화량(이것을 가격이라 부른다)이 증가할 수 있을 것이다. 2장에서 상세히 설명한 것처럼, 이 두 전제 모두 현실에 부합하지 않는다. 재론하면, 첫째, 지급준비금이 증가한다고 해서 반드시 민간이 사용하는 신용화폐(대출)가 증가하는 것은 아니다. 은행 대출이 증가하려면 신용도 높은 대출 수요가 증가해야 하는데, 지급준비금 양과 이는 별개의 문제이기 때문이다. 다른 말로 하면, 민간은행의 대출은 지급준비금으로 제약되지 않는다. 둘째, 민간경제에 유통되는 통화량, 즉 신용화폐의 증가는 반드시 생산물의 증가와 함께 이루어진다. 민간부문의 통화는 모두 부채라는 점을 상기해보면, 돈을 빌려 더 큰 가치를 생산한다는 확신이 없다면, 민간부문이 돈을 빌리고 신용화폐를 창조할 이유가 없다. 여기의 예처럼 재난지원금을 지급하면 시중 통화량도 증가하긴 하지만 수요가 증가하여 유휴 설비가 가동되고 고용이 증가하여 생산이 유발될 수 있다.

　주류 경제학의 위 두 전제가 현실에서 작동하지 않기 때문에, 2008
년 양적완화 정책 이후에 그랬던 것처럼 초과지급준비금이 발생하는 것
이다. 실제를 설명하면, 정부지출로 민간은행의 지급준비금 보유량이 과
도하게 증가하면 중앙은행이 그 초과지급준비금을 흡수해야 한다. 초과
지급준비금이 발생하면 목표금리가 하락하고, 중앙은행은 이를 방어하
기 위해 그 초과지급준비금을 흡수해야 한다. 이자율 목표제에서 정부
부채의 화폐화는 의도한다고 하더라도 실현되기 어렵다. 주류 경제학은
이러한 통화정책과의 연관성을 무시하여, 현실과 동떨어진 주장을 한다.

국채 대신 중앙은행이 재정을 지원하는 방법

종합하면, **정부가 적자재정을 운영하기 위해 중앙은행이 아니라 민간은
행으로부터만 돈을 빌려야 할 필연적인 이유가 없다.** 정부가 반드시 국
채를 발행할 필요가 없다는 말이다. 이러한 맥락에서 '국채는 재정 조달
수단이 아니라 통화정책(공개시장운영)을 수행하기 위한 수단이고, 정부가
자발적으로 공급한다'라고 말할 수 있다. 〈표 4〉처럼 정부가 세금 없이 지
출하게 되면(또는 이보다 약한 가정으로, 세금을 징수하되 그보다 더 많이 지출하는
적자재정을 운영하는 경우로 일반화해도 된다), 정부의 지출은 민간에 대한 부채
가 아니라 '중앙은행에 대한 부채'로 기록된다. 국채를 발행하지 않았기 때
문이다. 중앙은행도 정부 기구이므로, 이는 그저 정부의 내부거래에 지나
지 않는다. 다만 이는 법률로 금지하고 있을 뿐이다. 그리고 이 제도는 전
적으로 민간은행을 위한 고안이다.

　그렇지만 법적인 제약 말고도, 현재의 이자율 목표제 통화정책 프레

임에서 지급준비금을 조절할 수단이 필요하긴 하다. 정부의 지출은 민간 은행의 지급준비금을 증가시킨다. 확장적 재정정책 혹은 정부의 적자지 출로 민간은행이 필요한 지급준비금보다 더 많은 지급준비금을 갖게 되면 기준금리가 하락한다. 중앙은행은 이 초과지급준비금을 흡수하여 기준금리를 방어해야 한다. 민간은행 입장에서 아무런 대가 없이 초과지급 준비금을 넘겨줄 이유가 없다. 그래서 중앙은행이 가진 자산, 즉 이자가 지급되는 저축 수단을 민간은행이 가진 초과지급준비금과 교환하는 것이다. 이러한 이자 지급 수단, 혹은 민간은행의 저축 수단이 국채이다. 이렇게 보면, 국채는 재정 조달 수단이라기보다는 오히려 민간 금융기관들에 필요한 저축 수단이라고 할 수도 있다. 이 용도 외에는, 정부가 중앙은 행 대출 대신 국채를 발행해 민간에 빚을 질 필연적인 이유가 없다는 의미에서 그렇다.

국채 이외의 방법으로도 통화정책을 시행할 수 있다면 '통화정책 수단으로서의 국채'라는 개념이 타당할 것이다. 국채 이외에 초과지급준비금을 흡수하고 기준금리를 방어할 다른 방법이 있을까? 만약 그렇다면 정부는 적자재정을 위해 국채를 발행하지 않아도 된다. 어쩌면 〈표 4〉처럼 중앙은행으로부터 빌려 지출할 수도 있다. 첫 번째 대안은 한국은행처럼 중앙은행이 직접 국채와 유사한 채권을 발행하는 것이다. 이유야 어쨌든 한국은행은 '통화안정화증권'이라는 중앙은행 채권을 발행하여 공개시장운영에 사용하고 있다(수출로 벌어들인 외환을 매입하여 외환보유고를 확대하는 수단으로도 사용한다). 한국은행은 우리나라에서 유일하게 지급준비금을 발행할 권한을 갖고 있어 파산할 수 없으므로, 통화안정화증권은 국채처럼 무위험 채권으로 간주된다. 민간은행이 한국은행의 채무 불이행 위험 때문에 이 채권을 수용하지 않는 일은 없다는 뜻이다.

가상적으로 이를 활용해 보자. 정부가 적자지출을 위해 국채를 발행하는 대신 중앙은행이 화폐를 발행하여 정부에 제공한다고 하자. 그리고 필요하다면 이렇게 풀린 지급준비금을 흡수하여 기준금리를 유지하는 수단으로 중앙은행 채권을 발행한다고 하자. 이렇게 되면 분명 정부는 국채를 발행할 필요가 없어진다. "중앙은행은 정부에 재정을 지원할 수 없다"라는 현재의 제도만 고치면 된다. 다음 4장에서 자세히 살펴보겠지만, 정부부채 증가가 위험하다는 주장 대부분은 시장에서 거래되는 국채의 채무 불이행 위험성 우려에 기초한다. 정부가 시장에서 돈을 빌리는 대신, 즉 시중에 국채를 발행하지 않고, 중앙은행이 직접 재정을 지원한다면 그런 우려는 불식될 수 있다. 따라서 이는 금융 안정을 위해서도 바람직한 대안이라 할 수 있다.[7]

국채를 이용하지 않고 초과지급준비금을 흡수할 수 있는 두 번째 방법으로, 은행의 초과지급준비금에 대해 직접 이자를 지급하면 된다. 이는 2008년 10월부터 미국 중앙은행이 사용해온 방법이기도 하다. 2008년 9월 초 '리먼 브러더스'라는 거대 투자회사가 파산하자, 다양한 금융 수단과 금융기관들에 연쇄적인 충격을 끼쳤다. 그러자 은행과 금융기관들은 파산을 면하기 위해 최대한 많은 '현금'을 확보하고자 했고, 서로가 서로를 불신하여 상호 간 대출도 꺼렸다. 그 불똥이 일반 기업으로 튀어 생산과 고용이 크게 위축되었다. 금융기관들이 일반 기업들에 제공한 대출을 회수하고, 운영자금을 공급하지 않았기 때문이다. 금융과 경제가 정상으

---

7 정부부채 증가의 위험을 강조하여 긴축재정을 요구하는 측에, "그럼 국채를 발행하지 말고, 중앙은행으로부터 빌릴까요?"라고 말하면 어떤 반응일지 궁금하다. 이는 민간은행에 매우 위험이 된다. 국채라는 중요한 수익원을 잃는 일이기 때문이다. 다른 한편, 정부재정의 확대는 자본 일반의 이해와 상충한다. 예를 들어, 정부가 공공 서비스를 확대하여 무료로 제공하면 자본의 이윤 기회가 축소된다. 재정적자를 비판하는 실질적인 속내는 이런 것으로 추측하는 것이 합리적이다.

로 돌아오게 하려면 거대한 부실채권 혹은 채무 불이행 위험이 있는 채권을 처리해야만 했다. 이는 민간은행의 신용화폐 발행으로는 불가능하다. 민간은행이 새로운 신용을 창조하면 부채도 동시에 증가하기 때문이다. 오직 중앙은행만이 그 일을 할 수 있다. 중앙은행은 가장 신뢰가 높고 유동적인 화폐를 무한정 발행할 수 있다. 실제로 미국의 중앙은행인 연준이 나섰다. 2008년 10월부터 2013년 말까지 연준은 약 4.5조 달러에 달하는 민간은행의 채권을 닥치는 대로 매입해줬다. 어떤 연구에 따르면 연준의 지급보증까지 합하면 그 액수는 28조 달러, 당시 미국 GDP의 두 배에 달했다. 민간은 국채 외에도 회사채와 주식까지도 중앙은행에 매도했다. '뱅크런'을 피하기 위해서는 '현금'이 필요했기 때문이다.

그 결과 민간은행 수중에는 엄청난 양의 초과지급준비금이 쌓였다(2장 참조). 당연히 목표금리(Federal Fund Rate, 익일물 레포 금리)도 급속도로 떨어졌다. 〈그림 3〉은 금리 변화를 보여주는데, 금융위기 초기에 시장 금리가 급락했던 사실을 주목하자. 정상적인 경우라면 중앙은행이 국채를 팔아 이 초과지급준비금을 회수하여 목표금리를 방어해야 하지만, 불가

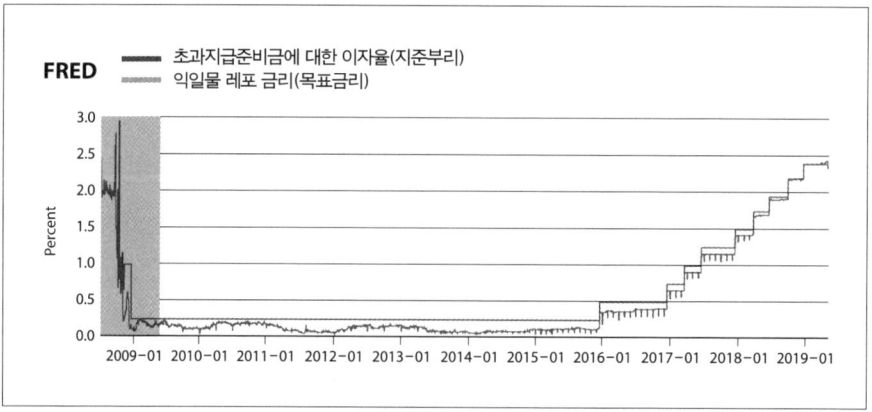

그림 3   초과지급준비금 금리(윗선)과 시장 금리(일별 자료)

출처 : Federal Reserve Bank of St. Louis

능했다. 연준에 그만큼의 국채가 없었기 때문이다.

다른 한편, 그럼에도 불구하고 연준은 시장에 대한 통제력을 유지하고자 했다. 어떻게든 플러스(+) 금리를 유지하고자 했다는 말이다. 초과지급준비금이 넘쳐나는 상황에서 어떻게 플러스(+)의 금리를 유지한단 말인가? 초과지급준비금에도 이자(초과지급준비금리, 즉 '지준부리' 또는 영어로 IOER이라 부른다)를 지급하면 된다. 2008년 10월 9일 연준은 실제로 초과지급준비금에 대해 0.75%의 이자를 지급하기 시작하여 같은 해 12월 16일 0.25%로 인하한 후, 2015년 12월 16일까지 그 수준을 유지했다. 이후 목표금리 인상과 함께 초과지급준비금 금리도 상승했다(이에 대한 보다 전문적이고 기술적인 논의는 생략한다. 궁금한 독자는 Lavoie(2010), Fullwiler(2013) 참조).[8]

한국은행도 2010년 10월부터 '통화안정계정' 제도를 도입하여 운영하고 있다. 민간은행이 초과지 지급준비금을 보유할 때, 한국은행의 이 계정에 예치하면 이자를 지급한다. 2020년 3월 말 현재 이 계정 잔액은 11조 원이다. 근본적으로, 이는 민간은행 보유 지급준비금에 이자를 지급하여 초과지급준비금을 흡수한다는 점에서 연준의 IOER과 같은 제도이다.

정리하자면, 정부는 국채발행 대신 중앙은행으로부터 대출해도 된다. 정부가 적자재정을 운영하고 그 적자분을 중앙은행이 보전해 줄 때, 초과지급준비금이 발생하는 문제가 있을 수 있다. 하지만 초과지급준비

---

8   Marc Lavoie(2010), "Changes in Central Bank Procedure during the Subprime Crisis and Their Repercussions on Monetary Theory," Levy Economics Institute Working Paper No.606; Scott T. Fullwiler(2013), "An Endogenous Money Perspective on the Post-crisis Monetary Policy Debate," *Review of Keynesian Economics*, Vol. 1 No. 2, Summer 2013, pp. 171-194

금에 이자를 지급하더라도 국채를 발행하는 것과 같은 효과가 있다. 정부가 국채를 발행하지 않으니, 정부부채와 관련된 온갖 부정적 의견들도 무의미해진다. 재정 보수주의자들이 그리도 걱정하는 일, 즉 국채의 채무불이행 가능성을 우려하여 국채를 투매하는 투자자도 없을 것이다.[9] 중

---

9   국가부채 위기가 무엇인지, 우리나라 국회예산정책처가 예시하는 그리스 국채위기를 예로 설명해 보자. 2008년 세계 금융위기 이후 그리스 정부도 대규모 재정적자를 경험했고, 그 과정에서 대규모 국채를 발행했다(그리스 정부부채 비율이 2008년 이후 상승한 것은 사실이다. 하지만 통상적으로 알려진 것처럼, 그 원인이 방만한 사회보장제도 때문은 아니었다). 문제는 정부가 거짓말을 했다는 사실이 알려지면서 시작되었다. 지금까지 정부부채 규모를 축소해서 발표해 왔음이 알려지기 시작한 것이다. 이에 국채 투자자들은 즉시 투자금을 상환해 달라거나, 아니면 엄청나게 높은 이자를 요구했다. 보통의 채권처럼 국채도 만기가 되면 액면가대로 지급해야 한다. 하지만 각국의 정부는 보통 현금을 지급하기보다는, 만기가 도래한 국채의 만기를 연장(roll-over)하거나 새로운 국채를 발행하여 구(舊)채권과 교체하는 차환(refunding)을 한다. 그리스 국채 투자자들은 만기 연장이나 차환을 거부하거나, 그에 대한 더 높은 대가를 요구한 것이다.

그 결과, 국채 이자율이 급등하고, 덩달아 보통의 시장 금리도 급등했다. 이것은 수많은 가계와 기업에 고통을 주었다. 급등한 금리의 이자 부담을 감당하지 못하는 가계와 기업들이 도산했다. 실업이 급증하고 GDP가 폭락한 이유이다. 다른 한편으로 GDP가 폭락하자 세입이 감소하여 재정적자는 확대되어 2009년에는 GDP의 15% 이상을 기록했다. 재정적자 증가는 경제위기 상황에서 정부의 정책 여력을 압박했다. 결국, 그리스 정부가 연금 등 지출을 줄이는 긴축으로 전환하자, 고통이 가중되었다. 악순환이 형성된 것이다. 이것이 국채위기의 현실 형태이다. 물론 이유는 그리스 정부가 부도를 내고 투자금을 지불하지 못할 수도 있다는 우려였다.

만기 채권에 대한 상환요구가 왜 문제일까? 중앙은행이 돈을 찍어 지불하면 안 됐을까? 앞서 여러 번 지적한 것처럼, 그렇게 되면 지급준비금이 급격히 증가하여 기준금리가 하락하긴 하겠지만, 중앙은행의 화폐 발행이 꼭 물가상승을 유발하는 것도 아니다. 다만 그리스 국채 투자자들 대부분이 외국은행이니, 국내 통화의 가치가 급락(평가절하, 우리식으로 말하자면 환율상승)해서 수입물가가 부담되긴 할 것이다. 하지만 그리스는 자체 통화가 없으니 환율도 없고, 그리스 중앙은행인 그리스은행도 통화를 발행해 국채를 상환할 수 없다. 그리스는 유로화를 사용하고 있는데, 그리스은행이 아니라 유럽중앙은행(European Central Bank)만이 유로화를 발행할 수 있기 때문이다. 그리스에 유로화는 사실상 남의 나라 통화이다. 그리스가 유

앙은행이 부도날 수는 없기 때문이다. 실제로 중앙은행 발행 화폐, 즉 본원통화는 중앙은행의 부채로 기록되지만, 그렇다고 이의 채무 불이행 가능성을 문제 삼는 논의는 없다. 다른 말로 하면, 국채 대신 중앙은행 부채(지급준비금)를 사용하는 것은 시장에서 거래되는 금융 수단(the market-able) 대신, 비시장적 수단(the non-marketable)을 정부부채 수단으로 사용한다는 의미도 된다. 국채를 민간에 팔지 않으니 시장의 변덕에 노출되지 않는다. 예를 들면, 정부부채 수준이 세계에서 가장 높은 일본의 중앙은행(일본은행)이 일본 정부가 발행한 국채의 절반가량을 보유하는 것도 이와 유사한 방식이다.

이 방식은 정부부채에 대한 이자를 지급하지 않아도 된다는 장점도 있다. 정부부채가 증가함에 따라 이자 비용도 비례하여 증가하고, 정부부채 비율이 더욱 상승한다. 정부부채의 위험을 강조하는 논거 중 하나가 바로 이자 부담의 체증 현상이다. 하지만 중앙은행에 빚을 지게 되면 이자 부담이 대부분 사라진다. 정부가 채권자인 중앙은행에 이자를 지급하긴 하지만, 중앙은행의 수익은 정부로 귀속되기 때문이다. 결국, 이 경우 정부부채 비용이란 기준금리를 방어하기 위해 초과지급준비금에 지급하는 이자뿐이다.

이런 재정 운영원리를 염두에 두고 본래의 질문으로 돌아가 보자.

로화 표시 채권을 상환하고자 하면, 유로화라는 외국 돈을 수출을 통해 해외에서 벌어서 갚아야만 했다. 1997-98 우리나라 외환위기도 국내 통화가 아닌 달러로 빚을 낸 것이 화근이었다.

이보다 최근의 터키의 국채 금리도 그리스처럼 20% 이상으로 급등하여 국채위기 조짐을 보였는데, 당시 국가부채 비율은 겨우 28%에 지나지 않았다. 터키의 금융불안도 결국 외채가 문제였다. 따라서 그리스 국가부채 위기는 국가부채의 규모보다는 주권통화(sovereign currency)의 부재, 그리고 이에 따른 당연한 결과이지만 외채, 이것이 더 정확한 문제의 본질이라 할 것이다.

국채는 정부의 재정 조달 수단인가? 꼭 그렇지만은 않다. 세금과 마찬가지로, 국채 아니어도 재정적자 재원 조달이 가능하기 때문이다. 국채는 재정 적자분을 '민간으로부터' 빌리는 수단이라고 이해하는 것이 더 합리적이다. 현재의 제도에서는 국채가 정부의 예금잔고를 플러스(+)로 유지하기 위해 발행되는 것은 사실이다. 그렇지 않으면 지출하지 못하도록 법률로 정해져 있어서 그렇다. 하지만 원리적으로 보면 재정적자를 국채발행을 통해서만 조달할 필요는 없다. 재정적자를 중앙은행이 통화를 발행해 보전하고, 중앙은행 채권을 발행하거나 지급준비금에 대한 이자를 지급하여 기준금리를 방어해도 된다. 즉, 국채 없이도 적자재정 운영이 가능하고, 어쩌면 이것이 더 효율적일 수 있다.

　더 근본적으로, 왜 시중의 지급준비금 양을 관리해야 할까? 기준금리를 방어하기 위해서이다. 그렇다면, 왜 금리를 통화정책의 목표로 삼아야 할까? 통화정책의 궁극적 목표는 실물경제를 원하는 방향으로 조정하는 것이다. 중앙은행이 직접 민간의 자원 배분(대출)에 개입할 수 없도록 제도로 정해져 있으므로, 통화정책은 금리를 조정하여 간접적으로만 실물경제를 통제하고자 한다. 기준금리를 인하하여 경기를 부양하거나, 인상하여 과열된 경기를 식힐 수 있다. 하지만 2장에서 살펴본 것처럼, 기준금리는 실물경제를 관리하는 데 매우 비효율적이다. 기준금리가 실물경제와 금융시장의 변화를 유도하는 데 매우 무딘 수단임은 반복되는 경기변동을 통해 확인할 수 있다. 나아가, 기준금리 통제는 특정 산업이나 경제활동에 핀셋 처방을 내릴 수도 없다. 금리는 경제 전체에 적용되기 때문이다. 이와는 반대로 정부지출을 조절하는 재정정책은 실물경제에 직접 영향을 미쳐 구체적인 성과를 즉시 확인할 수 있다. 특정 목표를 대상으로 하는 핀셋 정책도 펼 수 있다. 즉, 재정정책이 통화정책보다 월등히 효율적인 정책 대안이라 할 수 있다.

그런데 현재의 제도에서는 기준금리 방어라는 통화정책이 더 효율적인 재정정책을 제약하고 있다. 위의 '화폐적 재정 조달' 방식에서도 재정적자의 비용 대부분은 기준금리 방어를 위한 초과지급준비금에 대한 이자로 나타난다. 이는 적극적 재정정책을 실행하려면 민간에 비용을 지급하라는 말과 같다. 주권국가가 정부정책을 수행하는데 왜 금융기관에 비용을 지불해야 할까? 기준금리 목표를 포기하면 재정정책도 더 자유로울 수 있다. 재정지출이 증가하여 초과지급준비금이 증가하면 은행 간 지급준비금 금리가 제로(0) 수준으로 하락할 수 있다. 이는 추가로 시장 금리를 하락시킬 수 있다. 하지만 이것이 경제에 대한 정부의 통제력 상실을 의미하진 않을 것이다. 예를 들어, 저금리가 경기과열을 낳는다면, 기준금리 인상보다는 재정을 다소 긴축적으로 운영하면 된다. 그렇다고 경기부양을 위한 기준금리 인하가 어떤 효과적이고 긍정적인 효과를 낳았는지, 경험적으로 확인하기 어렵다.

결론적으로, 정부의 재정지출 여력은, 흔히 부정적이라 인식되는 적자재정 운영의 효과를 논외로 한다면, 이론적으로 무한하다. 중앙은행이 무(無)에서 화폐를 창조하여 정부지출 자금으로 지원해도 된다. 또한, 공개시장운영 수단으로 꼭 국채를 이용해야 하는 것도 아니다. 대안적인 초과지급준비금 흡수 방법이 존재하기 때문이다. 물론 현재의 법과 제도는 이를 허용하지 않는다. 하지만 제도는 인간의 고안물이고 항상 변경할 수 있다. 공공의 이익에 부합하지 않는 법과 제도는 즉시 수정되어야 한다. 국채의 성격이 무엇이든, 실질적으로 그것 없이도 정부는 '국채위기' 우려를 불식시키는 방식으로 '안전하게' 적자지출을 실행할 수 있다는 실용적 결론이 중요하다.

정부의 예산제약

주류 경제학과 보수 정치인들이 전파하는 통념에 따르면, 정부지출의 주요 재원은 세금이다. 정부가 세금을 초과하여 지출하고자 하면, 국채를 발행하여 민간으로부터 빌리거나 중앙은행이 '돈을 찍어' 재원을 제공해야 한다. 다른 말로 하면, 세금, 국채, 그리고 중앙은행 화폐 발행은 서로 대체 가능한 '대안적 재정 조달 수단'이라는 것이다. 더 나아가 이 세 가지 방법 중 각각의 방식으로 얼마만큼씩 재정을 조달할 것인지, 사전에 계획이 가능하다고도 주장한다. 다음 장에서 살펴보는 것처럼, 이로부터 국채위기, 인플레이션 등 '국가부채는 위험하다'라는 결론이 도출된다. 이것을 정부의 예산제약(Budget Constraint)이라 부른다.

따라서 국채발행이 위험한 것인지를 이해하기 위한 기초로, 이 예산제약의 개념을 자세히 살펴볼 필요가 있다. 결론부터 말하면, 이 세 가지 재정 조달 방식은 상호 대체 가능한 재정 조달 수단이 아니다. 또한, 각 수단이 전체 재정지출의 얼마만큼 차지할지를 사전에 계획할 수도 없다. 이는 사후적으로만 확인할 수 있을 뿐이다. 지금까지 논의를 바탕으로 그 이유를 살펴보자. 첫째, 정부는 연초에 세수를 예측할 수 없다. 세율이 정해져 있다 하더라도 그렇다. 세수는 실질 경제성장과 물가로 구성되는 명목GDP에 따라 변동하기 때문이다. 그런데 명목GDP는 역으로 세금과 재정지출의 함수이기도 하다. 예를 들면, 감세와 재정지출 확대로 표현되는 확장적 재정정책은 명목GDP에 영향을 미친다. 아울러, 환율과 수입품 가격 등도 물가에 영향을 미쳐 명목GDP와 세수에 영향을 미친다. 그렇지만 그것들을 모두 사전에 정확히 예측하는 일은 불가능하다. 결론적으로 세수는 사전에 정확히 예측할 수 없다.

둘째, 현 제도에서 세수의 사전적 계획이 불가능하므로 정부재정이

적자라면 정부는 국채를 발행해야 한다. 제도적으로 중앙은행이 지급준비금을 발행하여 재원을 제공할 수 없기 때문이다. 그런데 이마저도 일방적으로 정부가 계획한다고 해서 그대로 이루어지는 것은 아니다. 예컨대, 정부가 국채를 발행하고 민간 금융부문에 매각했다고 하자. 그런데 이것이 지급준비금을 과도하게 흡수하여 기준금리를 높이는 효과를 낳으면, 중앙은행이 지급준비금을 발행하여 국채를 되사줘야 한다. 이는 의도하지 않게 중앙은행이 화폐를 발행하여 국채를 매입한 것이 된다. 즉, 이 경우 재정적자가 민간으로부터의 차입으로 충당된 것이 아니라 중앙은행이 보전한 것이 된다.

셋째, 더 나아가 지급준비금의 과부족 여부도 정부나 중앙은행이 일방적으로 정하는 것이 아니다. 지급준비금의 과부족 여부는 금융시장이 결정하고, 금리변동으로 나타난다. 구체적으로, 민간은행의 신용화폐 공급량은 민간경제의 신용도 높은 대출 수요가 결정한다. 민간 실물부문의 경제활동이 활발하면 신용화폐 수요가 증가하고, 민간은행의 신용화폐 창조도 활발해진다. 이는 다시 의무지급준비금과 지급결제용 지급준비금의 수요를 증가시킨다. 초과지급준비금 양은 중앙은행과 민간은행, 그리고 민간 실물경제 사이의 상호작용으로 결정되는 것이다. 따라서 그것을 중앙은행이 일방적으로 결정하거나 계획할 수 없다.

넷째, 이런 실물적 요인 외에도 금융기관들의 '유동성 선호'에 따라서도 지급준비금의 과부족 여부가 결정되기도 한다. 금융시장의 상황에 따라 금융기관들이 채권이나 기타 금융 수단보다 '현금'을 선호하여 더 많은 지급준비금을 보유하길 원할 수도 있다. 그러면 목표금리가 상승하고 중앙은행은 이를 억제하기 위해 국채를 매입하여 지급준비금을 공급해야 한다.

결론적으로, 정부는 세금 대신 국채발행 혹은 중앙은행 화폐 발행을 상호 대체적으로 선택하거나 계획할 수 없다. 국채발행 혹은 중앙은행 화폐 발행은 세금과 수평적으로 비교할 수 없는 것으로, 정부의 재정 활동과 민간의 경제활동이 상호작용하는 과정에서 파생된 결과로 보아야 한다. 정부지출을 세금으로 충당하지 않으면 반드시 국채를 통해 민간으로부터 빌리거나 중앙은행으로부터 빌려야 한다는 주류 경제학의 재정 관념은 완전히 현실을 오도한다. 그리고 그렇게 오도된 재정 관념, 즉 정부의 예산제약이란 관념이 정부의 적극적 재정정책을 반대하는 논거로 사용된다(이는 4장에서 자세히 다룬다).

통화를 공급하는 두 가지 경로

경제가 성장하면 당연히 '통화량' 혹은 일반적으로 말해 금융자산도 증가해야 한다. 2장에서 우리는 모든 통화공급을 민간은행에 일임하면, 경제가 성장하더라도 그에 비례하여 부채도 증가함을 보았다. 부채가 주도하는 경제는 바람직하지도, 지속될 수도 없다. 또한, 앞서 〈표 4〉와 〈표 6〉의 예시처럼, 정부의 재정적자가 민간경제의 부채 증가 없이 은행예금, 즉 통화량을 공급함을 설명했다.

이를 연장하여, 이 절에서는 '**부채 경제를 회피하기 위해서는 재정 적자가 필수임**'을 좀 더 자세히 살펴본다. 같은 말이지만, 안정적인 경제를 위해서는 왜 민간이 아니라 정부가 빚을 져야 하는지를 설명한다. 경제가 성장하여 새로운 가치를 창조하면 이의 거래를 매개하는 통화량도 증가한다. 그런데 통화량은 다양한 형태의 금융자산으로 구성된다. 수시입출식 예금이 가장 대표적인 민간 통화인데, 이는 저축 수단이고 금융자산이기도 하다. 다양한 통화량 지표들도 다양한 종류의 금융 수단을 유동성 정도에 따라 분류하고 양을 집계한 지표들이다. 은행예금이 늘어나는 것처럼 금융 수단의 축적을 저축이라 부르기도 한다. 따라서 아래에서 '금융자산' 혹은 '순저축' 등의 용어는 통화량 증가와 같은 의미로 이해해도 무방하다. 예컨대, 순저축의 증가 혹은 금융자산의 축적은 흔히 통화량 지표로 사용하는 M1, M2, 혹은 L 등의 증가와 같은 말이다. 물론 민간은행이 발행하는 신용화폐의 증가는 (비례적으로는 아니라 하더라도) 중앙은행 발행 화폐인 지급준비금의 증가를 함축한다. 거래량과 통화량이 증가하면 필요 지급준금도 더 많이 필요해지기 때문이다.

경제가 성장하면서 금융자산과 부채가 어떻게 변화하는지를 이해하기 위해 다음의 국민계정 항등식을 활용하고자 한다.

$$GNP \equiv C + I + G + (X - M) + NF \qquad (1)$$

식 (1)의 좌변 GNP는 경제 전체의 소득 원천으로, 국민소득을 나타낸다. "소득은 어떻게든 처분된다"라는 원리에 따라 처분 내역을 구분하고 각각을 우변에 나타낸다(C : 최종 민간소비, I : 민간투자, G : 정부 소비, (X-M) : 순해외수출, NF : 순해외소득, 따라서 (X-M+NF)는 경상수지(Current Account Balance) 혹은 대외수지라고 함. 이하에서는 CA로 표시). 이 식은 한 나라의 살림 전체를 보여주는 '기록'으로서, 양변이 항상 같은 항등식이다. 실제 그렇지 않은 것으로 나타났다면, 그것은 '기록 오류'이지 경제가 달리 작동한다는 뜻은 아니다. 이는 개인에게도 마찬가지다. 내가 100만 원 벌었다면(좌변에 100만 원 기록), 그것이 어떻게 사용되었는지(소비 혹은 저축)를 기록(우변)하면 양자는 항상 같아야 하는 이치와 같다.

다음으로, 민간부문의 저축(S)은 금융자산의 축적을 의미하는데, 민간의 최종소비와 납세 후 잔액으로 정의하자(S=GNP-C-T). 또한, 각 경제

주체를 구분하기 위해, 양변에 똑같이 세금(T)으로 빼고 항목들을 정리하는 대수적 조작을 통해 다음과 같이 다시 쓸 수 있다.

$$(S-I) + (T-G) - CA \equiv 0 \tag{2}$$

식 (2)의 첫 번째 항은 민간부문 전체의 재정수지, 두 번째 항은 정부의 재정수지, 세 번째 항은 대외수지를 나타낸다. 재정수지 흑자란 저축을 의미하므로, 흔히 재정수지 대신 '순저축' 혹은 금융자산 축적이라 부를 수 있다. 이는 국민계정 항등식 (1)을 단순 대수적 조작으로 변형한 식으로, 식 (2) 역시 항등식이다. 즉, 기록이 정확하다면 세 항목의 합은 항상 제로(0)여야 한다.[10]

식 (2)가 의미하는 바를 이해하기 위해 다음의 예를 생각해보자. 우선 국내 경제에 집중하기 위해 대외수지가 균형(CA=0)이라 가정해 보자. 이때 정부부문에서 세수보다 지출이 100억 원 적어 정부 재정수지 흑자를 기록했다면(T-G=100 > 0), 민간부문 전체의 재정수지는 100억 원만큼 적자(S-I=-100 < 0)여야 한다. 이는 부(-)의 순저축으로 민간의 금융자산이 감소함을 의미한다. 다른 말로, **정부 재정수지가 흑자이면 민간의 부채가 증가한다**는 의미이다.

이 예는 정부가 재정수지 흑자이면 민간은 적자를 기록하여 민간의 금융자산이 감소함을 보여준다. 이것이 경제규모의 축소를 의미하는 것은 아니다. 경제성장은 통화량, 즉 금융자산의 증가를 동반하는데, 그 통화량이 부채 창조로 공급될 수도 있기 때문이다(이 점은 2장에서 상세히 설

---

10   식 (2)는 이 책 1장의 〈**그림 6**〉의 바탕이 되는 식이다. 이 식의 각 변수 자료를 연도별로 모아 그래프로 그린 것이 〈**그림 6**〉이다.

명했다). 민간의 금융자산이 감소하고 부채가 증가하면 민간부문은 조만간 지출을 축소할 것이고, 그 결과 수요부족 문제가 악화한다. 더 나아가, 경제가 침체하고 국민소득 전체가 감소할 수도 있다. 반대로, 정부부문의 적자는 민간부문의 순저축을 늘리고, 민간의 지출을 늘려 경제성장에 유리한 효과를 낳는다. 민간부문이 순저축(S-I > 0)을 기록할 때, 다른 말로 민간부문에 부채가 아닌 순금융자산이 증가할 때, 경제성장도 지속할 수 있다.

정부재정 흑자가 민간부문의 금융자산을 축소하는 이유는 민간부문 내에서 각 경제 주체들 사이의 거래로는 '순'금융자산이 창조되지 않기 때문이다. 민간부문 전체로 볼 때, 일방의 저축(채권)은 상대방의 부채(채무)를 의미하므로, 민간부문 전체적으로 부채와 저축이 상쇄되어 합은 0이 되는 원리이다. 2장의 예를 상기하여, 경제가 성장하는데 그에 필요한 통화가 모두 은행 대출로만 공급되는 경우를 생각해보자. 이 경우 경제가 생산하는 가치와 통화량이 증가하지만, 그에 대응하여 부채도 증가한다. 은행의 대차대조표는 확대되지만, 자산(대출채권)과 부채(차입자의 예금)가 동시에 증가할 뿐 순자산이 증가하지는 않는다. 경제 전체를 하나로 보면, 경제성장으로 자산이 증가했지만 부채도 증가했으므로, 순자산은 증가하지 않는다.

이와는 달리 정부가 세입보다 더 많이 지출하면, 민간부문은 부채 증가 없이 금융자산이 증가한다. 국내 경제 주체들끼리 서로 빌리고 빌려주는 대신, 외국과 무역을 통해 흑자를 보더라도 순자산이 증가한다. 결국, 민간의 순금융자산이 증가하기 위해서는 반드시 민간부문 외부, 즉 해외나 정부로부터 통화가 주입되어야 한다. 대외수지가 균형이라 가정하면, 정부가 적자이어야 민간은 흑자를 경험하여 금융자산을 축적할 수 있다. 반대로, 정부가 흑자재정을 운영하거나 대외수지가 적자이면 민간부문의 순금융자산은 축소되고 민간경제는 침체한다. 경제가 성장하려면 반드시 민간부문 외부(정부 혹은 해외)가 지출하여 통화를 주입해야 한다.

민간부문에 금융자산을 주입하는 방법에는 크게 두 가지가 있다. 첫째, 중앙은행이 민간은행에 대출하는 방식이다. 그런데 이는 실효성도 없고, 바람직하지도 않다. 중앙은행이 본원통화를 발행한다고 하더라도 민간은행과 민간 실물부문이 이를 '빌려 가지 않는 한', 이 목적을 달성하기 어렵다. 민간은행이 민간 신용창조 과정을 전담하는 현대 통화제도에서 통화공급은 가계와 기업의 통화수요 제약에 직면해 있기 때문이다. 설사 그렇게 된다고 하더라도, 중앙은행을 통한 통화공급 확대는 가계와 기업의 '부채' 증가에 지나지 않는다. 중앙은행이 개인에게 직접 무료로 화폐를 지급하지 않는 한, 민간은행으로부터 대출해야 하기 때문이다. 부채 증가를 바람직하다 할 수는 없다.

민간경제에 금융자산을 공급하는 두 번째 방법은 정부가 적자재정을 확대하는 것이다. 정부가 세금으로 거두어들인 것보다 더 많이 지출하면 민간 전체의 순자산이 증가한다. 이를 통해 정부지출의 수혜를 입는 민간부문의 소득이 늘어나게 된다. 예컨대, 정부가 직접 고용하여 임금을 지급하면 가계는 더 많은 민간은행 예금을 갖게 되고, 민간은행은 더 많은 지급준비금 혹은 이자를 지급하는 금융자산을 보유하게 된다. 정부의 재정적자는 부채를 민간에 떠넘기는 일이 아니라 정부가 빚을 지고, 대신 가계와 기업의 소득을 높이는 방식이다.

정부부채는 정부의 숙명

요컨대, 성장하는 경제는 더 많은 통화량(금융자산)이 필요하다. 중앙은행이 통화정책을 통해 필요한 통화를 대출하는 방식은 민간의 부채를 늘리는 방식이다. 반대로, 정부가 재정적자를 통해 그렇게 하면, 민간경제는 부채의 증가 없이도 필요한 통화를 얻을 수 있다. 후자가 더 바람직하다 할 수 있다. 역사적으로 모든 나라에서 정부부채 총액은 증가해 왔다 (1990년대 초 캐나다처럼 일시적으로 축소된 경우는 가끔 있지만, 전체 역사에서 극히 예외적이었다). 이 때문에 민간부문이 금융자산을 축적하고 경제도 성장할 수 있었다고 할 수 있다. 재정적자는 정부의 숙명이다. 재정지출을 축소하거나 균형재정을 주장하는 주류 경제학은 정부의 임무를 부정하고, 경제성장을 방해하는 주장과 같다.

이런 이유로 정부부채의 규모를 측정할 때 흔히 '경제규모 대비 정부부채의 비율'(정부부채/GDP)을 사용한다. 그런데 정부의 재정적자가 증가한다고 해서 경제규모 대비 정부부채 비율도 자동으로 상승하는 것은 아니다. 재정적자로 경제성장이 더 빠르면 오히려 이 비율이 감소하기도 한다. 아래 〈그림 4〉는 대표적으로 미국의 경우를 보여준다. 미국 일반정부의 부채 총액은 결코 감소한 적이 없다. 하지만 경제규모 대비 정부부

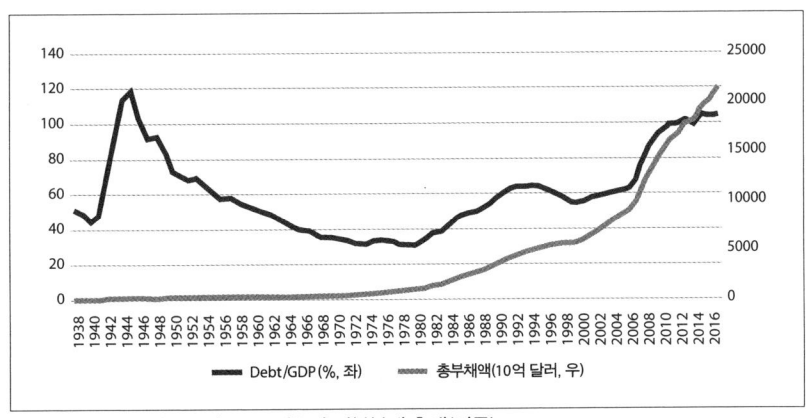

그림 4　미국의 **정부부채/GDP 비율과 정부부채 총액(명목)**

출처 : Federal Reserve Bank of St. Louis; 부채 총액은 저자 계산

채 비율은 역사적으로 등락해 왔다. 특히 2차 세계대전 이후부터 1970년대 말까지의 기간을 주목하자. '자본주의의 황금기'로 불리는 이 시기 정부부채 비율이 꾸준히 감소한 것은 경제가 빠르게 성장했기 때문이다. 따라서 재정정책의 초점은 '건전한 재정'이 아니라, 경기부양이어야 한다. 이것이 정부와 민간 모두, 즉 경제 전체에 이로운 전략이다. 재정건전성에 집착한 긴축재정 전략은 '언 발에 오줌 누기'처럼 단견이고, 장기적으로 지속할 수 없다. 다시 한번 말하거니와, 정부의 재정적자는 숙명이다.

정부는 적자를 져야 할 운명이라면, 이것은 자본주의 경제의 우울한 단면을 보여주는 것일까? "재정적자는 위험하다"라는 주류 경제학의 통념을 믿는 사람들에게는 그럴 것이다. 하지만 이 장의 설명처럼 정부재정의 운영원리와 성격은 가정경제의 그것과 전혀 다르고, 위험한 것이 절대 아니다. 이는 불필요한 고뇌이다. 다음 장에서 재정적자가 얼마나 위험할지 따져본다.

• • • • •

제4장

재정적자는 위험한가?

정부의 건전재정 집착

앞 장에서 부채 부담이 가볍고 건강한 경제를 유지하고자 한다면 정부가 부채를 질 수밖에 없음을 확인했다. 그 이유는 너무나 단순하다. 경제가 성장하면 당연히 통화량도 증가해야 한다. 증가하는 통화를 공급하는 방법은 두 가지이다. 하나는 민간은행이 대출을 늘리는 방식이다. 민간은행의 대출은 부채를 의미하므로, 이는 민간부문의 부채를 증가시켜 경제성장에 필요한 통화를 공급하겠다는 말과 같다.

경제성장에 따라 증가하는 통화를 공급하는 또 다른 방법은 2장에서 대안을 논의하면서 제안한 방식들이다. 한 마디로 중앙은행이 발행하는 통화를 '공공통화'(public money)로 유통시키는 방식이다. 이를 위해 다시 세 가지 실현방안이 가능하다. 첫째, 중앙은행이 화폐를 창조하고 직접 민간부문에 제공하면 된다. 둘째, 중앙은행이 화폐를 발행하여 정부의 재정으로 지원하고, 정부가 그 돈을 지출하여 민간경제에 유통시키는 방식이다. 셋째, 정부가 국채를 발행하여 재정을 조달하고, 그 돈을 지출해도 된다. 하지만, 3장에서 설명했듯, 이 세 가지 방식 모두 경제적 결과는 같다. 다만 정부 혹은 중앙은행 중 누구의 장부에 어떤 형태의 부채가 기록되느냐의 차이만 있을 뿐이다. 중앙은행의 직접 통화공급이 법으로 금지되어 있고 정부부채 확대를 터부시하는 현재의 화폐금융체제는 민간은행의 대출에 절대적으로 의존한다. 그래서 경제가 성장하려면 누군가는 반드시 빚을 져야 한다. 2장에서 설명한 것처럼, 민간보다는 정부부문이 빚을 지는 방식이 훨씬 바람직하다. 이것이 대중의 복리와 경제적 안정성을 달성하는 데 유리하기 때문이다.

이러한 결론과는 반대로, 우리나라에서는 정부, 신고전파 경제학자, 언론, 심지어는 대중들도 정부부채가 위험하다고 믿고 있는 것처럼 보인다. 대처(Thatcher) 전 영국 총리처럼 민간경제(가계와 기업)의 재정 운영원리나 정부의 재정 운영원리가 같다는 관념을 수용하기 때문이다. 하지만 3장에서 본 것처럼, 두 경제주체의 재정 운영원리는 전혀 다르다. 따라서 정부재정의 원칙도 기업이나 가계의 재무관리 논리를 따를 수 없다.

재정적자에 대한 정부의 생각부터 구체적으로 살펴보자. 우리나라 예산계획을 관장하는 국회예산정책처는 건전한 재정이라는 관념을 적극적으로 지지하고 있다. 우리나라는 정부의 재정활동 규칙을 『국가재정법』이라는 법률로 정하고 있다. 그 중 『국가재정법』 제86조는 "정부는 건전재정을 유지하고 국가채권을 효율적으로 관리하며 국가채무를 적정수준으로 유지하도록 노력하여야 한다"고 되어 있다. 이는 정부가 건전한 재정을 유지할 의무가 있음을 명시한 규정이다. 이에 대해 국회예산정책처는 그 취지를 다음과 같이 설명하고 있다.

"건전재정의 필요성 : 건전재정은 정부지출의 증가를 억제하여 구축
효과 등으로 대표되는 정부지출의 비효율성을 완화시킨다. 또한 정부
지출의 증가로 총수요가 증대되면 인플레이션이 발생할 수 있는데 이
를 억제하여 물가안정에 도움이 된다. 건전재정이 유지되지 않으면 신
용등급의 하락을 통해 외국인 투자 감소와 경기침체가 야기될 수 있
다. 우리나라의 경우, 지난 IMF 사태와 글로벌 금융위기 등을 극복하
기 위한 재정확대 정책으로 인해 GDP 대비 국가채무 비율이 3배 이
상 급증하여(1997년 11.9% → 2013년 36.2%) 재정위험에 대한 경계의 목
소리가 높아지고 있다. 또한 향후 고령화 등으로 인한 복지지출 요구
의 증대나 통일비용 등을 감안할 때 앞으로 건전재정의 달성은 긴요한
일이 될 것이며, 그 중요성이 더욱 강조될 것으로 보인다."(국회예산정책
처, 『국가재정법 해설』, 2014, 625쪽)

이를 통해 우리나라 정부는 정부지출 증가가 경제 전체의 비효율성,
인플레이션, 외국인 투자 축소, 경기침체 등 무시무시한 결과를 낳을 수
있다고 믿고 있음을 알 수 있다. 재정적자는 경제에 백해무익하다는 말이
다. 그리고 이 해설서가 쓰인 2013년 당시 GDP 대비 36.2%의 국가채무
비율조차 '위험'한 수준이라 경고한다. 36.2%가 위험 수준이라면 다른 나
라들은 어떨까? 우리나라도 회원국으로 가입하고 있는 OECD 국가들의
2019년 국가채무 수준은 〈그림 1〉에 나타나 있다. 2019년 기준 OECD 국
가들 평균 정부부채 비율은 70% 이상이었다. 가장 높은 일본은 237%를
기록했고, 미국도 104%였다. 코로나19 위기에 대응하여 GDP 대비 10%
이상의 긴급 재정지출을 결정한 나라들(독일, 캐나다, 미국, 프랑스, 스페인, 일
본 등)의 정부부채 수준은 이미 우리나라보다 훨씬 높은 수준에 있다. 우
리나라 정부부채 비율은 OECD 국가 중 최하위 그룹에 속한다.

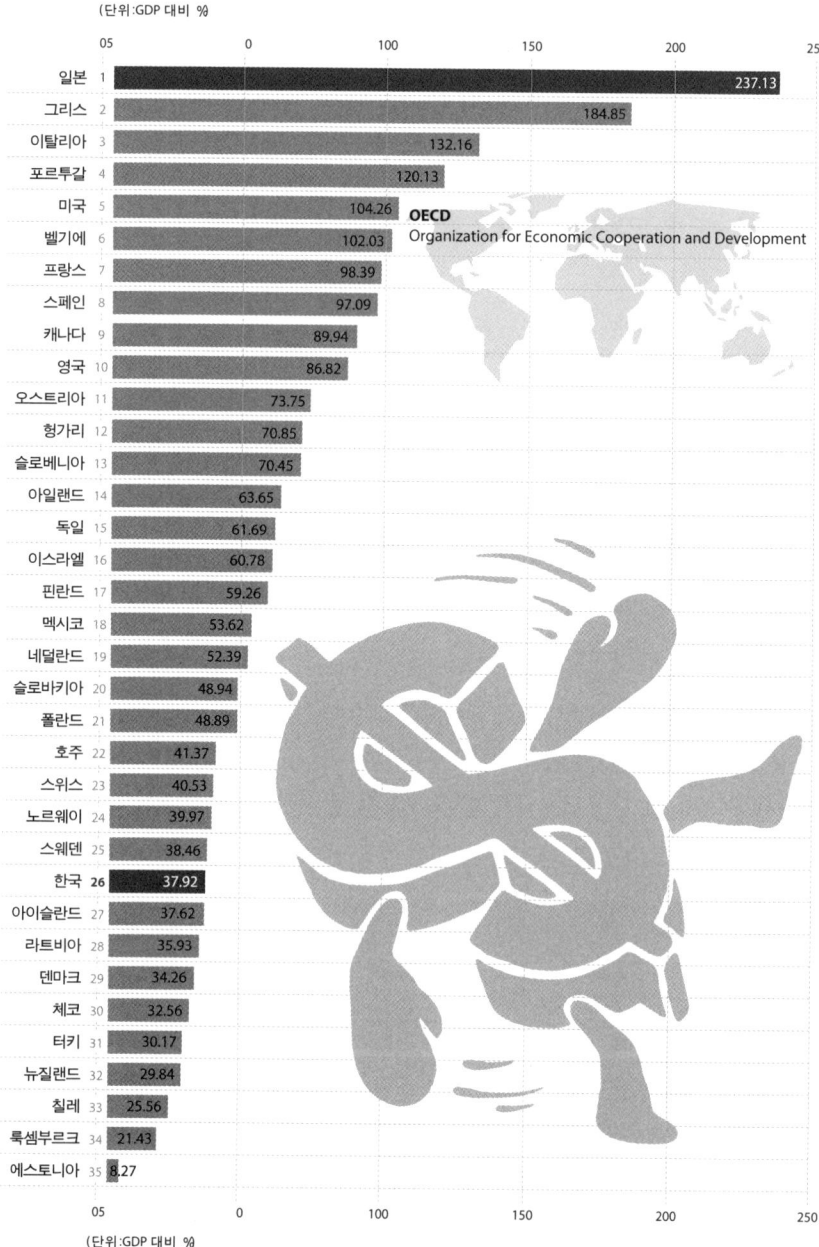

(단위:GDP 대비 %)

국가	순위	값
일본	1	237.13
그리스	2	184.85
이탈리아	3	132.16
포르투갈	4	120.13
미국	5	104.26
벨기에	6	102.03
프랑스	7	98.39
스페인	8	97.09
캐나다	9	89.94
영국	10	86.82
오스트리아	11	73.75
헝가리	12	70.85
슬로베니아	13	70.45
아일랜드	14	63.65
독일	15	61.69
이스라엘	16	60.78
핀란드	17	59.26
멕시코	18	53.62
네덜란드	19	52.39
슬로바키아	20	48.94
폴란드	21	48.89
호주	22	41.37
스위스	23	40.53
노르웨이	24	39.97
스웨덴	25	38.46
한국	26	37.92
아이슬란드	27	37.62
라트비아	28	35.93
덴마크	29	34.26
체코	30	32.56
터키	31	30.17
뉴질랜드	32	29.84
칠레	33	25.56
룩셈부르크	34	21.43
에스토니아	35	8.27

OECD
Organization for Economic Cooperation and Development

(단위:GDP 대비 %)

그림 1   OECD 국가들의 정부부채 비율

출처: IMF, World Economic Outlook, 2019.10. 그래픽 출처: 프레스맨 인포그래픽 2019.11.14., http://www.pressm.kr/news/articleView.html?idxno=26041

세계적으로 가장 낮은 정부부채 수준을 유지하고 있는 우리나라 정부만 유독 코로나19 경제위기 대응에 소극적이었다. 몇 가지 사례를 지적하자. 첫째, 선진 경제 대부분의 정부와는 반대로, 우리나라 예산을 관리하는 기재부는 '긴급재난지원금' 지급에 매우 소극적이었다. 우선 애초에 시민단체와 지자체가 제안하고 사용한 '재난기본소득'이란 용어 사용을 거부했다. 정책 지원금의 명칭을 결정하는 데에도 신경전을 벌였던 이유는 "국민이 이를 소득으로 인식하지 않도록 하기 위함"이었다. 국민이 이를 계기로 차제에도 유사한 지원을 요구할 가능성을 차단하고자 고심했다는 말이다. 지원 대상을 정하는 문제에서도 기재부는 '전 국민' 지급을 거부하고, '선별 지원'을 주장했다. 또한, 지원 규모의 문제에서도 기재부는 가능한 한 최소한의 지원을 고집했다.

　　둘째, 지급 대상을 정하는 문제보다 더 중요한 문제로, 기재부는 효과적인 대응보다는 정부부채 최소화에 더 큰 관심을 보였다. 이런 태도는 기재부가 제출한 추가경정예산안(이하 '추경')에서 가장 잘 드러난다. 기재부는 1차 추경으로 11조7,000억 원을 제안했는데, 이는 2019년 GDP 1,914조 원의 0.6%에 불과하다. 그마저도 이 중 3조2,000억 원을 세입 경정으로 조달한다는 계획을 세웠다. 세입 경정이란 당해 예산계획서가 예상하는 세입의 규모를 줄인다는 말로, 이는 곧 세금 감면을 암시한다. 즉, 걷기로 했던 세금을 덜 걷기로 계획을 변경하면서 이를 '지출'로 계산하겠다는 뜻이다. 이처럼 위기 상황에서조차 기재부는 정부지출을 늘리기보다는 '말로만 추가 정부지출 확대'를 시도했다. 국회 심의 과정에서 이 세입 경정액이 8,000억 원으로 삭감되긴 했지만(즉, 정부의 직접 지출이 2조4,000억 원 증가), 정부지출을 피하려는 기재부의 속내가 드러난 셈이다.

　　'긴급재난지원금' 재원 마련을 위한 2차 추경안에도 기재부의 보수성은 그대로 드러났다. 당시까지도 기재부는 소득 하위 70% 가계에만 재난지원금 지급을 고집하고 있었고, 이를 위해 9조7,000억 원의 재원이 필요하다고 추산했다. 이 중 2조1,000억 원은 지방정부의 부담으로 떠넘기고, 중앙정부는 7조6,000억 원만 부담하겠다고 발표했다. 이마저도 전액 국채발행이 아니라 '세출 조정'을 통해 마련하겠다는 안을 내놓았다. 세출 조정이란 정부가 올해 지출하기로 했던 일부 계획을 취소하고 그 돈을 재난지원금으로 '전용'하겠다는 계획이다. 다시 말해, 정부는 재난지원금 지급을 위해 빚을 지지 않겠다는 의지를 표현한 것이다.

이 책의 1장에서 지적한 것처럼 우리나라 정부의 건전재정 집착은 유별나다. 이는 정부의 재정수지에 그대로 나타난다. 〈그림 2〉는 2000년부터 2019년까지 20년 동안 우리나라 경제성장률과 재정수지를 함께 나타낸 그래프이다. 각각의 그래프를 관통하는 점선은 '추세'를 나타낸다. 이에 따르면, 우리나라 경제성장률은 지속해서 하락해 왔다. 외환위기 직후인 2000년 무려 9.1% 성장했던 한국경제는 2019년 2%로 추락하여, 2009년 세계 경제 위기 시기를 제외하고 가장 낮은 경제성장률을 기록했다. 이렇게 우리나라 경제가 시간이 지남에 따라 활력을 잃어가는 동안

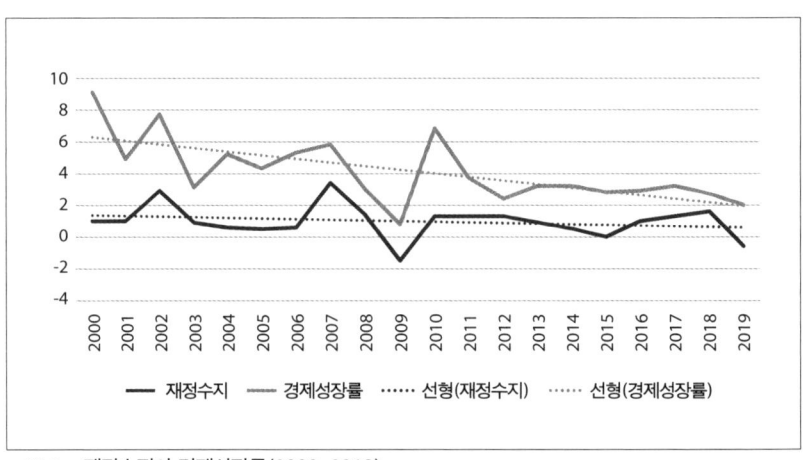

그림 2 재정수지와 경제성장률(2000-2019)

출처 : 한국은행 경제통계시스템

에도 정부는 한결같이 흑자재정을 유지했다. 현 정부 2년 차였던 2018년에는 이전 보수 정부들에서보다 더 높은 1.6% 재정수지 흑자를 기록하기도 했다. 경제성장률이 지속해서 하락한 원인은 다양할 수 있지만, 정부의 흑자재정도 이에 큰 책임이 있음은 분명하다. 1장과 이 장의 후반에서 설명하는 것처럼, 경제의 활력을 결정짓는 요인은 수요이고 정부의 지출도 수요에 큰 영향을 미치기 때문이다. 최소한으로 말한다 해도, 우리나라 정부는 활력을 잃어가는 경제에 적극적으로 대응하려 하지 않았다는 사실은 부정하기 어렵다.

재정 운영에 대해서는 우리나라 주류 언론도 기재부만큼이나 보수적이다. 우리나라 보수 언론들은 정부재정 규모의 확대와 적자재정 모두에 매우 부정적인 인식을 드러낸다. 보수 언론들은 흔히 신고전파 경제학자들의 견해를 인용하는 방식으로 자신의 논조를 강화한다. 최근 코로나19 경제위기 국면에서도 같은 패턴이 나타났다. 또한, 보수 언론–신자유주의 경제학 연합 세력은 올해 예산안을 마련하던 작년에도 '이미 나랏빚이 많은데도 슈퍼예산'을 편성했다며 비난했다. 한 가지 촌극을 소개하자. 현 정부가 들어선 이후 경제 상황이 악화하는 가운데서도 2017년과 2018년 연속으로 재정수지 흑자를 기록했다(**그림 2**). 이에 대한 비판이 크게 일어나자, 2019년 중반 대통령이 직접 재정지출 확대를 주문하기도 했다. 실제로 2019년 5월 16일 국가재정전략회의를 주재하면서 대통령은 국가채무비율 40%를 고집하며 확장적 재정정책을 주저하는 기획재정부 관료들에게, 미국과 일본의 예를 들며 40% 마지노선의 근거를 묻기도 했다. 대통령의 재정지출 확대 요구에 대해 우리나라의 대표적인 보수 경제 일간지는 다음과 같이 보도하며 비판했다.

"전문가들은 기축통화국인 미국, 일본과 한국 상황을 비교하는 것은 무리라고 지적한다. 미국과 일본은 빚이 많아도 자국 통화를 찍어내 갚는 게 이론적으로 가능하다. 하지만 원화를 기축통화로 바꿔 상환해야 하는 한국은 상황이 다르다. 빚이 많아지면 원화 가치가 하락할 가능성이 높아 발권력을 아무리 동원해도 채무를 전액 상환하는 게 불가능하다."(한국경제신문, 문 대통령 "적정 국가채무비율 40% 근거 뭐냐"… 기재부에 재정확대 요구 논란, 2019.05.19.일 자)

이 기사가 보여주는 것처럼, 보수 언론들은 익명의 전문가의 말을 빌려서 자신의 논지를 전달하려 한다. 이 기사는 암묵적으로 우리나라 정부부채 수준이 상대적으로 낮다는 점을 인정하지만, 미국이나 일본 등 선진 자본주의 경제들의 높은 재정적자 비율을 따라 해서는 안 된다고 주장한다. 우리나라 통화는 기축통화가 아니라서 발권을 통해 정부부채를 상환할 수 없다는 점을 그 이유로 내세운다. 이 이유가 얼마나 허황된 주장인지 혹은 부실한 기사인지는 쉽게 확인할 수 있다. 정부가 재정지출 확대를 위해 다른 나라에서 돈을 빌리겠다는 것도 아닌데, 왜 정부부채를 "기축통화로 바꿔 상환해야"하는지 상식적으로 이해하기 어렵다. 그렇지만 이에 대한 설명은 전혀 없다. 이런 보도는 정확한 정보 전달보다는, 전문가의 권위를 빌어 정부부채 확대가 위험하다는 뉘앙스만을 전달하려는 의도로 보인다. 물론 저런 답변을 내놓은 전문가의 전문성이 심각히 의심스러울 텐데, 언론은 무시한다.

정부부채 비율 40%를 고집하는 이유에 대한 대통령의 질문에 관료들은 당황했을 뿐, 정확히 답하지 못했다고도 보도되었다. 대신 통화정책을 담당하는 한국은행 금융통화위원을 지낸 더불어민주당 최운열 의원은 마스트리흐트 조약을 차용하여 정부부채 비율의 한계치를 60%로 정하고, 향후 통일비용과 고령화로 인한 연금부담이 각각 GDP 대비 10%

씩 증가할 것이므로 현재 40% 유지가 적절하다고 답했다 한다. 그렇지만 EU 가입국들조차 지키지 않고 있는 60% 재정준칙을 우리가 왜 고수해야 하는지에 대한 설명은 찾아보기 어렵다. 또한, 통일비용과 연금부담 액수는 무슨 근거로 추정했을까? 각각 GDP 대비 10%를 계산하려면 우선 GDP를 예측해야 한다. 먼 미래의 GDP는 어떻게 예측했다는 말이고, 그것을 어떻게 신뢰할 수 있을까?

이러한 단순한 질문을 통해 알 수 있는 분명한 사실 하나는 예산을 담당하는 정부의 고위 관료와 언론 등 그 누구도 재정에 대한 정확한 이해가 없다는 점이다. 이 책의 3장에서 우리는 재정의 정확한 의미와 기능을 확인했다. 또한, 시중에 유포되어 있는 재정 이해가 완전히 비현실적이라는 점도 설명했다. 그렇다면 정부부채의 증가가 경제에 부정적인 영향을 미친다는 『국가재정법 해설』의 단언적 설명도 틀린 견해일 가능성이 크다. 이 장에서는 정부부채 증가가 위험하다는 관념이 진실을 크게 호도하고 있음을 설명하고, 건전재정 집착은 종교적 맹신에 지나지 않음을 보일 것이다. 아래에서는 흔히 인용되는 정부부채의 위험 요인들을 하나씩 살펴본다.

국채의 채무 불이행 가능성

"정부부채는 위험하다"라는 관념을 떠받치는 가장 강력한 우려는 국채(정부가 발행하는 차용증서)의 채무 불이행 가능성이다. '채무 불이행'이란 부채의 상환을 포기하는 것으로, 파산을 의미한다. 정부가 빚을 갚지 못하면 국가파산사태가 발생할 수 있다. 만약 정부가 파산한다면 어떻게 될까? 국내적으로는 치안, 국방, 행정, 수도와 전기, 철도 등 공공 서비스, 그리고 사회복지 서비스 등 정부 기능이 정지될 것이다. 대외적으로 외국은 우리나라와의 교역을 중단할 것이다. 그 결과 국민경제 전체가 총체적으로 파탄난다. 이것이 사실이라면 너무나 끔찍한 재앙이다.

신고전파 경제학자들과 보수적 재정 관료들은 국채의 채무 불이행까지는 아니라 하더라도 다소 온건한 형태의 위험도 종종 언급한다. 이에 따르면, 국가부채가 과도하면 특정 시점에서 시장의 투자자들이 정부의 지불 능력을 의심하게 될 수 있다. 시장의 신뢰를 잃은 정부의 국채는 투매의 대상이 되고, 국채 투매가 발생하면 금리가 급등한다. 국채의 투매는 국채의 공급을 갑작스럽게 증가시켜 국채가격을 하락시킬 것인데, 이는 곧 금리의 상승을 의미하기 때문이다.[1] 금리 상승은 경제 주체들의 이자 부담을 증가시켜 경제를 어려움에 빠뜨린다. 예를 들어, 주택담보대출의 이자 납부가 어려워진 가계는 주택을 매도하여 집을 잃게 된다. 이는 연쇄적으로 부동산 거품 붕괴로 이어질 수 있고, 금융위기와 경제위기로까지 비화할 수 있다. 경제위기까지는 아니더라도, 금리 상승은 부채

---

1 국채의 거래 가격과 금리는 반비례한다는 뜻이다. 예를 들어 설명해보자. 만기가 1년 남은 액면가 100만 원짜리 국채를 상상해 보자. '액면가 100만 원'이라는 말은 만기가 돌아오는 1년 후 해당 국채를 제시하면 100만 원을 돌려받을 수 있다는 뜻이다. 이런 종류의 국채는 시장에서 100만 원 이하에 거래되는 것이 보통이다. 만약 1년 후 100만 원 돌려받기로 되어 있는 국채가 100만 원에 거래된다면, 투자 수익이 전혀 없음을 의미하기 때문이다. 이런 경우라면 투자자들은 은행 적금 등 다른 저축수단으로 돌아설 것이다. 이 국채를 사려는 사람이 아무도 없다면, 이 국채가격은 하락할 것이다. 이제 90만 원으로 하락했다 하자. 국채 투자자는 현재 90만 원에 매입하여 1년을 기다리면 100만 원을 돌려받기 때문에, 1년 동안 10만 원의 이익이 남는다. 이 이익을 수익률로 계산하면 11.1%(=수익 10만/투자금 90만)가 된다. 만약 이 국채가격이 50만 원으로 더 하락하면, 투자 수익률은 100%(=수익 50/투자 50)로 상승한다. 이 예에서처럼, 국채가격이 하락하면 수익률은 상승하고, 그 반대도 성립한다. 금융시장에서 수익률이 곧 이자율이므로, 국채가격과 이자율(금리)은 반비례한다. 우리의 예에서 국채 투매는 국채의 공급 증가이므로, 국채가격이 하락하고 금리는 오른다는 의미이다.

가 많은 기업들을 파산 위기로 몰고, 실업을 양산할 수 있다. 결국, 과도한 국가부채는 시장의 징벌을 받게 된다는 것이다. 시장은 적정한 국가부채 수준을 감시하고, 규칙을 위반하는 정부에 대해서 가차 없이 처벌하는 '채권 자경단'에 비유된다.

이와 같은 무시무시한 우려에 대해, 결론부터 말하면, 국내 통화로 빚을 진 정부가 파산할 가능성은 전혀 없다. 불태환 통화제도에서 **자국 통화 표시 채권이 채무 불이행된 사례는 없다.** 흔히 인용되는 국채위기 사례 대부분은 다른 나라의 돈으로 빚을 진 경우들이었다. 국채의 채무 불이행 위험을 우려하는 주류 경제학 담론은 외화 표시 채권과 국내 통화 표시 채권을 구분하지 않으며, 주권국가의 자체적인 발권력을 무시한다. 근본적으로 이런 태도는 정부재정이 가계나 기업의 재정과 같은 방식으로 운영된다는 근거없는 전제에 기초한다. 그러나 기업이나 가계는 발권력이 없다. 이들의 모든 부채는 자체 소득으로만 상환할 수 있다. 소득으로 감당할 수 없는 수준의 빚을 지게 되면 기업은 파산하고 가계는 신용불량자가 될 것이다. 국채 채무 불이행을 걱정하는 담론을 유포하는 사람들은 정부재정도 이와 같은 방식으로 사고한다.

앞 장에서 설명한 것처럼, 정부의 재정은 가계나 기업의 재무와는 전혀 다르다. 우선 주권통화를 보유하면 정부는 스스로 화폐를 발행하여 사용할 수 있지만, 가계 혹은 기업은 통화를 발행할 수 없다. 가계나 기업과 같은 민간은 자신의 지출을 소득을 통해 충당해야 하지만, 정부는 발권을 통해 지출할 수 있다. 신고전파 주류 경제학자들은 이렇게 결정적으로 중요한 차이를 무시한다. 이들은 정부 또한 지출을 위해서는 소득(세금 혹은 부채)으로 재원이 조달되어야 하는 것으로 전제한다. 건전재정 집착은 원래 주권국가의 정부가 갖고 있는 발권 능력을 인정하면서도, 사용을 자제해야 한다는 자기 규율에 가깝다. 발권을 억제해야 하는 이유로 흔히 거론되는 인플레이션 등 부정적 경제효과를 옹호하는 주장들에 대해서는 다음 절에서 논의한다.

하지만 이는 현실과 매우 동떨어진 인식이다. 재정 과정의 실제를 설명한 3장이 내린 중요 결론 중 하나는 '정부는 이미 지출할 때마다 발권력을 사용하고 있다'라는 사실이었다. 이를 상기해보자. 정부는 중앙은행에 개설한 자신의 계좌를 통해 수입과 지출을 관리한다. 정부가 지출하는 재정 지출금이 이 계좌에서 나가고, 세금 징수나 국채 발행을 통해 들어오는 재정수입도 이 계좌에 쌓인다. 그런데 여기서 사용하는 화폐는 지급준비금이다. 이 책의 2장에서 설명한 것처럼, 이는 민간과 정부 사이의 거래이기 때문이다.

지급준비금은 중앙은행이 발행하는 화폐이고, 금이나 외환 혹은 어떤 실물로의 태환도 보장하지 않는다. 이런 의미에서 정부도 중앙은행이 발행하는 신용화폐를 사용하고 있다고 할 수 있다. 민간은행이 대출을 통해 창조하는 예금화폐(2장 참조)는 대출이 상환되면 폐기된다(시중의 통화량이 감소한다). 이와 동일하게 중앙은행이 발행하는 지급준비금도 세금이나 국채발행을 통해 회수되면 민간경제에서 사라지고(지급준비금의 양이 감소하고), 이런 의미에서 '폐기'되었다 부를 수 있다. 이와 반대로 정부가 지출하면 시중에 지급준비금이 다시 나타난다. 시중에 존재하지 않던 돈이 정부지출로 새로 등장한 것이다. 시중에 유통되던 지급준비금이 세금이나 국채발행으로 폐기되고 정부지출로 다시 공급된다는 의미에서, 정부지출은 지급준비금을 창조하여 지출한다고 말할 수 있다. 지급준비금의 창조를 '중앙은행의 화폐 발행', 즉 '발권'이라 한다. 요컨대, 정부는 현재도 이미 새로운 지급준비금을 창조하여 지출한다.

지금도 이미 정부의 지출이 발권을 통해 이루어진다는 사실은 국채의 채무 불이행 가능성이 전혀 없음을 의미한다. 극단적으로, 국채 투자자가 만기가 도래한 국채에 대해 지급을 요구하면 정부는 새로운 화폐를 창조하여 지급하면 그만이다. 다만 그것은 주권국가가 발행할 수 있는 화폐로 진 빚이어야 한다. 예를 들면, 우리나라 정부가 달러로 표시된 국채를 발행했다면(즉, 달러를 빌렸다면), 정부의 상환능력은 크게 제한받는다. 우리나라 정부는 달러를 발행할 수 없기 때문이다. 반면에, 원화로 표시된 채권을 발행했다면(즉, 우리나라 돈이고 한국은행이 발행할 수 있는 원화로 빌렸다면), 정부의 부채 상환에 제약이 없다. 국채 청산 요구가 들어오면 전산망에 숫자를 입력하기만 하면 그만이다.

현실에서는 국채 만기가 돌아와도 상환하는 경우는 거의 없다. 새로운 국채를 발행하여 바꿔주는 '차환'이 주를 이룬다. 이는 전 세계적으로 국가부채 '절대액'이 감소한 경우가 거의 없다는 사실로 입증된다. 국채는 채무 불이행 가능성이 없는 '무위험' 자산으로 간주되어 민간에게 매우 중요한 저축 수단이다. 이자를 지급하면서 떼일 염려가 전혀 없고, 금융시장에서 담보 등 활용범위 또한 매우 넓은 국채(2장의 'RP 레버리지 투자' 사례 참고)를 저축 수단으로 마다할 이유가 없다. 이런 이유에서인지, 균형재정을 고수하는 재정 보수주의자들도 국채의 채무 불이행 가능성을 직접 언급하는 대신 금리 상승 등 온건한 위험을 언급하곤 한다.

하지만 국가의 부채가 외국통화로 표시되어 있어서 외환으로 지불하여 청산해야 하는 경우, 외환보유고가 부족하게 되면 외채에 대한 지불 불능 사태에 빠질 수 있다. 이유는 매우 간단하다. 정부와 중앙은행이 해당 외화를 발행할 수 없기 때문이다. 1980년대부터 현재까지 국채위기를 반복적으로 경험하고 있는 라틴 아메리카 국가들, 1997-98 아시아 외환위기, 남유럽 국가들의 국가부채 위기, 그리고 최근 터키의 금융 불안까지 모두 외환으로 빌린 돈이 문제였다.

가장 최근의 '국가부채 위기' 사례로 일컬어지는 남유럽 국가들의 경우를 좀 더 자세히 살펴보자. '유로화'라는 단일 통화를 사용하는 유로존 국가들은 유로화 발행권이 없다. 유로존이 출범하면서 가입국들은 통화 발행권을 유로존 전체의 중앙은행인 유럽중앙은행(European Central Bank)에 넘겼다. 그 이후 유로존 국가들은 개별적으로 유로화를 발행할 수 없게 되었다. 따라서 남유럽 국가들에게 유로화는 '외화'일 뿐이다. PIGS의 국가부채 위기는 우리나라의 1997-98 외환위기와 같은 성격의 외환위기였던 것이다. 차이가 있다면, 우리나라의 외채는 민간의 부채였던 반면, 남유럽 국가들에서는 정부의 외채라는 점이 달랐다. 불태환 통화제도에서, 정부가 자국 통화로 발행한 채무를 변제하지 못해 파산한 경우는 존재하지 않는다.

　　국가부채가 과도하면 금융위기를 낳는다는 실증적 연구 대부분도 이러한 기본적인 구분마저 무시한다. 그저 국가부채 비율과 경제성장, 혹은 금융위기 변수들 사이의 통계적 관계만을 기계적으로 탐구하고 엉뚱한 결론을 내릴 뿐이다. 대표적인 예로 지난 800년 동안의 부채와 금융위기의 연관성을 연구했다며 자랑스러워 하는 케네스 로고프(Kenneth S. Rogoff)와 카르멘 라인하트(Carmen M. Reinhart) 교수의 저서 『이번엔 다르다』[2]가 대표적이다. 이 책은 **"국가든 개인이든 은행이든 간에 부채 누적**

2　Carmen M. Reinhart and Kenneth S. Rogoff(2019), *This Time is Different: Eight Centuries of Financial Folly*, NJ: Princeton University(최재영, 박영란 역, 『이번엔 다르다』, 서울: 다른세상, 2010). 책의 부제가 암시하듯, 이들의 연구는 지난 800년 동안의 사례를 데이터로 모아 분석했다고 자랑스러워한다. 하지만 당시의 통화제도와 현대의 그것은 전혀 다르다. 우선 지난 800년 동안의 역사 대부분의 시기는 중앙은행이 존재하지 않던 시기였고, 금속화폐, 상업어음, 부절 막대기 등 다양한 형태의 통화가 유통되던 시기였다. 또한, 대략 16세기부터 20세기 초반까지도 금은본위제 시대였다. 아울러, 정치적으로는 전제군주제였다. 이러한 차이들을 무시한 분석 결과는 신뢰하기 어렵다. 이러한 제도적 차이를 무시하는 태도는 신고전파 경제학의 고질병이지만, 그것이 얼마나 그릇된 결론으로 유도하는지는 정작 당사자들만 모른다.

을 통한 과도한 외부 자금의 유입은 곧 금융위기로 연결될 가능성이 크다"(강조는 인용자)고 단언한다. "개인과 은행", 그리고 기업의 재무와 정부의 재정은 완전히 다르다는 충고에 대해 그는 어느 한 대중매체 기고글에서 '넌센스'라며 반발하기도 했다.[3]

이 저자들과 신고전파 경제학자 대부분의 주장처럼, 만약 개인이든 은행이든 기업이든 '정부든' 부채가 증가하면 금융시장이 불안정해진다면, 중앙은행의 화폐 발행이 금융시장과 경제를 안정시킬 수 없어야 한다. 아니 오히려 그것은 금융 불안을 악화시켜야 한다. 중앙은행의 화폐 발행도 중앙은행의 부채로 기록되기 때문이다. 하지만 현실에서는 정부의 재정적자와 화폐 발행으로 금융위기와 경제위기를 진정시킨 사례가 다수 축적되어 있다. 대규모 양적완화 정책이 대표적인 경우이다. 중앙은행의 본원통화 발행으로 금융시장을 안정시킨 사례로는 최근의 코로나19 경제위기와 2008년 세계 금융위기에서 미국, 영국, EU 등의 중앙은행들의 대규모 자산매입 프로그램을 실행한 일, 그리고 2000년대 초반부터 현재까지의 일본 등이 있다. 일본에서는 대규모 경기부양 재정정책을 위해 국채를 발행하면, 국채의 큰 부분을 중앙은행이 매입했다. 이는 재정정책과 통화정책을 결합한 사례로, 사실상 중앙은행이 정부에 재원을 공급한 것과 같다. 최근 코로나19로 금융 및 경제 위기에 직면한 선진 자본주의 국가들에서도 이와 유사한 재정통화정책 패턴이 관찰되고 있다.

재정 보수주의자들의 주장과는 반대로 민간 부채를 정부 부채로 전환하여 금융위기를 진정시킬 수 있었다. 양적완화 정책의 목표가 정확히 이것이다. 중앙은행이 민간의 자산(즉, 민간 부채)을 매입하기 위해 발행한

---

3   Kenneth S. Rogoff(2019), "Modern Money Nonsense", Project Syndicate, March 4, 2019.

화폐(본원통화)는 명백히 중앙은행의 대차대조표에 '부채'로 기록된다. 반면, 중앙은행의 자산에는 국채와 회사채 등 민간이 발행한 부채가 증가한다. 결국, 이는 민간부문이 발행한 차용증서를 중앙은행 부채로 전환한 것에 불과하다. 이를 통해 부채 총량이 변한 것은 아니지만, 금융시장이 안정되었다. 금융위기 국면에서 민간이 발행한 차용증서들은 신뢰받지 못하지만, 정부 발행 화폐는 신뢰하기 때문이다. 또한, 정부 화폐가 시장의 신뢰를 받은 이유는 정부가 발권력을 갖기 때문이다. **정부의 부채는 '개인, 은행, 기업'의 부채와는 성격이 완전히 다르다는 말이다.**

결론적으로, "누가 부채를 보유하느냐"에 따라 금융위기의 양상은 달라진다. 은행이나 기업, 개인의 부채와는 달리 정부부문의 부채 증가는 금융시장을 오히려 안정시킨다. 이런 예상 시나리오는 금융 종사자라면 누구나 알고 있다. 그런데 있지도 않을 국가부채 위기를 예상하고 이윤을 포기하면서까지 국채를 투매할 이유가 있을까? 금융 투자자들은 도그마적 건전재정 담론을 사수하려는 이데올로그가 아니다. 이들은 철저히 이윤 동기를 따르는 장사꾼일 뿐이다. 외국 (투기) 자본도 마찬가지이다. 어느 정부가 적자재정을 운용한다고 해서, 이를 바로잡기 위해 자신의 이익을 포기하면서까지 '자경단'으로 나서는 일은 없다.

인플레이션

재정 보수주의자들은 정부부채 증가가 물가상승(인플레이션)을 낳을 수 있다고 주장하기도 한다. 정부부채 증가가 물가상승률을 증가시키는 이론적 근거는 두 가지이다. 첫 번째는 수요가 물가를 견인하는 경우이다. 국회예산정책처의 설명에 따르면, 재정적자 확대와 정부지출 증가는 '총수요'를 증가시킨다. 총수요가 증가하면 물가가 오를 수 있다. 하지만 총수요 증가가 오로지 물가상승으로 나타나려면 경제가 완전고용 상태에 있어야 한다. 완전고용상태란 일할 의지와 능력이 있는 모든 경제활동인구가 고용되어 실업이 존재하지 않고, 모든 물리적 생산능력이 가동되고 있는 상태를 말한다. 다른 말로, 여유 생산능력이 존재하지 않아 추가적인 수요를 충족시킬 수 없는 상태를 말한다. 여유 생산능력이 존재하지 않는 것으로 가정하면 정부지출 증가로 총수요가 증가하더라도 총공급은 그대로일 것이기 때문에 물가만 상승할 것이다.

그렇다면 우리나라 경제가 완전고용상태에 도달해 있다고 할 수 있을까? 결론부터 말하면, 우리나라 경제를 포함하여 자본주의 경제 일반에서 완전고용은 매우 예외적이다. 현재에도 우리나라 경제에는 대규모 실업이 존재하고, 생산시설도 완전히 가동되지 않고 있다. 노동시장부터 살펴보자. 완전고용이라면 실업이 존재하지 않아야 한다. 하지만 현실에서는 실업이 광범위하고 다양하게 존재한다. 〈그림 3〉이 이를 잘 보여준다. 우리나라 실업 통계에서 실업자란 "조사 대상 주간에 수입이 있는 일

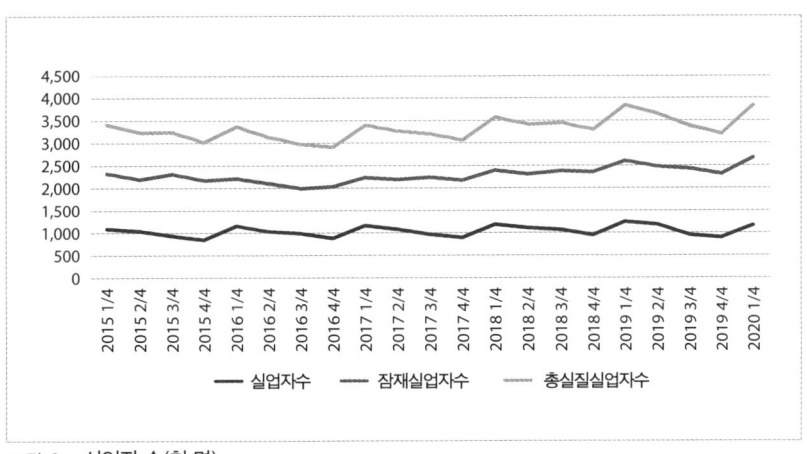

그림 3　실업자 수(천 명)

출처 : 통계청 KOSIS

을 하지 않았고, 지난 4주간 일자리를 찾아 적극적으로 구직활동을 하였던 사람으로서 일자리가 주어지면 즉시 취업이 가능한 사람"을 말한다. 이는 실업자에 대한 통계청의 정의이고, 공식 실업률은 이 정의를 충족하는 사람들의 비중을 의미한다. 이 조건을 만족하지 않으면 공식적으로 실업자조차 될 수 없다. 1주일 동안 단 1시간이라도 보수를 받고 일을 하면 실업자가 될 수 없다. 우리나라에서 이런 엄격한 의미의 실업자 수만 100만 명 이상으로 나타나고 있다. 하지만 '사실상' 실업자 수는 공식 실업자의 두 배 이상 많다. 취업자(실업이 아닌 사람)라 하더라도 취업 시간이 지나치게 적거나(36시간 이하), 일할 의도와 능력이 있지만 취업에 절망하여 구직을 단념한 사람, 취업을 준비하고 있는 사람 등이 코로나19 이전 230~240만 명이나 된다(이 통계수치에는 이유 구분 없이 '쉬었음'으로 답한 사람은 제외하였는데, 이렇게 답변한 사람도 200만 명 이상이다). 코로나19가 본격적으로 확산된 2020년 1분기에는 이 숫자가 267만 명 이상으로 급등하기도 했다('쉬었음' 237만 명). 이 양자를 합한 실질적인 총 실업자 수는 최근 384만 명으로 조사되었다. 이렇게 우리나라는 일자리만 있다면 즉시 취업 가능한 실질적 실업자가 광범위하게 존재한다. 이를 두고도 '우리나라 경제가 완전고용상태'라고 말할 수는 없다. 이는 정부지출 증가로 총수요가 증가하기만 하면, 이들이 즉시 고용되고 생산이 늘어날 수 있음을 의미한다. 총수요 증가에 대응하여 총공급도 함께 증가하므로, 정부지출 확대가 곧바로 물가상승으로 이어질 것이란 주장은 설득력이 없다.

〈그림 4〉는 제조업 평균 설비가동률로, 실물 생산능력에 얼마나 많은 여유가 있는지를 보여준다. 1장에서 설명한 것처럼, 한 경제의 유휴 설비량을 가늠할 수 있는 중요한 지표 중 하나는 설비가동률이다. 설비가동률이란 최고 생산능력 대비 실제 생산량의 비율을 나타낸다. 이 비율이 낮을수록 이미 설치된 생산시설 중 가동을 멈추고 있는 설비가 많음을 의

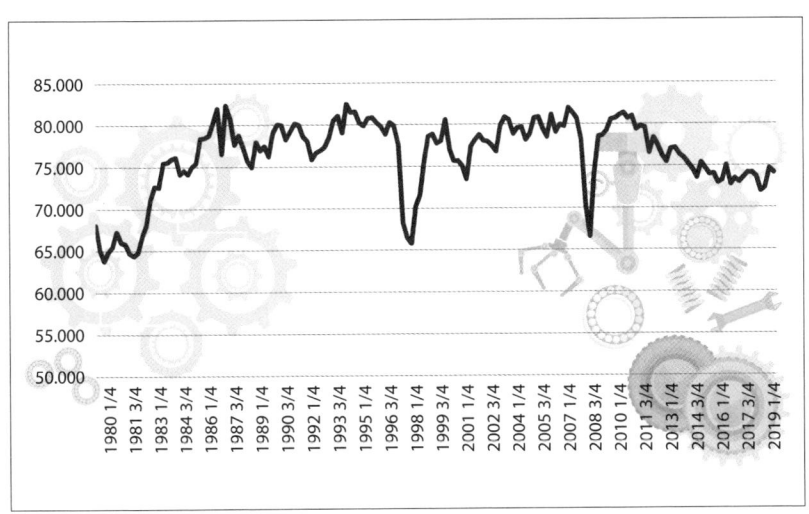

그림 4 우리나라 제조업 평균 가동률(%)

출처 : 통계청 KOSIS

미한다. 〈그림 4〉는 우리나라 제조업의 평균 가동률을 보여준다. 2020년 1분기 우리나라 제조업 평균 가동률은 73.4%로, 2009년 세계 금융위기 시기를 제외하면 외환위기 이후 가장 낮은 수준으로 떨어졌다(코로나19 여파로 2020년 5월에는 63.4%로 떨어졌다). 유지보수를 위해 가동을 중단해야 하는 부분을 고려하더라도 20% 이상의 생산설비가 가동을 중단하고 있음을 의미한다. 이 유휴 설비는 이미 설치가 완료되어 있으므로, 생산물에 대한 수요만 증가한다면 즉시 재가동이 가능하다.

대량의 유휴 설비와 광범위한 실업자의 존재는 총수요 부족을 의미한다. 비싼 돈 들여 설비를 갖추고도 가동을 멈춘 이유는 생산물의 판매가 불확실하기 때문이라 판단하는 것이 합리적이다. 정부가 재정적자를 통해 총수요를 늘린다면 기업은 가격을 인상하기보다는 생산량, 즉 공급을 확대할 것이다. 따라서 정부지출 확대가 물가상승률을 높일 가능성은 크지 않다. 더구나 불완전고용이 널리 퍼져 있는 상황에서 총수요 진작과 가동률 상승은 오히려 생산물 단위당 생산비용을 낮출 수도 있다. 총수요

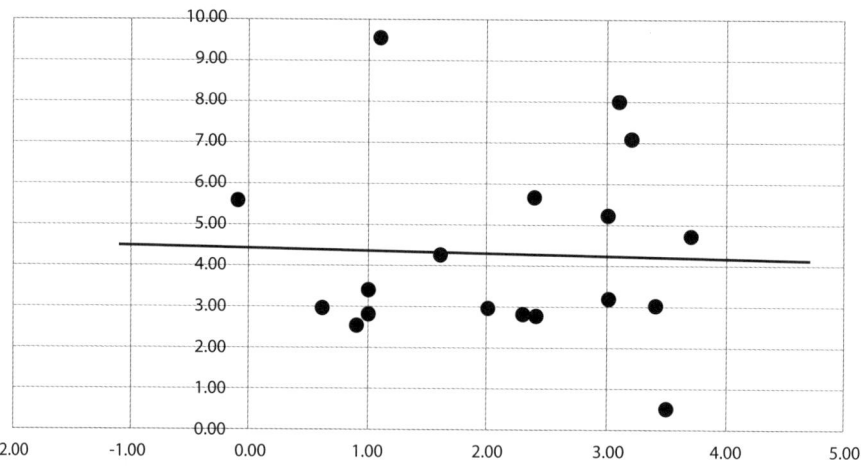

그림 5   물가상승률(가로)과 경제성장률(세로) 2000~2017

출처 : 한국은행 ECOS

증가는 물가하락 압력을 일으킬 가능성마저 존재하는 것이다.[4]

　　실제로 우리나라에서 경제성장과 물가상승률 사이에는 뚜렷한 관계가 존재하지 않았다. 이는 〈그림 5〉를 통해 확인할 수 있다. 이는 2000년부터 2017년 사이 매년 경제성장률과 물가상승률 사이의 상관관계를 보여준다. 만약 경제가 완전고용상태에 도달하여 총수요 증가에 탄력적으

---

4   생산량이 증가하면 제품 1개당 생산단가를 낮출 수 있다. 세 가지 효과 때문이다. 첫째, 유휴 설비가 가동되면 단위 감가상각비용이 작아진다. 예를 들어, 전체 생산시설에 투자된 비용이 100억 원인데, 이 중 50억 원만큼의 설비만 가동되어(설비가동률 50%) 100개의 생산물이 생산된다고 가정해 보자. 전체 설비의 일부만 가동된다 하더라도 감가는 전체 설비에서 발생하므로, 100억 원의 설비에 대한 감가상각비용을 물건 100개에 포함해야 한다. 하지만 전체 설비가 완전히 가동되어 200개의 제품을 생산한다면 전체 감가상각비용을 두 배나 많은 200개의 제품에 분산시킬 수 있다. 이렇게 되면 생산물 1개에 포함되는 감가상각비는 절반으로 줄어든다. 이런 식으로 생산단가가 낮아진다. 둘째, 규모의 경제가 작동한다. 이 말은 많이 만들수록 보다 효율적으로 생산이 가능해진다는 말이다. 설비가동률이 상승하고 생산량이 증가할수록 규모의 경제가 작동하여 제품 1개 당 생산단가가 낮아지는 것이다. 셋째, 가동률 상승과 생산량 증가는 생산성을 높인다(5장 후반부 참조).

로 대응할 수 없다면 경제성장이 높을수록 물가도 상승해야 한다. 즉, 경제성장률과 물가상승률이 양의 상관관계를 보여야 한다. 하지만 〈그림 5〉에서 이와 같은 패턴을 발견할 수 없다. 어떤 해에는 경제성장이 정체되었음에도 물가상승률이 높았던 반면, 어떤 해에는 매우 높은 경제성장률에도 물가는 크게 오르지 않기도 했다. 생산의 증가와 물가상승 사이에 상당한 정도의 양의 상관관계는 발견되지 않는다. 이는 즉시 투입 가능한 여유 생산 여력이 존재했기 때문이다. 물가상승은 총수요의 변화보다는 수입물가 등 다른 요인으로 설명되어야 한다. 따라서 **잠재생산능력(즉, 100% 가동률)을 초과하지 않는 범위에서 재정적자와 정부지출 확대, 그에 따른 총수요 증가가 물가를 크게 상승시키지는 않을 것이라 기대할 수 있다.**

재정적자가 물가상승을 일으킨다는 주장이 흔히 언급하는 또 다른 메커니즘은 소위 '재정적자의 화폐화'(monetization of debt) 주장이다. '재정적자(국채발행) 증가 → 중앙은행의 국채매수 → 통화량 증가 → 물가상승' 등의 연쇄반응이 그것이다. 결론부터 말하면, 이 가설 또한 비현실적 시나리오라 할 수 있다. 하나씩 살펴보자. 현대 화폐금융 제도에서 중앙은행은 정부로부터 국채를 직접 매입할 수 없으므로, 재정적자의 화폐화는 불가능하다. 실제로 이것을 실행하는 나라는 거의 없다(일본의 경우를 예외로 보는 시각이 있긴 하다[5]). 즉, 제도적으로 국채발행이 통화량을 증

---

5 일본도 직접적으로 재정을 화폐화하진 않는다. 2000년대 들어서면서부터 일본은행이 지급준비금을 발행하여 국채를 대량 매입해온 것은 사실이지만, 정부로부터 직접 사들인 것이 아니라 시장에 유통되는 국채를 매입한 것이었다. 정부가 재정지출을 확대하기 위해 국채를 발행하면, 해당 국채는 시중의 상업은행과 금융기관들에 매도된다. 일본은행은 시중의 금융기관들이 보유한 국채를 매입한 것이다. 즉, 일본은행은 국채를 '간접적으로' 매입한 것이다. 이렇게 되면 시중에 지급준비금이 증가하여 추가 국채발행을 용이하게 할 수 있다는 의미에

가시키는 '재정적자의 화폐화'가 불가능하다. 3장에서 논의한 것처럼, 정부지출의 증가가 시중의 지급준비금을 증가시키는 것은 사실이다. 그것이 과도하여 목표금리를 하락시키면 중앙은행이 국채를 시중에 매도하여 흡수할 수는 있다. 이것은 시중에 증가한 지급준비금을 국채로 바꿔주는 일에 불과하다. 따라서 정부의 적자 지출은 지급준비금을 추가로 증가시키지는 않는다.

또한, 2장과 3장에서 제안한 것처럼, 재정적자의 화폐화는 오히려 바람직한 정책 방안이 될 수도 있다. 국채를 중앙은행이 직접 매입하고 정부가 그 돈을 지출하면, 정부는 민간이 아니라 중앙은행에 부채를 지게 된다. 이 과정에서 민간은 정부지출의 혜택을 보게 된다. 그러나 이것이 물가상승률을 높일 필연적인 이유는 없다. 간단히 재론하자면, 첫째, 재정적자의 화폐화가 시중에서 사용하는 통화량의 증가를 의미하지 않는다. 정부의 부채가 화폐로 전환된다고 할 때, 그 화폐란 민간경제에서 사용하는 예금화폐가 아니라 지급준비금이다. 정부와 중앙은행이 사용하는 화폐는 모두 중앙은행 화폐, 즉 지급준비금이고, 이는 가계와 기업 등 민간경제 주체들이 사용하지 않기 때문이다.

통화량과 물가상승을 연결하는 주장에서 통화량이란 지급준비금이 아니라 은행이 공급하는 대출과 예금이다. 실물거래에 사용하는 통화는 지급준비금이 아니라 은행의 대출로 창조되는 예금이기 때문이다. 주류 경제학자들은 이를 구분하지 않고, '통화량'이 증가한다고 모호하고 말한다. 정부가 중앙은행에서 돈을 빌려 지출하는 경우 통화량이 증가한다고

서 간접적으로 '부채의 화폐화'라 부를지도 모른다. 그러나, 3장에서 설명한 것처럼, 이 또한 재정정책이 통화정책과 불가분하게 상호 의존하고 있는 현상일 뿐 '국채의 화폐화'라 할 수는 없다. 시중에 지급준비금이 부족하더라도 국채 발행이 불가능한 것은 전혀 아니기 때문이다.

주장하려면, 은행 대출도 지급준비금 증가에 비례하여 증가한다고 가정해야 한다. 하지만 이 가정은 실제와 다르다. 지급준비금 증가가 은행 대출 증가로 이어진다는 관념은 은행들이 지급준비금 제약에 직면해 있다는 가정과 같다(2장 참조). 실제로는, 민간은행은 지급준비금 제약 없이 항상 원하는 만큼 대출할 수 있다. 오히려 은행 대출의 진정한 제약은 '신용도 높은 대출 수요'라 해야 할 것이다. 따라서 재정적자의 화폐화로 지급준비금이 증가한다 하더라도 민간의 통화량도 함께 증가해야 할 필연적인 이유는 없다.

　다음으로 살펴볼 쟁점으로, 정부지출이 증가하여 통화량이 증가한다면 실물 생산 또한 비례적으로 확대될 것이므로 물가상승 압력은 크지 않다. 정부지출이 증가하여 시중의 통화량이 증가한다면, 그것은 정부지출 확대에 따른 지급준비금 증가의 효과가 아니라, 정부 수요 증가에 따른 실물 생산량 증가의 결과일 것이다. 정부가 지출을 늘림으로써 총수요가 증가하고, 따라서 생산 확장을 위한 자금 수요가 증가할 수 있다. 이 자금은 지급준비금이 아니라 은행이 대출을 통해 공급하는 돈이다. 이렇게 생산의 증가가 유도하는 통화량(은행 대출) 증가가 물가상승 압력을 크게 높일 것이라 기대하긴 어렵다. 통화량 증가가 물가상승을 유발한다는 주장은 생산량보다 훨씬 많은 돈이 유통되는 상황을 가정할 때 성립하지만, 그런 경우는 상상하기 어렵기 때문이다. 실물 생산과 무관하게 민간의 통화량만 증가하지 않으니, 물가상승률이 높아진다는 결론도 사실이 아니다.

　2008년 양적완화 정책이 부동산, 주식 등 자산 가격 거품을 유발하였다는 주장 또한 재고의 여지가 있다. 양적완화 정책으로 민간경제 주체들 사이의 부채(차용증서)가 지급준비금으로 전환된 것은 사실이다. 그렇다면 지급준비금 증가가 자산시장 투자에 더 많은 자금을 공급한 것일까? 거꾸로 말하면, 자산 가격 상승이 상대적으로 부진했다면, 그것은 지급준비금 제약 때문이었을까? 그렇다 할 수 없다. 2장에서 설명한 것처럼, 실물이든 자산이든 거래대금은 민간은행이 창조한다. 실물부문에 투자할 것인지 자산에 투자할 것인지도 대개 민간은행들이 결정한다. 민간은행들이 시중 통화의 발행과 배분을 결정하기 때문이다. 그리고 민간은행들의 신용창조는 지급준비금 공급뿐만 아니라 다양한 은행규제에도 크게 제약되지 않는다. 따라서 은행들이 부동산 투자에 필요한 자금을 공급하지 않았다면, 그것은 지급준비금 제약 때문이라 볼 수 없다.

2008년 초과지급준비금 급등 이후 부동산과 주식 등 자산에 대한 투자가 증가했던 것은 실물부문의 침체 때문이었다. 실물경제가 침체에 빠져 이로부터 투자 수익을 기대할 수 없게 되자, 자산에 투자했던 것이다. 그 돈도 지급준비금이 아니라 민간은행이 창조한 대출이었다. 역사적으로도 자산 가격 거품은 정부부문(정부와 중앙은행)의 지급준비금 공급과는 무관하게 민간은행 주도의 신용화폐 과잉 발행과 투기의 결과였다. 따라서 양적 완화에 따른 지급준비금 증가가 자산시장 거품을 일으켰다는 주장은 큰 설득력이 없다.

요약하자면, 국채를 중앙은행이 매입하는 '재정적자의 화폐화'는 제도적으로 정상적인 상황에서는 일어날 수 없을 뿐만 아니라, 설사 그렇게 하더라도 그것이 물가상승률을 높일 가능성은 크지 않다. 이는 2008년 세계 금융위기 이후 미국과 유럽, 영국, 일본 등 선진국 중앙은행들의 양적 완화 정책을 통해서도 입증된 사실이다. 양적완화 정책으로 시중에는 초과지급준비금이 넘쳐나고 있지만, 10여 년이 지난 아직도 세계적으로 물가상승 징후는 보이지 않고 있다.

보론 화폐수량설 비판

통화량과 물가상승을 연결하는 통념이 널리 퍼져 있다. 이는 주류 경제학의 핵심 교리 중 하나인데, 대중 미디어를 통해 반복적으로 재생산되고 있다. 그래서인지, 경제학 교육을 받은 적이 없더라도 성인이 되면 '통화량이 증가하면 물가가 오를 것'이라 말한다.

이를 경제학에서는 '화폐수량설'(quantity theory of money)이라 부른다. 주류 경제학의 이 핵심 가설은 단순하여 쉽게 전달된다. 하지만 이런 결론이 도출되는 과정은 그렇게 단순하지 않다. 이와 같은 결론이 도출되는 과정을 이해하면 그 진위를 판단하는 데 크게 도움이 될 것이다.

화폐수량설은 다음과 같은 '교환방정식'으로부터 출발한다.

$$M\overline{V} \equiv P\overline{Y}$$

여기서 M은 실물거래에 활용되는 통화량, V는 화폐유통속도(한 장의 지폐가 사용되는 횟수), P는 평균 물가수준, Y는 실물로 측정되는 생산량(예컨대, 양말 10켤레)을 나타낸다. 이해를 돕기 위해 다음과 같은 가상의 상황을 고려해 보자. 양말이 10켤레(Y) 생산되어 거래되고, 양말 한 켤레당 1,000원(P)이라 하자. 그러면 우변의 총거래량은 10,000원(=10켤레×1,000원)이 된다. 이 경제에 1,000원짜리 지폐가 2장(통화량 M은 2,000원)만 공급되어 이 모든 거래를 성사시키려면 각 지폐는 5번(이를 화폐유통속도 V라 한다)씩 사용되어야 한다. 따라서 좌변도 10,000이 되어, 우변과 같아진다. 이때, 중앙은행이 1,000원짜리 지폐 4장을 공급하여 통화공급을 두 배로 늘리면 어떻게 될까? 우선 화폐유통속도가 고정되어 있다고 가정하므로 좌변은 20,000원이 될 것이다. 생산량 또한 양말 10켤레로 고정되어 있으니, 우변도 20,000원이 되려면 가격이 2,000원으로 상승해야 한다. 이렇게 같은 생산물에 대해 더 많은 화폐가 대응하면 물가가 오른다는 결론을 화폐수량설이라 부른다.

사실 이 식은 방정식이 아니라 항상 성립하는 항등식이고, 변수 간 그 어떤 인과관계도 내포하지 않는다. 즉, 이 식은 아무것도 '설명'하지 않는다. 위 단순 교환방정식이 좌변의 통화량 M과 우변의 물가수준 P 사이의 인과관계를 설명하는 '이론'이 되기 위해서는 몇 가지 결정적으로 중요한 '가정들'이 추가되어야 한다. 그 가정들이란, 첫째, 통화량은 실물거래에 사용되는 통화의 양으로, 중앙은행이 통제하는 것으로 가정한다(중앙은행에 의해 1,000원짜리 지폐 2장이 4장으로 증가). 둘째, 경제가 '완전고용상태'에 있으므로 단기적으로 생산량(Y) 또한 고정된 것으로 가정한다(양말 생산량 10켤레 불변). 셋째, 화폐유통속도는 금융시스템의 발전 정도 등 제도적 요인이나 사람들이 얼마나 많은 현금을 보유하고자 하는지 등의 경제적 습관에 의해 결정되므로, 단기적으로 잘 변하지 않는 상수로 가정한다(화폐유통속도는 5로 고정, 즉, 1,000원 짜리 지폐는 각각 5회씩 거래에 사용됨). 넷째, 물가수준은 시장의 수요과 공급으로 결정된다.

위 식에서 화폐유통속도 V와 생산량 Y에 윗줄을 그어 놓은 것은 이 변수들이 고정되어 있음을 의미한다. 그렇다면 어떤 변화가 일어났을 때 항등식을 유지하도록 조정될 수 있는 변수는 통화량 M과 물가수준 P뿐이다. 그렇다면 양자 가운데 어떤 변수가 원인이고 어떤 변수가 결과일까? 물가수준은 시장 경쟁으로 결정되고, 수요와 공급에 변화가 없는 한 변하지 않는다고 가정한다. 반면 통화량은 중앙은행이 임의로 변화시킬 수 있다고 가정한다. 따라서 중앙은행이 통화량을 변화시키면, 우변의 물가수준이 변화해야 한다. 즉, 화폐수량설에서 통화량이 원인이고 물가수준이 결과이다. 통화량은 경제 외부에서 결정되고, 물가수준은 경제 내부

변수들의 상호작용으로 결정되는 내생변수라는 말이다.

통화량과 물가수준 사이의 인과관계를 설명하는 화폐수량설은 이와 같은 가정들에 결정적으로 의존하고 있음을 알 수 있다. 따라서 '통화량이 증가하면 물가도 비례하여 증가한다'라는 결론의 진위를 판단하려면, 이 결론이 의존하는 가정들의 현실성을 따져보아야 한다. 우선 가정과는 달리, 현실에서 시중 통화량은 중앙은행의 의지에 따라 임의로 변화시킬 수 없다. 이 책의 2장에서 설명한 것처럼, 통화량이란 실물거래에 사용되는 화폐로, 민간은행이 신용창조를 통해 공급하는 돈이다. 민간은행의 이러한 신용창조 능력은 중앙은행의 지급준비금 공급 등에 제약되지 않는다. 따라서 통화량은 '신용도 높은 대출 수요'로 결정된다.

통화량이 중앙은행의 임의적 정책이 아니라 민간경제의 수요로 결정된다는 사실은 통화량 변화가 생산량 변화와 무관하지 않음을 의미한다. 생산량이 고정되어 있다는 화폐수량설의 완전고용 가정과 달리 현실에서는 불완전고용이 일반적임은 앞서 확인한 사실이다. 증가하는 통화량의 큰 부분은 생산적 투자를 위한 자금 수요에 해당한다.[6] 이러한 자금 수요가 받아들여져 대출이 일어난다면 생산이 증가하여 우변의 Y도 함께 증가한다. 위의 예를 통해 설명하면 통화량이 4,000원으로 증가한 것은 중앙은행이 강제로 지폐를 투입했기 때문이 아니다. 양말 생산자들이 생산을 늘리기 위해 은행대출을 요구했고, 은행이 이를 수용했기 때문이다. 따라서 통화량이 2,000원에서 4,000원으로 증가하는 동안 양말 생산량도 크게 증가해야 한다.

---

6 신용도 높은 대출 수요에는 생산적 투자가 아니라 자산투자 목적의 대출이 포함되어 있다. 자산투자 목적의 자금 수요와 그에 따른 통화량 증가는 생산량에는 직접 관련이 없다고 할 수 있다. 여기서는 이 부분을 고려하지 않지만, 이것이 통화량과 물가 사이의 관계에 대한 본문의 설명을 제한하는 것은 아니다. 일반 물가수준은 투자 대상이 되는 자산 가격 변동을 반영하지 않기 때문이다.

불완전고용 경제를 고려하면 생산량과 통화량의 동시 변화의 가능성은 더욱 커진다. 예를 들어, 가동률이 낮은 상황에서 정부지출 등 총수요가 증가하면 가동률이 상승하면서 생산이 증가한다. 이러한 생산활동 확대에는 운영자금이 필요한데, 이때 은행이 신용창조를 통해 자금을 공급한다. 그 결과 통화량이 증가하면서 생산량도 함께 증가했다. 이론적으로 생산량이 통화량과 비례적으로 변한다면, 통화량 증가가 물가수준을 상승시킬 이유가 없다.

이는 특히 정부가 적자재정을 운영하여 지출을 확대하는 확장적 재정정책의 효과에 중요한 함의를 제공한다. 실업과 유휴 설비가 대량으로 존재하는 불완전고용 상황에서 정부가 총수요를 증가시키면 즉시 생산량이 증가한다. 동시에 시중의 통화량도 증가한다. 이 경우 통화량 증가는 정부지출이 민간은행 예금으로 전환된 결과이다. 재정정책의 효과와 관련하여 중요한 점은 이 경우에도 통화량 변화는 생산량 변화를 유도한다는 사실이다. 이러한 사실은 화폐유통속도 또한 고정되어 있지 않음을 의미한다. 실제로 화폐유통속도는 경기가 호황일 때 상승하고, 경기침체 시기에 하락하는 경향을 보여준다. 실물경제가 침체하면 저축을 위한 금융상품에 투자하기 때문이다. 즉, 시중 통화량과 생산량은 독립적으로 변동하지 않고, 화폐유통속도 또한 생산의 변화에 따라 변화한다. 따라서 정부부채 증가와 재정지출 확대가 물가상승 압력을 높일 것이란 주장은 설득력이 없다.

일반적으로 말해, 실물거래에 사용되고 유통되는 통화량 M은 민간은행의 신용화폐인데, 민간은행이나 중앙은행이 이를 강제로 늘릴 수는 없다. 생산과 고용을 담당하는 민간경제는 생산을 통한 이윤 기회가 있을 때만 대출받으려 하기 때문이다. 너무나 당연한 말이지만, 은행으로부터 대출을 늘리는 이유는 이를 활용하여 생산하고 이윤을 얻기 위해서이다. 생산과 이윤 기회가 없다면 민간은행 대출도 증가하지 않는다. 따라서 통화량의 변화는 생산과 고용의 변화와 연결되어 있고, 통화량 M의 증가는 필연적으로 생산 Y의 증가를 동반한다. M과 Y가 비례적으로 변화하게 되면, 가격의 변화 없이도 위 항등식은 성립할 수 있다. 이와는 반대로, 주류 경제학이 유포한 화폐수량설은 중앙은행에 의한 통화량 통제와 완전고용 '가정'에 절대적으로 의존하고 있다. 하지만 이 가정들은 매우 비현실적이다.

그렇다고 이것이 재정적자와 총수요의 증가가 물가상승에 아무런 영향도 미치지 않는다는 말은 아니다. 과도한 재정적자와 정부지출이 물가를 상승시킨다면, 그것은 '실물적 제약'(constraint of real resources) 때문이다. 만일 정부가 재정적자를 통해 노동과 자연자원 등 당장 동원할 수 있는 자원량 이상으로 수요를 늘리면, 생산 증가보다는 물가만 상승할 것이다. 즉, 물가가 상승한다면 그것은 통화량이 증가해서가 아니라 경제가 가진 생산능력을 초과하는 수요가 발생했기 때문이다. 따라서 정부의 재정 여력이 충분하다 하더라도 그것은 가용 실물자원의 정도, 다른 말로 하면 경제의 생산능력 범위 내에서 사용되어야 한다.

실업보다 무서운 물가상승?

2009년 1월부터 2017년 3월 자진해서 사퇴하기까지 미국 연방준비제도 이사회(연준) 이사로 활동한 대니얼 타룰로(Daniel Tarullo) 조지타운대학교(Georgetown University) 교수는 자전적 논문을 통해 "통화정책에 활용할 만한 인플레이션 이론이 없다"라고 고백한 바 있다.[7] 그런데도 여전히 세계 대부분의 중앙은행은 통화정책의 가장 중요한 목표를 2~3% 내에서 물가상승률을 관리하는 일로 정하고 있다. 한국은행도 마찬가지의 목표를 갖고 있다. 세계의 중앙은행들은 물가가 왜 오르는지도 모르면서(!) 물가상승 억제를 통화정책의 가장 중요한 목표로 정하고 있다는 말이다.

더 근본적인 질문으로, 왜 물가상승은 어떻게든 막아야 하는 가장 두려운 해악일까? 주류 경제학자들은 물가가 크게 상승하면 경제성장에 해롭다고 주장한다. 이를 전파하는 대중 매체들은 '물가가 오르면 좋겠습니까' 등 매우 단순한 논리로 대중을 위협한다. 하지만 최근 디플레이션(지속적인 물가하락 현상) 우려가 널리 퍼져 있는 것처럼, 물가상승이 경제성장에 무조건 해로운 것은 아니다. 역사적으로 관찰되는 극히 일부의 초인플레이션을 제외하면, 적당한 정도의 물가상승은 오히려 경제성장에 긍정적이라는 연구 결과도 얼마든지 존재한다.[8] 예를 들면, Pollin &

---

7 Daniel K. Tarullo(2017), "Monetary Policy without a Working Theory of Inflation," Hutchins Center on Fiscal & Monetary Policy at Bookings, Working Paper #33.

8 Robert Pollin and Andong Zhu(2014), "Inflation and Economic Growth: a Cross-country Nonlinear Analysis," *Journal of Post Keynesian Economics*, 28(4): 593-614. 이 논문은 경제성장률과 물가상승률 사이의 관계를 추정한 세계 각국의 보고서 다수를 인용하고 있어, 연구에 좋은 가이드가 된다. 아울러, 이 논문을 인용하는 후속 연구들도 참조할 만 하다. 예컨대, Mevlut Tatliyer(2017), "Inflation targeting and the need for a new central banking framework," *Journal of Post Keynesian Economics* 40(4):

Zhu(2014)은 1961년부터 2000년까지 80개 국가를 대상으로 물가상승률과 경제성장률 사이의 관계를 분석했다. 그 결과, '온건한 수준'의 물가상승률은 오히려 실물경제의 성장에 도움이 될 수 있다고 결론 내린다. 이를 기술적으로 설명하면, 물가상승률과 경제성장률 사이에는 선형관계가 아니라 비선형 관계가 발견된다. 즉, 적당한 물가상승률은 경제성장과 양의 관계를 갖지만, 약 15~18%의 임계점 이상의 물가상승률은 경제성장에 부정적 영향을 미친다(여기에 인용된 수많은 선행 연구들도 유사한 결론을 내리지만, 국가와 시기에 따라 다른 임계점을 제시한다. 이 연구들 대부분이 양심적 주류 경제학자들이 수행한 것들이다).

그런데도 한국은행을 포함하여 전 세계의 중앙은행들은 연간 물가상승률 2~3%를 반드시 지켜야 하는 절대적 목표로 정하고, 목표치 이상으로 물가가 상승할 '조짐이 보이면' 곧바로 긴축적 통화정책으로 전환한다(미국 Fed의 정책결정자들이 물가상승 이유를 설명하는 이론을 갖고 있지 않다는 Tarullo(2017)의 고백 참조). 하지만 왜 2%이어야 하는지에 대한 근거는 찾아보기 어렵다.

과도한 물가상승 조짐 여부를 판단하기 위해 사용되는 도구가 소위 필립스 곡선이다.[9] 〈그림 6〉이 잘 보여주듯, 필립스 곡선이란 물가상승률

512-539; Ahmed Taneem Muzaffar, P.N. (Raja) Junankar(2014), "Inflation-growth relationship in selected Asian developing countries: evidence from panel data." *Journal of the Asia Pacific Economy* 19(4): 604-628; Gerald Epstein, Erinc Yeldan(2008), "Inflation targeting, employment creation and economic development: assessing the impacts and policy alternatives," *International Review of Applied Economics* 22(2): 131-144.

9   실제 통화정책 결정에서 'GDP 갭(gap)'이라는 개념을 더 많이 사용하지만, 양자는 근본적으로 같다. 이는 잠재생산능력 수준에서 실제 생산 수준을 뺀 값인데, 여기서 잠재생산능력 수준이란 물가상승 없이 경제가 최대로 생산할 수 있는 생산량을 의미한다. 〈그림 6〉에서 필립스 곡선이 수평축과 만나는 실업률 수준에서의 생산량을 의미하기도 한다.

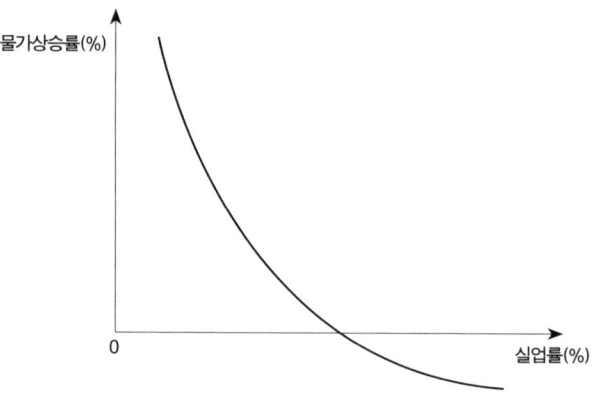

그림 6   필립스 곡선

과 실업률 사이에 음의 관계, 즉 일종의 상충관계를 도식적으로 보여주는
그래프이다. 이에 따르면, 실업률이 높아지면 물가상승률이 낮아지고, 반
대로 실업률이 하락하면 물가상승률은 높아진다. 왜 이런 관계가 발생하
는지에 대한 설명은 매우 단순하다. 실업률은 현재 경제활동이 얼마나 활
발한지를 보여주는 지표로, 생산량과 안정적 관계를 유지한다(이를 '오쿤
의 법칙'(Okun's Law)이라 부른다). 따라서 실업률이 하락하면 고용은 반
대로 증가함을 의미하므로, 생산이 증가함을 의미한다. 실업률이 크게 하
락하여 실제 생산량이 경제가 가진 최대 공급 능력에 접근할수록 물가상
승 압력이 커진다고 말한다.

　〈그림 6〉과 같은 필립스 곡선의 기울기(가파른 정도)는 실업률과 물가
상승률 간 '상충관계의 정도'를 나타낸다. 기울기가 가파를수록 실업률
1%p 변할 때 물가상승률의 변화가 더 커짐을 의미한다. 반대로 기울기
가 평평할수록 실업률이 물가상승률에 미치는 영향이 크지 않음을 의미
한다.

　물가상승률이 실업률에 민감한 정도, 즉 필립스 곡선의 기울기는 고
정되지 않고 시기에 따라 변화해 왔다. 1950년대 말 최초로 필립스 곡선

이 제안된 이후, 그것이 과연 어느 시기 어느 경제에서나 '안정적'으로 존재하는지, 상충관계의 정도가 얼마나 되는지 등의 문제를 두고 많은 연구와 논쟁이 진행되었다. 최근의 IMF 경제학자들도 이에 대해 흥미로운 연구결과를 발표했다(그림 7). 이에 따르면, 1980년대 들어서면서부터 그 기울기가 지속해서 작아져 왔다. 이런 결론은 새삼스러운 것이 아니고, 관련 연구들의 공통된 결론이기도 하다. 국제결제은행(BIS)이 2017년 발표한 보고서는 더욱 극단적인 결론을 내놓기도 했다. 최근 G-7 경제에서는 양자 사이에 통계적으로 유의미한 상관관계가 사라졌다는 것이다(그

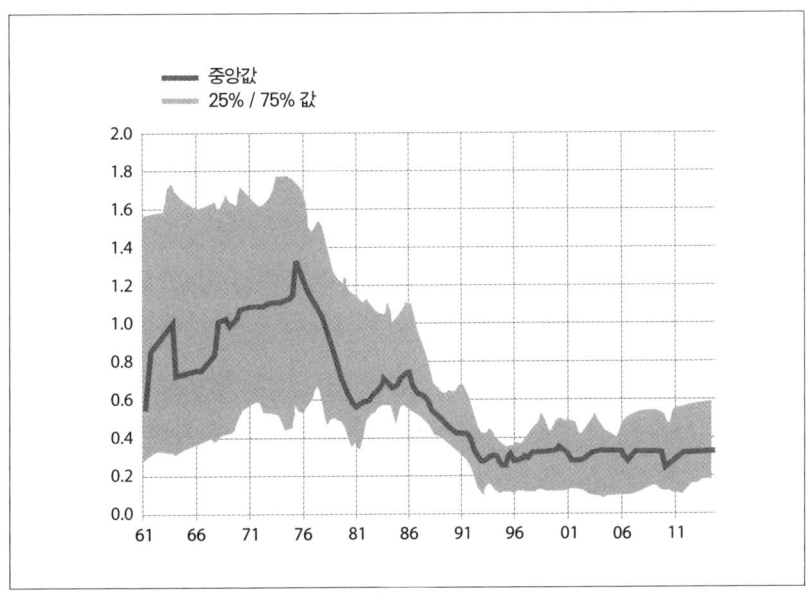

그림 7   필립스 곡선의 기울기: OECD 20개국

출처: Blanchard, Cerutti, and Summers(2015)[10], ECB

10   Olivier Blanchard, Eugenio Cerutti and Lawrence Summers(2015), "Inflation and activity-two explorations and their monetary policy implications," *Inflation and Unemployment in Europe Conference Proceedings*, May 21-23, 2015, European Central Bank, pp. 25-46

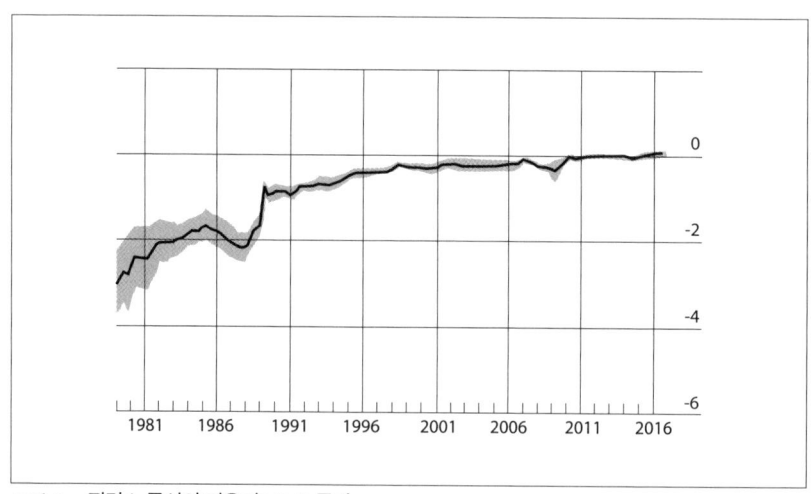

그림 8 필립스 곡선의 기울기: G-7 국가

출처: J. Bullard(2018), BIS(2017)[11], p.11

림 8).

　　이를 필립스 곡선의 '평탄화'(flattening)라 부른다. 특정 물가상승률 과 더 넓은 범위의 실업률이 상응할 수 있음을 의미한다. 다른 말로 하면, 고용이 증가하고 실업이 줄어든다 하더라도 물가상승률에 큰 영향을 미 치지 못한다는 뜻이다. 통화정책적 관점에서 말하자면, 물가상승률 1%p 낮추기 위해(그것도 겨우 2~3% 수준에서!) 감내해야 하는 실업률이 큰 폭으 로 증가했다는 의미이다. 〈그림 7〉에 나타난 연구의 추정대로 필립스 곡선 의 기울기가 약 0.3이라면 물가상승률 1%p를 낮추기 위해 실업률은 약 3.3%p 증가해야 한다. 다른 말로 하면, 물가상승률 1%p를 낮추기 위해 중앙은행은 실업률이 3.3%p 증가하더라도 긴축정책을 지속할 것이란 뜻 이다.

　　현재 중앙은행들이 목표로 하는 물가상승률은 2~3%이다. 이 수준

11　Bank of International Settlement(2017), 87th *Annual Report*, Basel, 25 June 2017

을 벗어나면 실업률이 높아지는 긴축적 통화정책을 시행한다는 의미이다. 예컨대, 이 기준에 따르면, 현재 물가상승률이 4%를 기록하고 있다면, 이를 1%p 하락시키는 일이 3%의 실업을 추가로 감수해야 할 만큼 중요한 일일까? 우리는 실업의 고통을 너무나 잘 알고 있다. 그런데 물가상승률 4%가 어떤 부정적 영향을 미치는지도 불확실한 상황에서, 실업을 버퍼로 활용하는 현재의 통화정책 매뉴얼이 합리적이라 할 수 있을까?

더 중요한 점은 이와 같은 정책 프레임에서는 물가상승이 왜 발생하는지조차 묻지 않는다. 환율 상승이나 해외 원자재 가격의 상승으로 국내물가가 상승하더라도 기준금리를 높이는 긴축적 통화정책을 실시해야 한다는 신고전파 경제학자들의 주장도 흔히 접할 수 있다. 우리나라 가계부채 수준이 역사적 최고치를 기록하고 있지만, 가계의 소득은 오랫동안 정체되어 왔다. 이런 상황에서 기준금리 인상은 소득 불평등을 크게 악화시키고 금융 불안을 초래할 수 있다. 그런데도 기준금리 결정에 이런 사정은 고려하지 않는다.

실제로 기준금리를 결정하는 금융통화위원회의 구성을 보면 대부분 기재부 관료와 자본과 금융업을 대변하는 인물들로 구성되어 있다. 이는 현대의 통화정책이 왜 그토록 가혹하게 긴축적인지를 부분적으로 설명한다. 의도와 무관하게, 물가상승률 상한을 정해 놓고 이를 초과할 경우 금리 인상으로 대응하는 정책 매뉴얼의 최대 수혜자는 금융자산가들이다. 이것은 음모론이 아니다. 현실에서 나타나는 결과가 그렇다는 말이다. 우선 물가상승은 금융자산의 가치를 훼손하므로, 이를 억제하는 것은 금융자산가들의 바람이기도 하다. 물가상승은 채권자에게 손해이고 채무자에겐 이익이다. 따라서 이를 억제하면 채권자들, 즉 금융자산가들에게 이익이다. 둘째, 물가상승을 명분으로 금리를 인상하면, 금융자산에 대한 이자수익이 증가한다. 이것도 금융자산가들의 이해와 일치하는 정책이다.

이와는 반대로 금리 인상은 실물경제에 부정적인 영향을 미칠 수 있다. 예컨대, 가계부채 수준이 높은 상황에서 금리 인상은 이자 부담을 가중한다. 소득이 변하지 않는 한, 이자 부담 증가는 소비지출을 위축시키고 수요부족 문제를 악화시킬 수 있다. 이는 결국 실물 생산을 위축시킬 것이다. 따라서 물가상승 목표제 통화정책은 생산과 고용에는 부정적일 수 있지만, 금융자본에 큰 이익을 가져다준다. 그렇다면 왜 실물경제를 희생하고 금융자산가만 이로운 정책을 고수해야 할까?

국가 신용도: 기축통화가 아니라서?

앞서 자국 통화로 발행한 국채가 채무 불이행될 위험은 없다고 설명했다. 이 사실은 오직 주류 경제학계와 이를 믿는 재정 보수주의자들 사이에서만 논쟁거리가 되는 듯하다. 시장에서 투자를 전업으로 하는 사람들 사이에서 이는 너무나 당연한 것으로 받아들여진다. 미국 정부가 코로나19 발(發) 경제위기에 대응하면서 3조 달러에 달하는 천문학적 국채를 발행하기로 하고 의회의 승인을 받았다. 이를 두고 일각에서 미국 국채의 채무 불이행 가능성 우려를 제기했다. 이 질문에 대해, 지난 60여 년 동안 금융시장에서 투자로만 세계 최고의 부자 순위에 등극한 워런 버핏은 다음과 같이 답했다 전해진다:

[2020년 5월] 5일 버핏은 버크셔해서웨이 주주총회 도중 '미국 디폴트(채무 불이행)' 가능성에 대한 질문을 받자 단호하게 '그럴 가능성은 없다'라고 답했다. 이렇게 돈을 마구 끌어다 써도 아르헨티나처럼 '국가 부도의 날'이 닥칠 위험은 없다는 뜻이다. 버핏은 "만약 미국이 자

국 화폐가 아니라 다른 나라 통화로 채권을 이렇게 대거 발행했다면, 해당 화폐 환율에 따라 문제를 일으킬 소지가 있을 수도 있다"라면서 "아르헨티나는 자국 화폐(폐소)가 아닌 미국 달러로 채권을 발행했기 때문에 문제가 생긴 것"이라고 덧붙였다. (조선 Biz, 2020.05.06.)

그런데도 "우리나라는 미국처럼 기축통화를 갖고 있지 않아, 미국처럼 대규모 재정적자를 감당할 수 없다"라는 회의적인 견해가 지배하고 있다. 정부부채가 위험하지 않으려면 기축통화를 보유해야 한다는 시각은 '외환위기' 가능성을 염두에 둔 우려이다. 이는 '국가 신용도'의 하락, 원화 가치 급락(같은 말로, 환율 급등)과 그에 따른 외국인 자본 이탈을 의미한다. 1997-98 외환위기 트라우마를 가진 우리나라 사람들에게는 두려운 시나리오가 아닐 수 없다. 실제로 우리나라에서 국채발행이 증가하면 외환위기의 가능성이 있을지 하나씩 따져보자.

가장 단순한 시나리오는 '국가 신용도' 하락에 따른 단순 외국인 자본 이탈의 경우일 것이다. 우선 지적할 점은 '국가 신용도'가 무엇을 의미하느냐의 문제이다. 누구도 이 용어의 의미를 정확히 정의하고 있지는 않지만, 국가부채 문제의 맥락에서 사용될 때는 국채발행이 크게 증가하면 국채의 채무 불이행 위험이 증가한다는 의미로 쓰인다. 앞서 지적한 대로, 이번에는 외국인 투자자가 '정부부채 자경단'의 임무를 수행한다는 뜻이다. 물론 진정으로 국채의 채무 불이행 가능성이 감지되면 우리나라 국채에 투자한 자본이 해외로 이탈할 수 있다. 또한, 그 여파로 국채 이외의 자산 가격도 폭락할 수 있어, 주식시장 등 기타 자산시장에 투자된 외국인 자본도 덩달아 이탈할 수 있다.

이러한 우려에 대해 지적할 수 있는 사실은 원화 표시 국채의 채무 불이행 가능성은 제로라 해도 무방하다는 점이다. 반복해서 말하지만, 원화 표시 국채의 만기가 도래하여 국채 보유자가 상환을 요구하면 현금으로 지급하면 그만이기 때문이다. 우리나라는 주권국가이고 정부(한국은행)는 원화를 발행할 수 있다. 따라서 우리나라 정부가 발행한 채권의 채무 불이행 가능성 때문에 외국인 자본이 이탈할 가능성은 없다. 실제에서도 우리나라 국채는 대부분 원화 표시로 발행되었고, 외채는 극히 소액에 불과하다. 전체 국채의 구성을 보면, 통화별로는 원화 표시 부채가 98.9%로 대부분을 차지하고, 외화표시 국채는 겨우 1.1%에 불과하다(기재부, 「2018 회계연도 일반정부 및 공공부문 부채 실적」, 2019.12.26. 발표). 즉, 우리나라 정부는 외환으로 갚아야 할 빚을 거의 지지 않고 있다. 인용한 기사에서 워런 버핏이 지적한 것처럼, 외화 부채는 채무 불이행 가능성이 있다. 주권국가라도 외화를 발행할 수는 없기 때문이다.

국채위기와 외환위기가 동시에 발행한 아르헨티나, 베네수엘라 등 남미 국가 대부분이 국채를 외화 표시로 발행하여 문제가 된 경우들이다. 그럼 남미 국가들은 왜 외채를 써야 했을까? 국민 생활과 국내 경제를 유지하기 위해, 국내에서 생산되지 않는 생활필수품과 중간재 등을 수입해야 했기 때문이었다. 일각의 주장처럼 시중에 국내 통화 표시 국채를 받아줄 국내 통화가 부족해서는 결코 아니다. 외화 표시 국채란 외채를 의미하고, 투자자가 상환을 요구할 경우 국채에 표시된 외화로 지급해야 한다. 그러나 국내 경제 전체적으로 외화가 부족하면 외환위기가 발생한다. 남미 국가들에서 재정위기가 외환위기와 동시에 나타난 것은 이 때문이다.

또한, 2008년 세계금융위기 이후 남유럽 국가를 중심으로 불거진 국채위기도 사실상 외채위기였다. 유로존 국가들은 유로화를 사용하고 유로화로 표시된 국채를 발행하지만, 스스로 유로화를 발행할 권한이 없다. 유로존 국가들은 회원국으로 가입하면서 통화 발행권을 유럽중앙은행(ECB, European Central Bank)에 이양했기 때문이다. 그래서 유로화는 이들에게 외환과 다를 바 없었고, 국채 투자자들의 상환요구를 충족시킬 수 없었다. 즉, 이들에게 국채위기는 사실상 외환위기였다. 이와는 반대로 우리나라 정부가 발행한 국채 중 99%가 원화로 상환하는 채권들이다. 앞으로도 외화 표시 채권 발행은 피해야 한다. 이렇게 원화로 발행한 국채도 내국인이 약 85%를 보유하고 있는 것으로 발표되었다(금융감독원, 「2020년 3월 외국인 증권투자 동향」, 2020.04.10.). 따라서 외국인 자본이 이탈하여 외환위기가 발생한다면, 그것은 막연한 국채의 채무 불이행 가능성 때문은 아닐 것이다.

그런데도 국채발행이 외국인 자본 이탈을 유발할 수 있다고 믿는다면, 대안이 없는 것도 아니다. 아예 시장에서 거래되지 않는 방식으로 적자재정을 조달하면 된다. 국채의 채무 불이행 가능성은 '시장 현상'이다. 즉, 국채라는 차용증서가 시장에서 투자 수단으로 거래되면서 발생하는 문제라는 말이다. 그렇다면 시장에서 매매되지 않는 국채를 발행하면 그만이다. 국채를 꼭 민간 시장, 특히 외국인에게 넘겨야 할 필연적인 이유가 없다. 2장에서 설명한 것처럼, '화폐적 재정 조달'(overt monetary financing)이나 국채를 중앙은행이 직접 매입하는 방법 등이 대표적인 대안일 수 있다(현재 이는 법으로 금지되어 있다. 하지만 법은 필요에 따라 언제든 수정할 수 있다). 중앙은행이 매입한 국채는 필요에 따라 중앙은행이 영원히 보관할 수도 있다. 국채를 시장에 매각하여 재정을 조달해야 한다는 말은 정부도 이자를 내고 민간으로부터 돈을 빌리라는 말과 같다. 스스로 화폐를 발행할 수 있는 정부가 왜 꼭 민간에게 돈을 빌려 써야 한단 말인가? 결국, 정부부채를 중앙은행을 활용하여 조달하면, 외국인 자본의 눈치를 볼 필요가 없게 된다. 이런 의미에서, 우리나라는 기축통화를 보유하지 않아 재정정책에 제약이 크다는 주장은 근거가 없다.

국채를 중앙은행에 직접 매도하더라도 통화정책을 위해 국채를 시장에 매도해야 할 필요성이 발생할 수는 있다. 3장에서 설명한 것처럼, 정부지출은 지급준비금으로 이루어지기 때문에, 정부지출이 증가하면 시장에 초과지급준비금이 발생할 것이다. 초과지급준비금은 금리를 기준금리 이하로 떨어뜨린다. 통상적으로 중앙은행이 기준금리를 방어하려면 국채를 매각하여 초과지급준비금을 흡수해야 한다. 이렇게 하면 중앙은행이 정부로부터 직접 국채를 매입한다고 하더라도, 결국 국채는 시장에 매도된다. 하지만 국채를 매각하지 않고도 기준금리를 방어하는 방법이 있다(2장 참조). 첫째, 현재 한국은행이 활용하는 방법으로 중앙은행이 직접 채권(통화안정화증권)을 발행해서 지급준비금 흡수에 사용할 수 있다. 이는 국채를 중앙은행 채권으로 전환하는 것과 같다. 하지만 돈을 찍어내는 중앙은행의 채권이 채무 불이행될 수 있다고 믿는 사람은 거의 없으므로, 국채의 채무 불이행 우려를 불식시킬 수 있는 방식이다. 둘째, 지급준비금에 이자를 지급해도 기준금리를 방어할 수 있다. 이는 2008년 이후 현재까지도 미국 등 양적완화 정책을 시행했던 국가들이 사용한 방법이기도 하다.

자국 통화의 국제적 지위(기축통화인가 아닌가)가 재정정책을 제한한다는 주장을 뒷받침하는 더 정교한 가설도 있다. 이에 따르면, 재정적자가 과도하면 통화량이 증가하고, 통화량 증가는 다시 물가상승을 유발한다. 물가상승은 연쇄적으로 자국 통화 가치를 하락(우리나라에서는 환율 상승)시키고, 이러한 환율 상승 전망은 외국인 자본의 이탈을 유발할 것이란 주장이다. 도식적으로 표현하면, '재정적자 증가 → 통화량 증가 → 물가상승 → 기대 환율 상승 → 외국인 자본 이탈'이라는 논리이다.

이 가설 역시 현란하긴 하지만, 매우 비현실적인 시나리오이다. 하나씩 살펴보자. 재정적자는 통화량을 증가시킬 것인가? 전혀 그렇지 않다. 앞서 설명한 것처럼 여기서 말하는 통화량이란 '시중의 통화량', 즉 민간은행들이 신용창조를 통해 공급하는 대출과 예금을 의미한다. 반면에 재정지출에 사용하는 통화는 지급준비금이다. 그렇다면 지급준비금 증가가 민간은행들의 신용창조를 자동으로 유발하는가? 그렇지 않다. 우선 재정적자가 증가한다 해도 시중에 유통되는 지급준비금이 반드시 증가하는 것은 아니다. 설사 '화폐적 재정 조달'이 이루어진다 해도, 기준금리 중심의 통화정책 프레임에서는 시중의 지급준비금은 증가하지 않을 것이다. 중앙은행이 기준금리를 방어하기 위해 초과지급준비금을 흡수하기 때문이다. 다시 한번 설명하면, 정부는 지급준비금으로 지출한다. 따라서 정부지출이 증가하면 일시적으로 시장에 지급준비금이 공급되는 것은 사실이다. 하지만 시장에 지급준비금이 과다하면 기준금리가 하락한다. 중앙은행은 이를 막기 위해 지급준비금을 다시 흡수해야 한다. 결국, 기준금리를 방어해야 하는 통화정책 프레임에서는 정부지출 증가가 초과지급준비금을 공급하지 못한다. 이는 재정적자가 통화량을 증가시킬 가능성을 원천적으로 부정함을 의미한다.

설사 지급준비금이 증가한다 하더라도 민간은행의 신용창조, 즉 이들이 말하는 통화량이 증가하는 것도 아니다. 앞서 여러 번 설명했듯, 민간은행들이 대출하는 돈은 지급준비금이 아니고 스스로 창조한 예금이다. 민간은행의 신용창조는 지급준비금에 제약되지도 않는다. 지급준비금이 부족하면 금융시장이 불안정해지고, 중앙은행이 이를 용인할 수 없기 때문이다. 따라서 중앙은행은 민간은행의 지급준비금 수요를 통제하는 것이 아니라 항상 수용한다. 결국, 시중의 통화량은 '신용도 높은 대출 수요'가 결정하고, 중앙은행도 이에 필요한 지급준비금을 공급한다. 이러한 사실 또한 재정적자가 통화량 증가를 유도한다는 주장이 잘못임을 의미한다. 이 두 가지 사실만으로도 위 가설의 연쇄 인과관계의 첫 번째 고리부터 붕괴된다.

다음으로, 통화량이 증가하면 물가상승이 일어나는가? 통화량과 물가상승의 관계에 대해서는 위에서 자세히 설명했다. 이에 따르면, '설사' 통화량이 증가한다 하더라도 물가가 상승할 필연적인 이유가 없다. 통화량 증가가 물가상승률을 높인다는 '화폐수량설'은 화폐유통속도가 고정되어 있다는 가정, 경제가 완전고용 수준에 도달해 있다는 가정, 통화량이 외생적으로 결정된다는 가정 등 매우 비현실적인 가정에 기초한다. 물론 정부지출이 증가하면 시중 통화량이 증가할 수 있다. 정부지출이 민간의 소득이 되어 은행예금을 증가시키기 때문이다. 하지만 이 경우에도 통화량이 증가하는 것이 아니다. 정부지출이 가계와 기업에 현금을 지급하는 경우가 아니라면, 재화와 서비스 생산량도 동시에 증가한다. 정부지출은 총수요를 증가시키고, 불완전 고용 상태의 경제는 생산량을 늘려 이를 충족시키기 때문이다. 이는 화폐수량설이 가정하는 가상의 사례와는 다르다. 이를 통해, 위 가설의 두 번째 인과관계의 고리마저 기각할 수 있다.

그렇다면 국내 물가상승이 반드시 국내 통화 가치를 하락(환율 상승)시킬까? 우선 지적할 수 있는 사실은 환율 결정 요인은 무수히 많다는 사실이다. 설사 국내 물가가 상승하더라도 그것은 상대적 효과만을 낳거나, 기타 상쇄 효과도 고려하여 제한적으로만 영향을 미칠 뿐이다. 구체적으로 말해, 환율은 외국 통화 대비 국내 통화의 교환비율이므로 국내 통화의 상대적 가치를 나타낸다. 따라서 환율은 국내 경제적 상황과 해외 경제적 상황을 비교하여 결정된다 할 수 있다. 예를 들면, 물가상승이 설사 환율에 영향을 미친다 하더라도, 해외의 물가변화와 비교할 때에만 의미가 있다. 국내 물가가 상승하는 동안 해외 물가는 고정되거나 덜 상승할 것이란 필연적 이유가 있는가? 없다.

또한, 환율은 근본적으로 국제 외환 시장에서 (대부분) 달러의 수요와 공급으로 결정된다. 그렇다면 달러의 수요와 공급을 결정하는 요인은 무엇인가? 이에 대한 정확한 답은 '무수히 많다', 혹은 '매번 상황에 따라 다르다' 등이 될 것이다. 예를 들어, 국내 물가상승률이 해외 물가상승률보다 높다 하더라도, 환율이 필연적으로 상승할 이유는 없다. 국내물가상승이 경기 호황 때문이라면, 국내 금리도 함께 상승했을 가능성이 크다. 국내 금리가 해외보다 상대적으로 높고 투자 수익률도 상대적으로 높아진 상황이라면, 외국인 투자가 국내에 유입(국내에 달러 공급 증가)되어 환율은 오히려 하락할 가능성이 클 것이다. 이런 추론을 연장하여, 만약 국내 경기 호황이 정부의 재정지출 확대 혹은 재정적자 때문이라면, 재정적자는 오히려 환율 하락 압력을 낳는다고 할 수도 있다. 요컨대, 재정적자와 물가상승, 그리고 환율 사이에 선험적으로 결정된 법칙이란 존재하지 않는다. 이는 위 가설의 세 번째 인과관계를 부정한다.

마지막으로, 실제로 환율이 상승(국내 통화 가치 하락)할 때, 외국인 자본은 이탈할까? 이 관계도 명확하지 않다. 우선 외국인 자본이 동시에 대규모로 이탈하면 환율이 상승하는 것은 사실이다. 최근 미국과 유럽에서 코로나19 경제위기가 발발하자 외국인 자본이 이탈하면서 환율이 상승했던 사례가 이에 해당한다(금융감독원은 2020년 3월과 4월 두 달 동안 총 11.9조 원가량의 외국인 자본이 빠져나간 것으로 집계했다). 하지만 이는 재정적자가 외국인 자본의 이탈로 이어진다는 주장과는 인과관계가 정반대이다. 즉, 환율 상승은 외국인 자본 이탈의 결과였지, 원인이 아니다. 환율 급변동은 대개 외국인 자본의 이동이 원인이었지, 그 반대인 경우는 찾아보기 어렵다.

환율 상승이 외국인 자본 이탈의 원인이 될 수도 있을까? 이에 대한 답도 국내 물가상승과 환율의 관계처럼 '상대적이다'라고 해야 할 것이다. 우리나라에 투자하는 대부분의 외국인 자본은 실물경제에 직접 투자하거나 실물투자에 자금을 공급하기 위한 목적이 아니다. 이들 대부분은 금융수단에 투자하여 자본수익을 올리고자 한다. 아울러, 글로벌 투자자들은 전 세계를 대상으로 투자 수익이 가장 높은 지역을 선택한다. 국내에 투자하는 외국인 투자자는 세계 다른 지역에 투자하는 것보다 우리나라에 투자할 때 더 높은 수익을 올릴 수 있다고 판단한 것이다. 이때 자신들이 예측하는 환율의 변화도 고려 대상일 것이지만, 분명 환율이라는 변수 하나만을 고려하진 않는다는 점은 분명하다. 앞서 지적한 것처럼 미래 환율을 정확히 예측하는 것은 불가능할 뿐만 아니라, 환율 전망이 외국인의 국내 투자 결정에 영향을 미친다 하더라도 투자 수익률을 결정하는 다양한 변수들과 비교하여 상대적으로만 그러하다. 이를 두고 환율이 외국인 자금 이탈에 '결정적으로' 영향을 미친다며 우려할 이유가 있을까?

종합하면, 재정적자 증가가 외국인 자본 이탈을 불러올 것이란 우려는 기우에 지나지 않는다. 현실적으로 거의 가능성이 없고 상상으로만 가능한 상황을 믿고, 정부가 경제에 직접 미칠 수 있는 긍정적 역할을 포기하는 일은 매우 비합리적 행동이다. 기축통화가 아니라 하더라도 경제에 대한 정부의 역할은 매우 크다. 더 근본적으로, 외국인 자본의 유출입이 그렇게 위협적이라면, 자유로운 자본이동을 제한할 일이지, 경제를 희생하면서까지 그들의 비위를 맞출 일은 아니다.

외국인 자본 이탈이 경기침체를 유발할 수 있을까?

우리나라 국채처럼 채무 불이행 위험이 없고 정해진 이자가 성실히 지급되는 투자자산을 외국인 투자자들이 포기할 이유가 없다.[12] 다만 대내외

---

12   코로나19 이전 IMF와 OECD는 우리나라 정부부채 비율이 비정상적으로 낮다며, 추가

환경의 변화로 가까운 미래에 세계 어디선가 더 나은 투자 기회가 발생한다면, 또는 외국인 투자자들의 본사에 문제가 발생하여 자금을 급히 회수해야 하는 상황(2008년 미국발 금융위기와 최근 코로나19 경제위기 국면에서 실제로 외국인 자본이 이탈했다)이 발생한다면, 이들은 국내 채권을 일시적으로 매도하려 할 수는 있다. 실제로 우리나라에 투자된 외국인 자본 총액은 외환보유고를 능가한다. 2020년 3월 말 현재 외국인 자본은 주식시장에 468.7조, 채권에 133.3조 등 총 602조 원이 투자한 것으로 집계되었다. 원·달러 환율 1달러=1,200원으로 가정하면 약 5,010억 달러 규모이다. 반면, 2020년 4월 말 현재 우리나라 외환보유고는 4,039.8억 달러로 전체 외국인 자본 대비 81% 수준이다. 그렇다면 외국인 자본의 80% 이상이 일시에 이탈할 가능성이 있을까? (물론 즉시 활용 가능한 외환보유고 규모는 이보다 훨씬 작을 수 있어, 외환보유고 전체가 바닥나기 전에 외환위기가 발생할 수 있다)

이러한 가능성을 가늠해 보기 위해 과거의 경험을 참조할 수 있겠다. 1997-98년 외환위기와 2008년 세계 금융위기에 이탈한 외국인 자금 규모를 검토해보면 교훈을 얻을 수 있을 것이다. 장하성(2014, 274~294쪽)[13]과 여기에 인용되고 있는 관련 연구들이 이 두 위기상황에서 나타난 외국인 자본의 이탈 규모를 추정했다. 우선 지적해야 할 점은 1997-98년 외환위기가 한국경제 내부의 문제로 발생한 내환(內患)이었다면, 2008년 세계 금융위기는 미국 등 선진국들의 금융시장이 붕괴하면서 발생한 외환(外患)이라는 사실이다. 따라서 두 경우를 비교하는 것은 국내외 경제

국채 발행을 여러 번 주문하기도 했다. 이는 어쩌면 우리나라 국채가 매력적이어서, 외국인 투자자들에게 투자 기회를 제공하려는 의도일 수도 있겠다. 실제로 우리나라 채권에 투자하는 외국인 대부분은 회사채에는 무관심하고, 국채와 한국은행 채권에만 투자하고 있다.

13   장하성, 『한국 자본주의』, 서울: 헤이북스, 2014.

환경의 변화 모두를 검토할 수 있게 해준다.

　1997-98 외환위기 사례를 살펴보자. 장하성과 그가 인용하는 여러 연구결과에 따르면, 우리나라 주식시장에 대한 외국인 투자액은 1997년 7월 최고치를 기록했다. 9월 외환위기가 발생하자 같은 해 11월까지 외국인 주식투자 자금이 이탈했다. 하지만 그 규모는 최대 10% 이내였고, 3개월 후인 1998년 2월이 되면 외국인 국내주식 투자액이 과거 최고치보다 오히려 6.3%나 더 많았다. 즉, 내환으로 주식시장으로부터 이탈한 외국인 자본의 규모가 예상보다 작았고, 이전 수준을 회복하는 데도 겨우 3개월이 채 걸리지 않았다. 외환위기가 공식적으로 종결(IMF 대출금 상환)된 2001년 말이 되면 외국인 주식투자 자금은 외환위기 이전인 1997년 최고치의 5배가 유입되었다. 다른 한편으로, 채권투자(국채 및 회사채 투자자금)는 2001년까지 약 40%가 한국을 떠났고, 이후 꾸준히 재유입된 것으로 추정된다.

　2008년 세계 금융위기 국면에서도 유사한 패턴이 발견된다. 우리나라에 유입된 외국인 채권투자금은 리먼 브러더스가 파산하던 2008년 9월 사상 최고치인 3,116.5억 달러를 기록했다. 이후 외국인의 채권투자금은 2009년 3월 말까지 지속해서 이탈하여 최고치 대비 17.3%가 한국을 떠났다. 하지만 같은 해 4월부터는 외국인의 우리나라 채권투자가 다시 증가세로 돌아섰다. 외국인 주식투자 자금도 2009년 4월까지 18.1%가 국내 주식시장을 이탈했지만, 이후 재유입되어 2009년 12월 말이 되면 금융위기 이전 수준을 회복했던 것으로 나타났다. 2020년 3월 중순 이후 코로나19 발(發) 경제위기가 본격화되자 우리나라의 외국인 자금은 또 이탈했다. 아직 위기가 종료된 것은 아니라 전체적인 효과를 파악할 수는 없지만, 3월 9.9조, 4월 2.0조 원이 이탈한 것으로 발표되었다(금융감독원, 「2020년 4월 외국인 증권투자 동향」, 2020.05.08.). 이는 전체 외국인 투자자금

602조 원의 2% 미만에 해당하는 미미한 수준이다.

　내환과 외환 두 번의 위기 상황에서 외국인 투자자금의 이탈은 최대 20% 미만으로 그리 크지 않았다고 결론 내릴 수 있다. 게다가 이는 극단적인 위기상황에서 벌어진 일이란 점을 고려할 필요가 있다. 또한, 외국인 투자자금이 이탈하고 회복하는데 소요된 기간도 규모가 훨씬 큰 주식투자 자금은 6개월 미만, 채권투자 자금도 1년 미만으로 매우 짧았다. 즉, 외국 자본 이탈은 규모도 작고 단기적 현상이었던 것으로 드러났다. 이는 외국인 투자자의 이탈이 무서워 재정적자를 증가시킬 수 없다는 논리에 강력한 반례로 이해될 수 있다.

　더 근본적으로, '자유로운 재정정책'이라는 국가주권의 일부를 포기할 만큼 외국인 투자가 한국경제에 중요한 역할을 하는지 의문이 들지 않을 수 없다. 경제에 대한 정부의 역할은 상대적으로 자명하지만, 증권시장에 투자된 외국인 자본이 우리나라 경제의 펀더멘탈에 어떤 긍정적인 영향을 미치는지 불분명하기 때문이다. 외국인 투자자금이 어디에 어떻게 쓰이고 있는지 살펴보자. 금융감독원의 보도자료에 따르면, 외국인 투자자금 대부분이 포트폴리오 투자였고, 생산적 투자(해외직접투자)는 극소량에 지나지 않았다. 2020년 3월 말 기준 외국인 투자는 코스피 주식 468.7조(시가총액의 32.4%), 코스닥 주식 21.7조(7%)의 규모였다. 하지만 코스피 투자의 96.1%, 코스닥 투자의 86%가 포트폴리오 투자로, 대부분이 배당이익과 시세차익을 노린 투기적 성격임이 드러난다. 아울러, 같은 시기 외국인은 채권시장에 총 133.3조 원을 투자하고 있었는데, 이 가운데 회사채 투자는 0원이고, 모든 채권투자금이 국채와 통화안정화증권 및 기타 특수채에 투자되어 있다. 이로부터 주식이든 회사채든 기업의 자금 조달에 대한 외국인의 기여는 거의 없다고 해도 큰 무리는 없음을 알 수 있다.

그런데도 외국인 자본 이탈을 우려하면서 정부의 경제적 기능을 제한해야 하다고 주장하는 사람들은 그것이 실물경제에 영향을 미친다고 우긴다. 국회예산정책처의 주장처럼 '재정적자 증가 → 국가 신용도 하락 → 외국인 투자 감소 → 경기침체' 등의 메커니즘이 작동하려면 외국인 투자자금이 생산부문에 투자되어 있어야 한다(재정적자 증가로 국가 신용도가 낮아지지 않는다는 점은 바로 위에서 자세히 설명했다). 하지만 외국인 투자의 구성을 살펴보면 대부분이 포트폴리오 투자에 집중되어 있어, 외국인 투자가 감소한다고 우리나라 실물투자가 감소하고 경기침체를 일으킬 것으로 보이진 않는다.

외국인 자본이 실물에 투자되어 경제성장에 기여한다는 국회예산정책처의 주장은 이론적으로도 지지받기 어렵다. 이 논리는 미리 저축된 재원이 투자되는 것이고, 외국인 자본이 그러한 저축, 즉 투자 재원을 공급한다고 가정한다. 하지만 현대 자본주의 통화금융 체제에서 투자자금은 민간은행이 공급하고, 민간은행들의 통화창조 능력은 이론적으로 제약이 없다(2장 참조). 외국인 자본이 없다 해도 투자자금이 부족해서 투자가 안 되는 일은 없다는 말이다. 다른 말로, 외국인 자본이 국내 투자자금 조달에 아무런 기여도 하지 않는다. 물론 이들이 들여온 외환이 대외거래에 활용될 수는 있다. 그렇지만 이들이 없다고 대외거래에 장애가 생긴다는 뜻은 아니다.

이상의 논의는 외국인 투자자금의 경제적 효과는 매우 비대칭적임을 보여준다. 긍정적 효과는 미약하고 부정적 효과는 매우 크다. 외국인 투자가 국내의 생산적 투자와 그에 따른 경제성장에 미치는 긍정적 영향은 매우 제한적이다. 반면, 외국인 자본 이탈은 환율변화를 통해 국민경제에 심각하게 부정적인 영향을 미칠 수 있다. 어떤 이유로 외국인 자본이 이탈하여 환율이 상승할 때, 지금까지 우리나라 정부가 보여준 정책 패턴은 금리를 높여 외화 유출을 억제하는 방식이었다. 이와 동시에 어렵게 확보한 외환보유고를 풀어 환율 상승을 억제하고자 했다. 환율이 상승하면 해외 수입품 가격이 상승하고, 국내물가도 불안해질 수 있다는 우려가 반영된 결정일 것이다. 그 결과, 외국인들은 환율 상승에 따른 손해를 보지 않고, 수익금을 챙겨 안전하게 빠져나갈 수 있었다.

이 두 가지 정책 옵션 모두 외국인 자본의 이탈을 막는 데는 무력했다고 평가하는 것이 합리적이다. 반면에, 이런 정책 패턴은 국내 경제에 부정적인 영향을 미친다. 금리 인상은 경제 전체에 매우 부정적인 영향을 미친다. 당장 가계와 (중소) 기업들의 부채가 많은 상황에서 금리 인상은 이자 부담을 가중시킨다. 이자 부담 가중으로 소비와 투자가 감소하면, 경제 전체가 침체한다. 또한, 환율 방어를 위한 외환보유고 낭비는 위험한 발상일 수 있다. 자본이동이 완전히 자유로운 제도적 환경에서 충분한 외환보유고는 필수 금융 안정화 장치이다. 환율 상승에 따른 수입물가 상승이 걱정이라면, 차라리 환율 상승을 용인하고 그 부담을 재정으로 지원하는 방식이 더 효율적이지 않을까? 이렇게 국제 투기 자본에 무한한 이동의 자유를 허용하고, 한편에서는 환율을 방어하려는 순간 한 나라의 재정통화정책은 외국인 투자자에게 발목을 잡힌다.

주권국가의 재정정책 자율성을 극대화하기 위해서는 국제 자본의 이동을 제한하거나 환율의 자유로운 변동을 용인해야 한다. 국가부채가 자국 통화로 표시된 부채라 하더라도, 그것을 외국인이 대량으로 보유하면 환율 불안의 위험이 상존한다. 우리나라는 멀쩡한데 미국에서 금융위기가 발발하면 외국인 자본이 대량 이탈하듯, 어떤 이유에서 외국인 투자자들이 국채를 대량으로 매도할 수 있다. 그 결과, 외환에 대한 수요가 폭증하여 환율이 크게 상승하고 수입물가도 오른다. 만약 환율을 특정 수준으로 유지하고자 한다면, 충분한 외환보유고를 보유해야 한다. 또는 '외국 투기

자본이 보기에' 해당 경제 주체들의 외환 조달 능력이 충분해야 한다. 그렇지 않을 경우, 투기 자본의 통화 공격을 받아 외환위기가 발생할 수 있다. 일반적으로 말해, 정부가 환율이든 금태환이든 무언가 방어하고 보장하려 하면 그것이 곧 약점이 되어 해외 투기자본의 공격을 받을 수 있다.

하지만 변동환율제를 채택하고 이탈하는 외국인 자본에게 자유롭게 변동하는 환율을 적용할 수 있다. 이렇게 하면 외국인들의 대규모 국채 매각은 외환보유고의 고갈이 아니라 환율 급등으로 나타날 것이고, 이탈 외국자본의 손실로 반영된다. 적절한 재정정책으로 우리나라 경제가 안정적으로 성장하여 미래 수익성이 높아지고 어느 자산이든 채무 불이행 가능성이 작은 상황이 된다면, 외국인 자본 이탈은 일시적 소동에 지나지 않게 될 것이다. 수익성 문제는 누구보다 외국인 투자자들이 잘 안다. 일시적 평가절하는 오히려 투자 기회를 제공하여 외국인 자본의 유입을 촉발하는 기회로 작용할 수도 있다. 물론 이탈 동기도 약화시킬 수 있다. 경제가 (적극적 재정정책을 통해) 안정적으로 성장하고 있고, 국채에 대한 이자가 성실히 지급될 것임이 확실하다면, 외국인 투자자가 급작스럽게 손해를 감수하면서까지 해당 국채를 투매하려 할 이유가 없기 때문이다.

실제로 우리나라 자본시장 자유화 이후 외국인 투자의 이탈과 환율 불안은 일시적 현상으로 끝나곤 했다. 시장의 변덕으로 일시적인 국내 통화 가치의 하락이 예상되면 외국인 투자자는 단기적인 수익률 하락을 예상할 것이다. 하지만 역사적으로 우리나라 경제가 안정적으로 성장할 때, 채권과 주가의 폭락은 양질의 자산을 추가로 매수할 기회라 여기는 세력이 등장하곤 했다. 1997-98년 외환위기와 2008년 세계 금융위기 국면에서 외국인 자본의 일시적 유출과 재유입이 좋은 사례이다. 해외자산을 보유한 국내 투자자들에게도 이는 국내 부채를 상환할 좋은 기회가 될 것이므로, 해외자산을 매각하여 외환을 국내로 들여오는 일도 발생할 수 있다. 또한, 국내 통화의 평가절하는 수출기업들의 이윤을 크게 확대하고, 이들 기업의 주가가 올라갈 것이다. 이는 외국 자본에도 좋은 투자 기회로 작용하여, 외국인 자본의 유입을 촉진할 수도 있다.

정책적 관점에서도 외국인 자본의 이탈과 환율 인상에 대한 공포로 지나치게 긴축적인 재정정책을 고수하는 전략보다는 환율변동에 대한 다른 대안을 마련하는 것이 더 효율적이라 할 수 있다. 예컨대, 모든 수입대금에 환율변동을 헤지(hedge)하도록 강제하는 '규제'를 시행하고, 그것이 기업활동에 과도한 비용을 초래하는 것이라면 소요되는 추가 비용 중 일부를 정책적으로 지원할 수도 있다. 이를 통해 국내 통화 가치 하락에 따른 수입물가 급등을 미리 예방할 수 있을 것이다. 이 모든 효과를 생각하면, 변동환율제는 조만간 해당 통화의 가치가 폭락할 것이라는 시장의 '기대'와 자기실현적 과정을 미연에 차단하고, 파국적 국내 자산 투매(sales in panic)의 가능성도 크게 낮춘다. 근본적으로 외국인의 이탈을 촉진하는 요인은 해당 경제의 자산 가격이 급락할 것으로 예상되는 경우이다. 하지만 이런 경우는 대개 국채가 낳은 위기가 아니라 부동산, 주식 등 자산시장 거품에 자금을 댄 민간은행들의 신용창조 활동과 정책당국의 정책 실패('빚내서 집 사라' 정책이 좋은 예이다)의 결과였다. 거품의 형성과 붕괴 사이클들에 따른 외국자본의 유출입은 과도한 국가부채의 결과가 아니다.

다시 한번 말하지만, 외국인 자본의 이탈로 외환시장과 자산시장이 동시에 위협을 받는 경우, 각국 정부의 가장 보편적인 정책적 대응은 금리를 높이는 '긴축정책'이었다(IMF나 세계은행 등 신자유주의 국제금융기구들의 요구사항이기도 하다). 이러한 대응은 외국인 투기자본이 일으킨 부정적 효과를 상쇄하기 위해 국내 생산과 고용을 희생하는 정책이다. 외국인 자본의 유입이 고용과 생산에 미치는 긍정적 효과는 미미하다는 점을 고려하면, 이는 쉽게 정당화되기 어려운 정책이다. 더 근본적인 차원에서, 외국인 투자자들의 변덕이 주권국가의 재정통화정책을 제한하는 것이라면 외국인 투자에 일부 제한을 둘 수도 있다. 국내 생산과 고용에 눈에 띄게 이바지하지도 않는 투기자본을 위해 국민경제가 희생되거나 독립 주권 국가의 주권 일부를 포기해서는 안 된다. 국제 투기자본의 자유로운 이동을 제한할지의 여부는 주권국가가 자율적으로 결정하는 정책적 의지의 문제이다. 어떤 정책적 결정으로 경제에 부정적인 결과가 야기된다면, 정책 방향을 전환해야 할 것이지, 왜 국민이 항상 그 뒤처리 비용을 부담해야 하는지 이해하기 어렵다.[14]

이상의 논의를 요약하자. 자국 통화로 표시된 국채에 대한 투매가 발생할 때 중앙은행이 본원통화를 발행하여 매입하는 한편, 환율 상승은 용인하는 경우, 외국인 국채 보유자들도 큰 손해를 감수하면서까지 급격한 매도에 동참할 것 같지는 않다. 중앙은행의 정책 의지가 확고한 상황에서, 이러한 촌극은 일시적 현상일 가능성이 크다. 또한, 일시적으로 급등한 환율이 가져올 부정적 효과는 여러 정책수단으로 상쇄할 수도 있고, 헤지수단 등을 이용해 미리 대비하면 된다. 예컨대, 환율 인상에 크게 영

---

14 자본시장 자유화로부터 기대하는 가장 중요한 경제적 이익은 ①경제발전에 필요한 자본재의 수입을 위해 필요한 외환의 공급, ②외국자본과의 경쟁을 통해 '경제 전체의 효율성'을 개선하고 생산성을 높이는 효과 등이다. ①의 경우는 경제발전 수준이 매우 낮아서 해외에 수출하여 외환을 획득할 수 있는 상품을 생산하지 못하는 상황에 해당한다. 하지만 한국과 같이 발전한 경제에는 해당하지 않는다. ②에 대해서는 실증적으로 지지 증거를 찾아보기 어렵다. 최근의 베트남이나 개혁개방 초기 중국 등의 경우처럼 실물부문에 투자되는 해외직접투자(FDI)의 경우가 이에 해당할 수는 있지만, 생산자본의 유동성은 매우 낮다. 현재 금융시장을 배회하며 문제를 일으키는 자본은 대부분이 투기자본이다. 이들이 국내 주식이나 채권(대부분 국채)을, 그것도 발행시장이 아니라 유통시장(2차 시장)에서 매입한다. 이것이 실물경제의 투자 흐름을 어떻게 변경하고 그래서 경제 전체의 생산성 향상에 어떻게 이바지하고 있다는 것인지, 이해하기 어렵다.

향을 받는 경제부문에 대해 보조금을 지급하여, 그 효과가 국민 전체의 부담으로 가지 않도록 하는 대안도 고려해 볼 수 있다. 금리 인상으로 대응하는 방안은 그 효과에서도 무력할뿐더러, 정부의 보조금 지급 비용보다 경제 전체적으로 훨씬 큰 피해를 낳는다. 정부(재정정책)가 책임을 지고 손해를 보는 편이 낫다는 말이다.

일반적으로 말해서, 신용화폐가 지배하는 현대 통화제도에서 국내 통화의 상대적 가치를 고정하는 등 그 어떤 형태로든 국내 통화를 묶어 두는 것은 바람직하지 않다. 과거 금본위제에서는 국가가 발행한 통화는 언제든 '금'으로 바꿔주겠다고 약속하고, 그 교환비율까지 미리 약정했다. 그렇게 되면 국가의 정책 여력은 사라진다. 현대에서 기축통화와의 교환비율(환율)을 일정하게 유지하려는 정책도 이와 같다. 오히려 이것이 외국인 투기자본에 공격의 빌미가 된 사례도 다수 존재한다. 일정 정도 자본시장 개방이 불가피하다면, 변동환율제를 채택하고 환율의 급격한 변동으로 유발되는 부정적 효과는 재정정책으로 방어하는 것이 더 효율적일 것이다.

국내 통화 가치의 자유로운 변동을 허용하는 정책은 무역적자의 제한 없는 확대와 그에 따른 과도한 해외자금 유입을 억제하는 기능도 수행할 것이다. 무역적자가 지속되고 그에 따라 자본계정 흑자가 확대될 경우, 국내 통화의 가치가 부드럽게 하락하여 수입을 억제해야 한다. 하지만 현실에서 지속적인 무역적자에 대응하여 빈번히 등장하는 정책은 시장 메커니즘의 작동을 촉진하기보다는 긴축정책을 통해 국내 수요를 억제하는 방식이었다. 이는 외국통화 대비 국내 통화의 가치를 유지하기 위해 국민소득의 감소를 용인하는 정책인데, 환율안정에 왜 그렇게 높은 정책적 가치를 부여해야 하는지 이해하기 어렵다.

정부지출은 비효율적이다? 구축효과(crowding-out effect)

정부부채 증가에 부정적인 인식을 갖는 사람들은 정부의 비중이 확대되면 비효율적인 경제가 되고, 경제성장에도 부정적이라 주장한다. 정부부채 증가가 금융위기의 가능성을 높인다는 점과 민간부문의 투자를 밀어내고(crowding-out) 위축시킨다는 점이 흔히 거론되는 이유이다. 우선 국가부채 위기 가능성이 비현실적임은 위에서 충분히 논의했다. 이를 옹호하는 유일한 이론적 근거는 '가계 혹은 기업처럼 정부도 부채가 과도하면 시장의 변동에 취약하게 된다'는 (잘못된) 상식적 가설뿐이다. 실증적 연구에서도 이들은 제도적 배경을 무시하고 국채발행 규모와 금융위기 사이의 통계적 관계를 기계적으로 탐구할 뿐이다. 이런 연구들은 금본위제와 현대 불태환 통화제도라는 결정적 차이도 구분하지 않고, 국채가 외채인지 국내 통화 표시 국채인지조차 구분하지 않는다. 앞서 지적한 것처럼, 이런 주장은 근거가 없다.

국가부채가 증가하면 밀어내기 효과(crowding-out effect, 흔히 '구축효과'라 부른다)를 통해 경제 전체의 효율성이 떨어지고 경제가 침체한다는 주장 또한 지지되기 어렵다. 이는 통화공급과 금융시장에 대한 잘못된 이해를 반영한다. 이 주장은 암묵적으로 활용 가능한 재원이 한정되어 있고, 이를 민간경제와 정부가 경쟁적으로 나누어 사용한다는 전제에 기초한다. 주어진 대출 가능 재원이 제한된다면, 자본시장에서 민간과 정부가 차입하기 위해 서로 경쟁하게 된다. 구체적으로, 재원이 제한된 조건에서 정부가 적자재정을 운영하기 위해 더 많이 차입하게 되면, 시장 금리가 상승한다. 정부의 적자재정이 자금 수요를 증가시켜 돈의 가격인 금리가 상승한다는 말이다. 그리고 금리 상승은 민간의 투자를 억제한다. 금리 상승은 투자 비용을 증가시키기 때문이다. 또한, 정부보다 민간이 항상 보다 효율적으로 투자한다고 '가정'하면, 민간으로부터 정부로의 자원 배분은 경제에 질적으로 부정적인 영향을 낳는다는 주장이 도출된다. 도식적으로, 제한된 재원을 두고 정부와 민간이 경쟁한다고 전제하면 '정부지출 증가 → 시장금리 상승 → 민간투자 위축' 등으로 이어진다.

이런 주장은 순수 사고실험에 지나지 않으며, 현실적으로 전혀 근거를 찾기 어렵다. 우선 정부와 민간은 한정된 자금을 두고 서로 경쟁하지 않는다. 정부는 중앙은행이 발행하는 지급준비금으로 지출하고, 민간은 민간은행들이 발행하는 대출과 예금으로 투자한다. 두 부문이 각자 사용하는 통화의 종류조차 다른 것이다. 또한, 현대 불태환 화폐제도에서 모든 통화는 신용화폐이다. 통화는 천연자원처럼 한정되어 있지 않고, 필요하면 언제든 추가로 발행할 수 있다.

이 점은 두 번째 반론으로 이어진다. 정부부채가 증가한다고 해도 시장 금리가 자동으로 상승하지 않는다.[15] 앞서 지적한 것처럼, 자본시장에서 정부는 민간과 한정된 재원을 두고 경쟁하지 않는다. 한정된 대출 가능한 자본(loanable fund)이라는 관념은, 은행에 저축이 우선 존재해야만 대출할 수 있다는 관념, 그리고 정부지출은 세입으로 충당된다는 관념

---

15 3장의 실증자료 참조. 정부부채 증가가 금리를 상승시킨다는 주장은 주류 경제학자들이 빈번히 사용하는 논거이다. 최근 논쟁에서 2008년 노벨 경제학상을 수상한 폴 크루그먼의 주장이 대표적이다. 이에 대해 2014년 미국 상원 재정 위원회 민주당 측 위원을 지냈고, 2016년 버니 샌더스 캠프에서 수석 경제자문역을 담당했던 스테파니 켈튼 교수의 요약과 반론을 참조하는 것도 좋겠다. 흥미로운 사실은 두 경제학자 모두 스스로 케인스주의자를 자임한다는 점이다. 실제로 크루그먼도 경기침체에 맞서 적극적인 재정정책을 주장한다. 이것이 전형적인 주류 경제학이 케인스를 이해하는 방식이다. 반면, 포스트 케인지언들은 크루그먼식 경제학은 케인스주의가 아니라 비판한다. 즉, 케인스주의는 '불황기 적극적 재정정책' 정도로 협소하지 않다. S. Kelton(2019), "Paul Krugman Asked Me About Modern Monetary Theory. Here Are 4 Answers", Bloomberg Opinion, 2019.03.01.

과 맥을 같이하는 비현실적 가정이다. 정부의 재정적자는 오히려 민간의 금융자산을 증가시킨다. 정부의 적자는 민간은행에는 지급준비금 혹은 국채 형태의 자산을 제공하고, 가계와 기업에는 그에 상응하는 예금을 늘려준다. 정부의 적자 지출은 민간부문의 순금융자산을 증가시키는 일이기도 하다. 정부의 지출은 이렇게 민간경제 전체에 걸쳐 넓은 의미의 통화를 공급하므로, 재정적자는 금리를 상승시키지 않는다.

근본적으로 금리는 중앙은행의 정책변수이다. 현실에서도 시장의 단-장기 금리 모두 중앙은행의 기준금리를 추종해 왔다는 경험적 연구는 무수히 존재한다. 잔존 기간별 수익률 곡선(yield curve)은 이에 대한 반론이 되지 못한다. 이는 시장 금리는 만기가 길수록 더 높아지는 경향을 보여준다. 하지만 이 같은 사실이 중앙은행의 이자율 결정능력이 부족함을 보여주는 증거는 아니다. 장기 금리가 높은 이유는 장기국채 구매자의 물가상승 기대나 국채가격의 변화 예상을 반영했기 때문이다. 만일 장-단기 국채의 금리 차이가 지나치게 커서 문제가 된다면, 중앙은행이 장기채권을 매입하고 단기채권을 매도하는 공개시장운영을 통해 금리 차이를 축소할 수도 있다. 장기적으로 장기와 단기 금리 모두 기준금리를 추종하며 같은 방향으로 움직여 왔다는 사실이 핵심이다.

구축효과 주장이 비현실적인 세 번째 이유는 민간의 투자가 금리에 크게 의존하지 않는다는 사실에 있다. 구축효과의 이론적 근거가 되는 대부자금론은 주류 경제학의 투자이론과도 연관된다. 이에 따르면, 대출의 수요곡선은 금리와 반비례 관계를 갖는다. 금리가 낮을수록 대출 수요가 커지고, 그 역도 성립한다. 그 논리는 이렇다. 대출을 늘려 투자가 증가하면 투입 자본 양이 증가할 것이고, 자본의 한계생산물 체감의 법칙에 따라 자본의 한계생산물 가치도 하락한다. 여기서 '한계생산물'이란 신규 투자를 통해 '추가로' 생산하는 생산물의 양을 의미하고, 여기에 단위당 판매 가격을 곱하여 '한계생산물 가치'를 계산한다. 결국, 한계생산물 가치란 대출로 투자할 때 얻을 수 있는 이익을 나타내고, 대출 금리는 투자 비용이다. 전자가 후자보다 클 때만 투자가 이루어지고, 대출을 신청하게 된다. 따라서 대부자금론에서 대출 수요는 한계생산물 체감의 법칙에 따라 우하향하는 모양을 갖게 된다.

경험적으로 자본의 한계생산물 체감의 '법칙'이 과연 현실을 잘 설명하는 원리로 인정될 수 있는지 의문이 제기된다. 오히려, 이와는 반대로, 투자가 증가하여 생산 규모가 커질수록 한계생산이 증가하는 경우가 흔히 발견되기 때문이다. 규모의 경제와 범위의 경제가 작동하는 경우, 한계생산량은 감소하는 것이 아니라 오히려 증가할 수 있다. 또한, 투자 결정에서 한계생산물 가치를 고려하는 경우는 거의 없을 것이다. 이를 계산할 수 있는지조차 의심스럽다. 한계생산물 가치는 한계생산물에 가격을 곱한 값이다. 그런데 한계생산량을 사전적으로나 사후적으로 측정하기가 매우 어렵다. 한계생산물의 판매 가격 또한 그것이 시장에 팔린 이후에나 알 수 있지, 선험적으로 알 수 없다. 시장가격은 끊임없이 변하기 때문이다. 생산물에 대한 미래의 시장가격과 한계생산량을 사전적으로 어떻게 정확히 예측하여 한계생산물 가치를 계산하고, 이를 투자 결정에 활용할 수 있다는 것인지 이해하기 어렵다. 이것은 경영이 아니라 신의 영역에 가깝다. 실제로도 경영자들은 이런 방식으로 투자를 결정하지 않는다.

다른 한편으로, 투자 비용(금리) 대비 한계생산물 가치 혹은 이익의 정도가 진정 투자 결정 기준으로 활용되고 있는지도 의문의 여지가 있다. 1장에서 설명한 것처럼, 현실에서 투자는 대개 수요전망에 따라 결정되는 경향이 있다. 설사 투자로 한계이윤이 감소한다 하더라도 지속적인 투자가 이루어질 수 있다. 이윤의 양이 증가하기 때문이다. 10만큼 투자하고 이윤율이 10%라 하더라도 이윤량은 1에 지나지 않는다. 하지만 100

만큼 투자하고 이윤율이 5%로 떨어진다 해도 이윤 총량은 5로 증가한다. 현실에서 투자 결정은 이윤율이 아니라 이윤의 '양'에 따라 결정되는 것이 일반적이다. 생산물의 판매만 보장된다면 추가적 투자를 마다할 이유가 없다. 또한, 기업들은 시장지배력을 유지하기 위해서, 혹은 경쟁 수단으로 투자를 선택하기도 한다. 이렇게 한계 생산성보다는 기업이 가진 자본 전체의 관점에서 판단하는 것이 더 현실적이다. 따라서 한계생산물 체감의 법칙에 의존하는 투자이론은 현실에서 지지받기 어렵다.

요약하면, 재정적자 재원은 민간부문과의 경쟁을 통해 조달되지 않는다. 여기에 덧붙여 금리가 정책변수이고 재정적자는 민간의 금융자산을 오히려 증가시킨다는 점을 고려하면, 재정적자가 증가한다고 해서 금리가 상승할 이유가 없다. 한계생산물 체감의 법칙이 지배하는 투자이론도 현실적으로 지지받기 어렵다. 민간의 투자가 수요전망에 결정적으로 의존한다는 사실은 재정적자가 오히려 기업들의 투자를 유도할 수 있음을 의미한다. 따라서 재정적자의 구축효과도 존재하지 않는다고 할 수 있다.

리카르도 동등성 가설

정부부채가 경제성장에 부정적인 영향을 미친다고 주장하는 사람들이 흔히 거론하는 또 다른 근거는 소위 '리카르도 동등성'(Ricardian Equiva-lence) 가설이다.[16] 이에 따르면, 정부가 재정적자를 운영하면 초인적으로 합리적인 사고를 하는 경제 주체들은 미래 어느 시점에 정부부채를 상환하기 위해 더 많은 세금을 징수할 것임을 알고 있다. 이들은 미래의 증세

---

16   Robert J. Barro(1974). "Are Government Bonds Net Wealth?", *Journal of Political Economy*. 82 (6): 1095-1117.

에 대비하여 현재의 저축을 늘린다. 이렇게 되면 부채를 통한 정부지출의 총수요 진작 효과는 저축 증가로 상쇄되고, 경제에는 아무런 영향도 미치지 못한다. 간단히 말해, '정부부채의 증가는 저축을 늘려, 현재의 경제성장 효과를 상쇄'한다. 재정정책이 무력하다는 말이다(참고로, 논리적으로만 보면 이는 같은 이론적 기초를 공유하는 바로 앞의 구축효과 가설과도 모순된다. 구축효과 주장에 따르면 재정적자는 금리를 상승시켜야 한다. 하지만 리카르도 동등성 가설은 대부자금 수요 증가(재정적자)에 대응하여 공급(저축)도 증가하므로, 금리는 변함이 없을 것임을 함축한다).

하지만 이는 현실과는 전혀 무관한 머릿속의 추론일 뿐이다. 첫째, 이 논리가 '가정'하듯 경제 주체들이 그토록 합리적이거나 완벽한 계산능력을 보유하고 있지 않다. 또한, 그러한 계산을 위한 정보도 미리 알려져 있지 않다. 현재의 정부부채 증가가 언제 어떠한 방식으로 개인들에게 얼마만큼의 세금으로 부과되고, 또 그에 대비하기 위해서는 현재 얼마나 저축해야 하는지를 계산하기 위해서는 수많이 정보가 필요하고, 매우 고차원적인 계산능력이 요구된다. 더구나 현실적으로 이 논리가 요구하는 정보란 '변하지 않는 확실한 정보'가 아니라 미래에 수시로 변할 수 있는 '불확실한 정보'이다. 예를 들어, 정부는 현재의 재정적자를 향후 추가 징세로 상환할까? 그렇지 않을 것이다(이하 참조). 또한, 상환한다면 전액 상환할 것인가 아니면 일부만 상환할 것인가? 알 수 없다. 만약 상환을 위해 추가로 세금을 징수한다면, 누구에게 얼마만큼씩 징세할까? 알 수 없다, 등등. 따라서 합리적 계산에 필요한 '주어진 정보'란 존재하지 않는다.

둘째, 현재 증가한 국가부채는 미래의 어느 시점에 반드시 '증세를 통해' 상환해야 하는 것이 아니다. 굳이 상환해야 한다면 경제성장으로 더 많아진 세금으로 상환하면 될 일이다. 세율이 불변이라 가정하면, 세입은 경제성장에 비례하여 증가하기 때문이다. 미래 어느 시점에 국가부채를 상환하기 위해 현재 저축을 늘린다는 말은 성장하지 않는 경제를 '가정'하는 것과 같다. 경제성장에 따른 세입 증가를 고려하지 않기 때문 이다. 하지만 경제는 지속해서 성장할 것이므로 증세 없이도, 필요하다 면, 부채를 상환할 수 있다. 현실적으로 정부부채는 미래에 상환되지 않 는다(2장 참조). 과거에서 지금까지 정부부채가 상환된 사례는 세계적으 로 찾아보기 어렵다. 만기가 도래한 국채는 만기를 연장하는 차환을 통해 과거의 부채가 신규 부채로 전환될 뿐, 상환하지 않는다. 그런데도 경제 규모 대비 정부부채 비율이 지속해서 상승하지 않는 이유는 경제가 성장 하기 때문이다. 이렇게 성장하는 경제에서 명목 경제성장률이 부채에 대 한 금리보다 높은 한 부채비율은 제한된 수준으로 수렴하게 된다(이는 5장 에서 더 자세히 다룬다).

오용되는 재정적자 책임론 : 남유럽 국가들의 경우

이상으로 "정부부채는 위험하다"라는 주장의 대표적인 근거들을 살펴보 았다. 하지만 대부분이 비현실적이거나 현실을 오해한 것들이었다. 한국 의 보수 정치인들과 언론은 특정 정치적 메시지를 전달하기 위해 국가부 채 위기 사례를 왜곡해서 활용하고 있다. 그 과정에서 실체적 진실을 외 면하거나 왜곡한다. 그 결과 실체에 대한 입증 책임은 항상 대중에게 넘 겨진다. 이 절에서는 해당 사례들의 구체적 원인을 분석하기보다는, 왜 오 용인지만을 보이려 한다.

　　남유럽 PIGS(포르투갈, 이탈리아, 그리스, 스페인)의 국가부채 문제가 이 에 관한 좋은 사례일 것이다. 앞의 논의를 통해 우리는 이들의 국채위기 가 사실은 '외채위기'였음을 잘 알고 있다. 하지만 국내의 정치인들과 언론이 이를 어떻게 '오용'했는지 몇 가지 예를 소개해 보자.

"복지 수준 향상은 국민의 도덕적 해이가 오지 않을 정도로 해야 한다. 복지 과잉으로 가면 국민이 나태해지고 나태가 만연하면 부정부패가 필연적으로 따라온다"(이 자리에서는 언급하지 않았지만, 그는 평소 무분별한 복지지출을 그리스 국가부채위기의 근본 원인으로 지목했다. 동시에 증세 없는 복지는 불가능하다고 덧붙임으로써, 세금 더 내고 더 많은 복지를 할 것이냐고 묻는다)(데일리안, 2015.02.05. 김무성 당시 새누리당 대표 인터뷰)

"문재인 정부는 대한민국을 국가부도가 난 제2의 그리스의 길로 이끌고 있다. 그 근거자료가 어제 확인됐다. 작년 국가부채가 127조가 늘어 1700조에 육박했다. 127조 중에 앞으로 공무원과 군인에게 줘야 할 연금 충당분이 94조, 75%나 된다…. 평균수명 늘어나는 걸 감안하면 공무원 연금 주다 나라 망한 그리스 꼴 나는 게 현실화되고 있는 것이다…. 공무원을 줄이지 않고, 공무원을 17만 명이나 늘려서 이 상황을 악화시키는 것은 전적으로 문재인 정부 책임이고 그 상황이 악화되면 대한민국이 제2의 그리스 꼴 나게 되는 것이다. 게다가 10년, 20년 후에 국가부도위기가 오게 되면 그 부담은 몽땅 현재의 2~30대가 떠안아야 한다. (2019.04.03. 바른미래당 최고위원회의 하태경 의원 모두발언)

"2011년을 전후해 포르투갈 이탈리아 아일랜드 그리스 스페인 5개국(PIIGS)에서 나타난 남유럽 재정위기는 양상이 또 달랐다. 정부 곳간이 비면서 국가신용등급 하락, 자본 이탈, 극심한 경제침체로 이어진, 말 그대로 '재정위기'였다…. 최근 아르헨티나, 터키 등에 이어 이탈리아발(發) 금융위기설이 나돌았다. 이런 나라의 낙후된 정치, 미진한 구조조정, 취약한 국가 재정이 결합된 것이었다…. 전에는 이렇게 재정을 건실화하는 쪽에 무게를 두고 대통령 주재로 국가재정전략회의(사진)가 열렸다…. 그런데 올해는 지출 구조조정도, '예산을 아껴 쓰고 꼭 필요한데 집행하자'는 얘기는 별로 들리지 않아서 걱정이다."(한국경제신문, 2018.06.11. 사설, "지출구조조정 없는 재정확대, 뒷감당 어떻게 할 건가")

위에서 인용한 김무성 전 대표의 발언은 그리스 국가부채 위기를 이용해 복지지출 확대를 반대한다는 메시지를 전달한다. 김무성 전 대표는 다른 인터뷰와 회의에서 재정지출을 늘리려면 세금을 더 징수해야 한다고 주장했다(데일리안, "김무성 "보수나 진보나 공짜 공약만 남발"", 2011.08.09.). 이는 '조세저항'이라는 국민 정서를 활용해 재정지출 확대를 방해하는 전략일 것이다. 하태경 의원 또한 (그 이유는 알 수 없지만) 국가 공무원 확충에 반대하기 위해 "그리스 꼴 난다"라고 협박하고 있다. 한국경제신문은 사설을 통해 재정지출 확대를 주문하는 국가재정전략회의를 비난하면서, 형태와 원인도 다양한 온갖 금융위기들을 구분 없이 언급하여, 모든 금융위기의 책임이 재정적자에 있는 것처럼 꾸미고 있다. 이는 모두 진실을 왜곡하여 국가부채 위기 공포를 조장하고, 재정확대를 반대하기 위함일 뿐이다.

이러한 언술들에는 몇 가지 공통점이 보인다. 첫 번째 특징은 반지성주의이다. 반지성주의란 자신이 알고 싶지 않은 사실은 의도적으로 알려고 하지 않는 태도를 말한다. 이들은 그리스 국가부채 위기, 더 나아가 세계 곳곳에서 발생한 금융위기까지 언급하면서도 그 원인에 대해서는 전혀 관심을 두지 않는다. 다만 정부부채에 모든 혐의를 뒤집어씌울 뿐이다. 그리스 국가부채 위기의 주요 원인이 복지지출이 아니라는 다양하고 설득력 있는 반론들이 있지만, 이에 대해서는 진지한 반론도 없이 그저 무시한다.[17] 특히 위에 인용한 한국경제신문의 사설은 국민이 아직 잊지 않고 있을성싶은 온갖 경제·금융 위기들을 언급하지만, 개별 사례들과 정부부채 증가가 어떻게 연관되어 있다는 것인지 전혀 설명하지 않는다. 마치 정부부채가 모든 경제위기의 근원인 것 같은 인상을 주고자 할 뿐이다.

두 번째 특징으로, 이들은 모두 극단적으로 단순한 논리를 구사한다. 그 흔한 금융위기의 형태 구분마저 무시한다. "정부부채 규모가 증가하면 금융위기가 오고 미래세대에 부담을 주는 것이다, 그리스를 보라!" 어쨌든 자신의 목적(재정지출 확대 반대)을 위해서는 매우 효과적인 전술임에는 분명하다. 대처 전 영국 총리의 단순화 언술이 통했던 것처럼, 이들의 언술도 지배적인 담론으로 유포되고 있는 것 같다.

이 절의 목적은 남유럽 국가들의 국채위기를 세세하게 설명하고자 함이 아니다. 앞서 여러 번 반복한 것처럼, 이는 "외채위기였다" 정도면 충분하다. 위와 같은 정치인과 보수 언론이 자신의 주장에 반하는 최소한의 실체적 진실조차 무시하고 있음을 보이는 것이 이 장의 목적이다. 가장 먼저 지적할 수 있는 사실로, 김무성 전 의원의 주장처럼 복지 포퓰리즘이 문제였다면, 그리스의 재정적자 비중(**그림 10**)이나 정부부채 비율이 '위기 이전에' 지속해서 상승했어야 한다(**그림 9**). 과다 복지지출이 국채위기의 원인이려면 2008년 이전 오랫동안 부채를 쌓았어야 하기 때문이다. 하지만 〈**그림 9**〉와 〈**그림 10**〉에 따르면, 2000년대에 들어서면서 2008년 금융위기 전까지 그리스 정부부채 비율은 일정한 수준을 유지했다. 어떤 해에는 오히려 하락하기도 했다. 그렇다면 그가 말하는 그리스의 '좌파 복지 포퓰리즘'이란 도대체 무엇을 의미하는 것일까?

---

17 허완, "그리스가 복지 때문에 망했다고? 대표적인 5가지 오해", Huffpost, 2015.06.30.

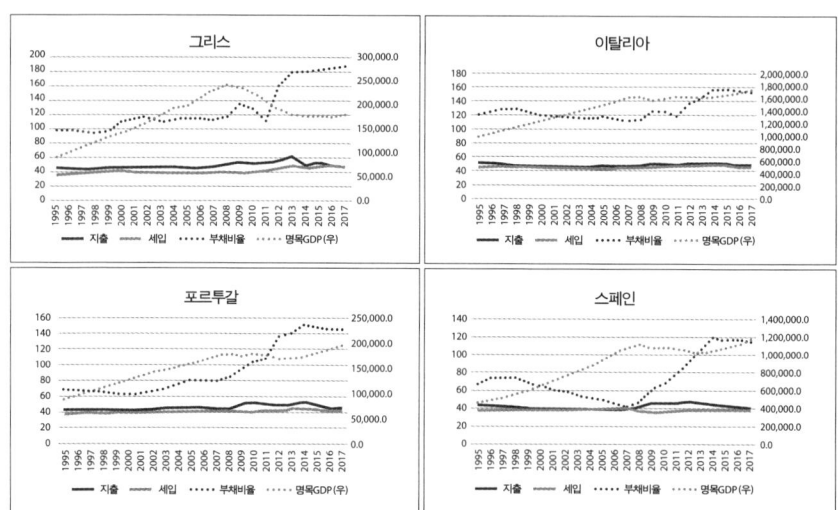

그림 9 PIGS 정부부채 비율

출처 : OECD, Eurostat Database, 저자 계산과 그림.

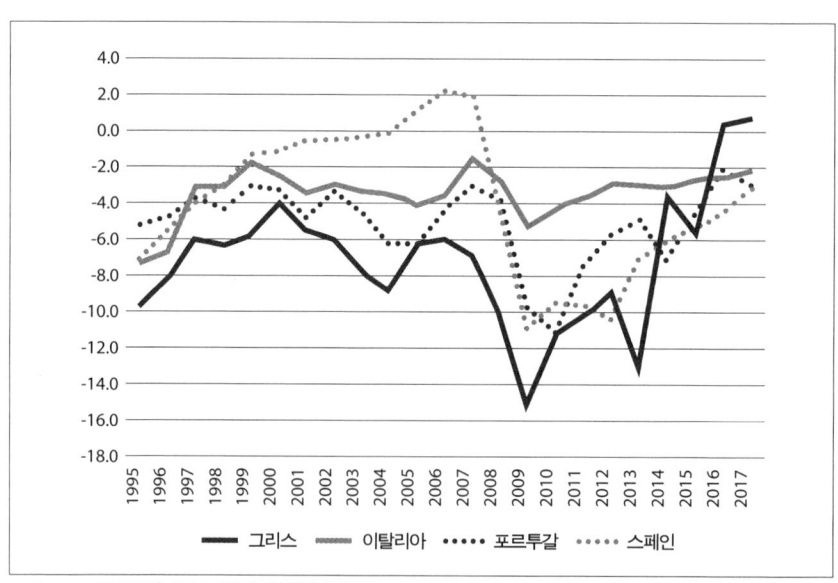

그림 10 PIGS의 GDP 대비 재정적자 비율

출처: OECD database

국가부채 위기가 발생하기 전 정부부채 비율이 급등하지 않았다는 사실은 이들 네 나라 모두에게도 해당한다. PIGS 네 나라의 정부부채 비율은 2008년 금융위기 이전까지 10여 년 이상 안정적으로 유지되었고, 스페인에서는 오히려 하락하기도 했다. 포르투갈만이 예외적으로 1995년 67.5%에서 2007년 78.1%로 다소의 증가 추세를 보였다. 스페인의 정부부채 비율은 1996년 73.9%에서 2007년 41.8%로 33.1%p 극적으로 하락하기도 했다. 스페인의 GDP 대비 사회복지지출도 1995년 20.69%에서 2007년 20.80%로 증가하지 않았다. 복지 포퓰리즘과 그에 따른 재정적자가 문제라면, 스페인은 왜 국가부채 위기를 경험해야 했을까?

또한, 저들의 주장은 네 나라 모두에서 2008년 금융위기 이후 왜 갑자기 GDP 대비 재정적자 비율이 급등했는지 설명하지 않는다. 그리스는 2008년 10.2%, 2009년 15.1%의 재정적자를 기록했는데(그림 10), 국내 주요 보수 언론들은 이를 집중적으로 부각하여 과도한 지출이 국채위기의 원인인 것처럼 보도했다. 하지만 '재정적자 비율 = (세입 − 정부지출) / (명목GDP)'임을 고려할 때, 재정적자 비율은 정부지출뿐만 아니라 세입, 그리고 분모인 명목GDP에도 크게 영향받는다. 특히 명목GDP 감소는 분모를 하락시켜 이 비율을 상승시킬 뿐만 아니라, 세입을 줄여 이 비율을 더욱 상승시킨다. 즉, 정부지출이 고정되었다 하더라도 명목GDP의 감소가 재정적자 비율에 결정적인 영향을 미친다. 그런데도 명목GDP 감소와 그에 따른 세입 감소를 문제 삼는 논의는 찾아보기 어렵다. 〈그림 9〉와 〈그림 10〉이 보여주듯, 2008년 세계 금융위기 이후 이들 국가의 재정적자 비율 상승의 주요 원인은 명목GDP의 하락일 가능성이 크다. 물론 당시 경기침체와 명목GDP 하락은 세계 금융위기의 영향이었다.

마지막으로, 2001년부터 2007년까지 그리스의 재정은 연평균 GDP 대비 6.4%의 적자를 기록했음에도(그림 10) 전체 정부부채 비율은 증가하지 않았다(**그림 9**). 이는 재정적자를 유지한다고 하더라도 정부부채 비율이 반드시 상승하는 것은 아님을 의미한다. 그 이유는 무엇인가? 명목GDP가 안정적이고 빠르게 성장했기 때문이었다. 앞서 지적한 것처럼, GDP는 세입과 특히 깊이 연관되어 있다. 국민소득이 증가하면 과세 대상이 확대되어 세금수입이 늘어난다. 그리고 정부부채 비율을 계산하는 데 사용하는 분모인 명목GDP도 커진다. 2008년 이전 그리스에서 재정적자가 지속되었음에도 불구하고 정부부채 비율이 증가하지 않은 이유는 이 때문이었다. 이는 재정적자를 통해 경제성장을 견인할 수 있다면, 정부부채 비율은 증가하지 않음을 보여주는 사례이다. 하지만 이런 사실은 인용되는 법이 없다.

보수 정치인들과 언론들은 우리나라 정부의 재정적자를 맹렬히 비난하고, 위 사례들을 비판의 근거로 사용한다. 하지만 건전재정 담론을 옹호하는 사람들은 이 같은 가장 기초적인 사실들조차 제대로 확인하지 않는다. 국가부채 위기로 불리는 사례들이 그저 공포 마케팅을 위해 자의적으로 오용되고 있다는 인상을 지울 수 없다. 재정적자가 증가한다고 꼭 GDP 대비 국가부채 비율이 상승하는 것도, 국채위기 가능성이 커지는 것도 아니다. 위 예에서 2002년에서 2007년 사이 매년 GDP 대비 6% 이상의 재정적자를 기록하고도 정부부채 비율이 일정했던 그리스가 좋은 사례이다. 그리스 정부의 재정적자에도 불구하고 GDP 대비 정부부채 비율이 일정했던 것은 GDP가 상승했기 때문이었다. 재정적자가 그 이상으로 GDP를 증가시킬 수 있다면 이런 현상이 나타날 수 있다. 현재 미국, 일본, EU국가들, 영국 등의 정부부채 비율은 2007년까지 PIGS 국가들이 보여준 국가부채비율보다 월등히 높다. 요컨대, 현실은 훨씬 복잡하고 진실은 멀리 있을 수 있지만, 최소한 건전재정 담론은 이를 성실히 설명하지 않고 있다는 점만은 분명하다.

정부부채 증가는 무조건 해로운 것이 아니다!

지금까지 정부부채 증가가 경제에 부정적인 영향을 끼친다는 주장이 설득력 없음을 확인했다. 정부부채는 오히려 성장하는 경제에서 증가할 민간의 부채부담을 덜어주고, 필요한 통화와 금융자산을 공급하는 바람직한 방법이다(2장). 민간의 순금융자산 축적은 민간의 수요를 증가시키고 생산을 확대할 것이다. 재정적자는 총수요를 늘려 실업을 줄이고 유휴 자본의 불완전고용을 개선한다.

제5장
정부의 재정: 세대 간 연대의 고리

경제위기, 정부는 무엇을 할 것인가

많은 사람이 현재의 체제로는 한국 사회가 지속 가능하지 않음을 피부로 느끼고 있다. 1장과 2장에서 살펴본 것처럼, 우리나라 경제는 이미 1997-98년 외환위기 이후 지속해서 추락해 왔다. 경제성장률로 나타나는 경제적 활력의 감퇴는 매일 일상에서 경험하는 위험과 불안정을 모두 표현하기에 부족하다. 가계부채는 절대 액수로나 소득 대비 상대적으로나 역사적 수준을 기록하고 있고, 소득은 정체하지만 주택가격은 끊임없이 상승해 왔다. 여기에 실업이 광범위하게 존재하고, 그나마 새로 생겨나는 일자리는 안정적이기보다는 불안정한 것들뿐이다. 이 모두가 합쳐져서 불평등 확대로 나타난다.

역설적으로 불평등은 특권 계층도 위협한다. 인간 사회 일반이 그렇듯, 사회나 경제의 한쪽이 무너지면 나머지 한쪽도 무너지기 때문이다. 코로나19 감염병 위기는 이를 여실히 증명하고 있다. 가장 낮은 곳에서 우리 사회를 떠받치고 있던 약자들이 경제적으로 쓰러지자 국가 경제 전체가 위험해졌다. 우리가 살고 있는 자본주의는 그렇게 가장 약한 사람들의 노동과 헌신, 착취 위에 서 있음을 이보다 더 잘 보여준 경우는 없을 것이다. 자연재해조차 평등하지 않다는 주장은 이런 역설의 의미를 축소할 위험이 있다. 사회적 약자가 위험에 더 취약하다는 말은 사실이지만, 그런 불평등이 사회 전체의 지속 가능성에 얼마나 큰 위협인지를 이해하는 것이 더 중요하다.

코로나19발(發) 경제위기는 자연재해의 하나인 전염병이 창궐하면서, 생산과 소비를 강제로 중단시킨 경우이다. 코로나 대응에 늑장을 부리던 유럽과 미국은 기하급수적 확산을 막기 위해 제조업 생산시설까지 폐쇄했다. 하지만 상대적으로 방역에 성공적인 우리나라는 좀 달랐다. 2020년 3월까지 우리나라에서는 중국으로부터 수입하는 중간재 조달이 어려워 일부 조업이 축소되긴 했지만, 집단감염 우려로 제조업 사업장이 전면적으로 폐쇄된 경우는 일반적이지 않았다.

하지만, '사회적 거리두기'가 시행되자 서비스업이 가장 먼저 타격을 받게 되었다. 우리나라 서비스업은 대개 영세 자영업과 중소상공인 중심으로 운영되고 있고, 일용직, 특수고용직 등 불안정 노동이 집중된 영역이다. 이들의 수는 약 1,400만 명으로 경제활동인구 약 2,700만 명의 절반 이상을 차지한다. 늘어난 실업자의 대부분이 이로부터 유래했다는 통계가 속속 발표되고 있다. 실제 4월 17일 통계청이 발표한 고용현황에 따르면, 3월 한 달 동안에만 임시휴직이 160만 명이 증가했는데, 대부분 영세 서비스 업종에 집중되었음을 보여준다.

이렇게 최초 사회적 거리두기로 우리 경제의 약한 부분이 붕괴하자, 그나마 불안정하게라도 고용되어 있던 사람들의 다수가 실업자가 되었고, 소득이 단절되는 등 연쇄적 파급효과를 낳았다. 실업자 수가 증가하고 가계소득이 감소하자 소비 수요가 크게 위축되었다. 소비 수요의 위축은 사회적 거리두기와는 직접 관련이 없던 영세 중소상공인과 자영업자에게도 영향을 미치기 시작했다. 이들 대부분도 국내의 소비 수요에 의존하고 있기 때문이었다.

서비스업에 대한 최초 충격은 이제 금융권으로 옮겨갔다. 금융시장에 자금경색의 조짐이 나타난 것이다. 현 경제체제에서 금융시장의 마비는 실물경제에 결정적으로 큰 영향을 미친다. 금융경색은 금융기관들의 파산 위험을 가중하므로, 이들은 실물경제에 제공한 자금을 회수할 것이기 때문이다. 예를 들어, 현재 가계대출의 90%가 실질적으로 원금을 상환하지 않고 이자만 내는 부채이다.[1] 은행의 입장에서 원금이 상환되면 이자 수익이 감소하므로, 가능하면 대출 상환을 유예하는 것이 유리하다. 하지만 이는 경제에 문제가 없을 때만 실행 가능한 전략이다. 금융위기가 발생할 때, 은행이 자금을 확보하지 못하면 파산할 수 있으므로, 유동성 확보를 위해 원금 상환을 요구할 수 있다. 갑자기 목돈을 마련할 수 없는 가계라면 담보인 주택을 급히 처분해야 할 것이다. 급히 처분하려는 주택이 늘어나면 전체 부동산 가격이 급락할 수 있다. 주택가격 급락은 담보 가치의 하락을 의미하므로, 여타 주택담보대출에도 연쇄적으로 영향을 미친다. 대출액은 그대로이지만 담보 가치가 하락하면, 그 차이만큼 상환을 요구할 수 있기 때문이다. 이 또한 주택가격을 더욱 추락시키는 요인이 된다. 이러한 과정이 반복되면 많은 가계가 파산할 수 있다. 기업 대출도 마찬가지이다. 기업들도 수시로 운영자금을 대출하고 상환하기를 반복한다. 하지만 갑자기 운영자금 공급이 중단되면 사업장은 가동을 멈추

---

1   서영수, 『대한민국 가계부채 보고서: 부동산시장, 금융시스템, 정부 정책에 감춰진 금융위기의 시그널과 진단, 그리고 대응 방안』, 서울: 에이지21, 2019.

고, 거기에 고용되어 있던 노동자들은 실업자가 된다. 여기에 더해, 부동산 거품 붕괴에 따른 소비 위축은 기업들의 어려움을 가중시킨다. 금융위기가 발생하면, 잘못한 일이 없는 공장도 멈춰야 하는 이유가 이것이다.

코로나19 국면에서 증시 하락과 해외자금 이탈이 금융부문에 부담이 되었던 것은 사실이지만, 금융권이 유동성 확보에 열을 올린 더 큰 이유는 자신들이 쌓아 올린 부채 때문이다. 거대하게 부풀려진 가계부채와 영세 소상공인 및 자영업에 대한 부채가 채무 불이행 위험이 있다며, 미리 유동성 확보에 나서게 된 것이다. 이 때문에 부동산 프로젝트 파이낸싱 유동화증권과 같은 금융파생상품의 위험 또한 증폭됐다. 이 책 전반에 걸쳐 강조하듯, 경제가 성장하더라도 정부가 빚을 지지 않으면 민간이 빚을 진다. 민간의 빚도 경제적 약자들에 떠넘겨진다. 이렇게 불평등이 강화되면, 즉 사회적 약자들의 경제적 취약성이 커지면, 경제 전체가 붕괴할 수 있다는 점을 바이러스가 입증했다.

그럼 누가 어디서부터 이 난국을 해결할 수 있을까? 정부만이 그렇게 할 수 있다. 근본적으로 실업과 소득단절이 문제의 근원이었다. 그렇다면 그들에게 소득을 보전해 주면 될 일이다. 실물경제와 고용의 붕괴를 막고 금융시장까지 안정시킬 수 있는 최선의 방법은 경제적 어려움에 부닥친 국민에게 대규모 현금을 제공하는 일이다. 다만 경제적 약자를 선별하는 일이 비효율적이고 가능하지도 않으므로, 전 국민에게 일괄적으로 지급해야 한다. 사실상 코로나19 경제위기가 아니어도 국민 대부분이 경제적으로 어려웠다. 이 정책 대안이 어떻게 경제위기를 진정시킬 수 있을까?

첫째, 너무나 당연하게도 전 국민을 대상으로 현금을 지급하면 국민 모두의 경제적 고통을 완화할 수 있다. 특히 전 국민을 대상으로 할 때, 지원 대상 선정 기준의 문제, 수혜 '사각지대' 등의 문제를 피할 수 있다. 그리고 최근 신용대출과 예·적급 해약이 증가한 현상으로 짐작컨대, 중산층도 경제적 어려움을 겪고 있는 것으로 판단된다. 신용대출은 대개 중산층 이상에만 부여되기 때문이다. 전 국민 현금 지급이 필요한 이유이다.

둘째, 전 국민에게 현금이 지급되면 내수가 활성화될 것이다. 중소기업과 소상공인 대부분은 수출보다는 내수에 의존한다. 이들이 느끼는 수요부족이 꼭 '사회적 거리두기' 때문만은 아니다. 코로나19 위기 이전 여러 해 동안 자영업자 사업장 수가 지속해서 감소한 사실이 보여주듯, 우리나라 영세 자영업자와 소상공인들은 오랫동안 수요부족 문제를 겪어 왔다. 전염병 위기는 수요부족 문제를 가중시켰을 뿐이다. 이러한 때에, 전 국민 현금 지급은 내수시장을 활성화하고, 이들의 경영 안정화에 크게 도움이 될 것이라 예상할 수 있다. 이렇게 매출을 올려주는 방식이 대출보다 근본적인 처방이다. 이들의 경영이 안정되면 실업도 줄일 수 있다. 실제로 재난지원금이 지급되자 내수시장에 활력이 일고 있다는 언론 보도가 속속 등장하고 있다.

셋째, 무엇보다 전 국민 현금 지원은 금융시장 안정화에도 크게 기여한다. 이는 우선 금융권이 보유한 채권들의 부실화 가능성을 완화시킨다. 가계부채가 대표적인데, 부실 채권 양산을 막는 일은 금융안정에 절대적으로 중요하다. 다음으로, 정부가 국민 모두에게 현금을 지급하면 그 돈은 금융시장으로 흘러 들어갈 수밖에 없다(2장). 앞서 상세히 설명한 것처럼(3장), 정부의 재난지원금은 지급준비금으로 지출하는데, 이는 금융위기 시 수요가 폭증하는 종류의 통화, 즉 현금이다. 정부가 유동성이 가장 큰 현금을 시장 '외부'에서 추가로 공급하면 금융시장의 신용경색을 크게 완화할 수 있다. 현재 가계부채 폭탄 타이머가 작동하기 시작한 것으로 보아야 한다. 정부가 채권시장과 주식시장 안정화 기금을 조성한다지만, 이것은 금융시장 '내부'의 자금으로 돌려막는 방식이다. 예컨대, 가계부채 뇌관이 폭발하면 금융기관들의 갹출로 조성되는 기금마저 구성하기 어려울 수 있다.

코로나19발(發) 경제위기에 대응하기 위해 마련한 각종 경제 대책들 대부분은 어려움에 빠진 민간경제 주체들에 새로 '대출'을 해주거나, 기존 대출의 상환 유예, 이자 경감, 대출 보증 등으로 구성되어 있다. 영세 중소기업과 소상공인들은 경제위기처럼 극단적으로 불확실한 시기에 대출을 꺼릴 것이므로, 이런 정책은 실효성이 없다. 위기가 지나간다 하더라도 민간의 빚은 그대로 남는다. 부채부담은 위기 이후 재도약을 더디게 할 것이다. 부채를 지는 대신 폐업을 결정하여 생산능력 자체가 파괴되면 경기침체는 더 오랫동안 지속될 것이다. 위기 동안 폐업한 사업장만큼 새로운 창업이 이루어져야 경제가 회복하는데, 경기도 좋지 않은 상황에서 누가 투자하려 하겠는가? 위기 이후 V자 반등을 기대하려면 사업장 폐쇄와 해고를 막아야 한다. 이 일은 정부의 대규모 재정지출만이 할 수 있다.

거대한 전환의 시작점

더 근본적으로, 앞서 자세히 살펴본 것처럼, 위기 상황이 아니고 경제가 성장한다 하더라도 정부지출을 축소하면 민간경제의 부채만 늘어난다. 은행이 민간경제에 통화를 공급하는 현대 자본주의 체제에서 경제성장은 부채로 나타나기 때문이다(2장). 경제성장의 과실이 국민 모두에 골고루 분배되기 위해서는 정부의 지출이 확대되고, 정부부채가 증가해야 한다. 이는 민간의 빚을 정부가 대신 지는 일이다. 그렇다고 정부의 부채가 크게 해로운 것도 아니다. 이는 그저 '미신'일 뿐이다. 이 허깨비에 대한 공포만 극복한다면 신자유주의 체제를 극복하고 새로운 종류의 사회를

'예산제약 없이' 자유롭게 구상할 수 있다.

정부의 재정이 이러한 거대한 전환에 어떻게 활용될 수 있는지 한 가지 역사적 사례를 소개해 보자. 중국의 '거대한 전환'에 정부재정이 활용된 사례가 좋은 예이다.[2] 1980년부터 중국은 기존의 계획경제에서 시장경제로 이행하기 시작했다. 이를 개혁개방정책이라 부르는데, 중국 지도부는 이를 점진주의적 방식으로 실행했다. 이는 '하루아침에 민영화' 방식을 따른 구소련과 동구권 계획경제들의 개혁방식과 달랐다. 당시 중국의 개혁세력이 점진적인 개혁방식을 선택했던 이유는 개혁과정에서 발생할 수 있는 사회·경제적 혼란을 최소화하고자 했기 때문이었다. 개혁은 필연적으로 승자와 패자를 동시에 양산할 것인데, 패자가 많으면 개혁에 대한 저항 또한 필연적이고 개혁 자체가 좌초될 수도 있다. 구소련의 경제개혁처럼 기존의 계획경제 체제를 대표했던 국유기업들을 신속히 해체했다면, 엄청난 실업자가 발생할 수밖에 없고, 이는 곧 체제에 대한 위협이 될 수도 있었다(천안문 민주화 운동이 이러한 가능성을 보여주었다). 따라서 중국 정부는 국유기업에 대한 개혁을 미루고 시장원리로 운영되는 경제부문이 먼저 성장하도록 했다. 후자가 충분히 성장한다면 전자에 대한 개혁이 낳을 실업을 흡수할 수 있기 때문이다.

개혁에 따른 사회적 혼란을 피하기 위해 국유기업 개혁이 미뤄지면서 그 비용은 고스란히 정부가 소유한 은행의 부실채권으로 쌓였다. 국유기업의 개혁과 구조조정을 실행하지 않고 그대로 내버려 둔 결과 개혁의 사회적 비용, 즉 실업은 발생하지 않았다. 하지만 그들의 재무적 수익

2　이 절은 동서대학교 중국연구소가 운영하는 『동서중국 웹진』, Vol.8(2020.02)에 필자가 기고한 글 일부를 수정·보완한 글이다. 그리고 이 사례는 LAB2050이 기획하여 출간 예정인 『코로나 0년, 초회복의 시작』에도 소개되었다.

성은 개선되지 않았고, 억지로 고용을 유지하는 동안 발생한 국유기업의 적자는 국유은행 대출로 메꾸었다. 국유기업이 대출금을 상환하지 않으니 국유은행의 대출채권은 부실화되었다. 실제로 1997-98년 사이 아시아 전역에 외환위기가 발발하자 중국 국유은행들의 부실채권 문제가 세계적인 이목을 끌었다. 당시 중국 정부는 정확한 정보를 공개하지 않았을 뿐만 아니라, 세계 금융기관과 국제기구들은 정부의 일부 공식 발표도 불신했다. 이들은 중국 국유은행들의 부실채권 규모를 스스로 추산했는데, 전체 여신의 20-40%에 달한다고 주장했다. 이를 바탕으로 중국경제의 금융위기를 심각하게 경고하기도 했다. 이들 부실채권 규모 추정이 사실이고 중국 국유은행들과 경제가 시장의 원리로만 운영된다면, 금융위기가 발생한다 하더라도 전혀 이상하지 않았을 것이다.

하지만 한국을 포함하여 심각한 외환위기와 금융위기로 홍역을 치른 아시아 경제들과 달리 중국에서는 금융위기도 경제위기도 없었다. 아시아 외환위기가 가장 심각했던 1998년에도 중국경제는 7.7% 성장했다. 이런 배경에는 중국 정부의 역할이 크게 작용했다. 첫째, 중국 정부는 외환(外患)에 대응하여 4조 위안(1998년 GDP 8조5,200억 위안의 약 47%) 규모의 경기부양책을 서둘러 발표하고 실행했다. 외환에 의한 충격을 내수로 막은 것이다. 금융적 관점에서 볼 때, 정부지출의 증가는 금융부문에 유동성이 가장 큰 통화, 즉 지급준비금(흔히 '현금'이라고도 불린다)을 공급하여 금융시장을 안정시키는 효과도 얻을 수 있다. 통상적인 경제학 교과서의 설명과는 다르게, 현실에서 정부의 지출은 중앙은행 화폐인 지급준비금으로 행해지고, 지급준비금은 현찰을 의미하므로 금융권의 자산 건전성을 강화하고 신용경색을 완화한다.

둘째, 당시 금융위기를 막은 더 직접적인 원인은 정부(재무부와 인민은행)가 부실채권을 인수한 데에 있었다. 이는 '중국식 양적완화' 정책이라 부를 수 있을 것이다. 앞서 설명한 것처럼, 국유은행들의 부실채권은 누적된 개혁 비용이고, 당시 중국 전체 여신의 80% 이상을 담당하고 있던 4대 국유은행들이 지불했다. 이 문제를 해소하기 위해, 1999년 중국 재무부와 인민은행의 출자로 4개(화룽(華融), 창청(長城), 둥팡(東方), 신다(信達))의 '자산관리공사'(资产管理公司)가 설립됐다. 부실채권을 인수하여 처리하기 위한 일종의 '배드뱅크'(bad bank)였다. 이들은 국유은행들이 보유하고 있던 1.4조 위안 규모의 부실채권을 액면가 그대로 인수했다(1998년 GDP 8.52조 위안의 16.4%에 해당하는 어마어마한 규모). 이는 당시 4대 국유은행 전체 여신의 총 18%에 해당하는 규모이고, 이것이 실질적인 부실채권 규모였다고 간주해야 할 것이다. 이후 2004년에는 건설은행으로부터 2,787억 위안, 2005년에는 공상은행으로부터는 7,050억 위안의 부실채권을 추가로 인수함으로써, 중국의 거대 국유은행의 부실채권, 즉 개혁비용은 완전히 처리되었다. 이를 통해 중국의 국유은행들은 홍콩과 미국 주식시장에 상장될 만큼 건전한 재무구조를 갖추게 되었다.

자본주의 경제에서 활동하면서, 신자유주의 경제에 적용되는 기준으로 중국을 평가하던 많은 전문가들(주류 경제학 신봉자들)은 이를 맹렬히 비판했다. 이들은 '국유은행의 위험을 자산관리공사로 떠넘긴 것에 불과하고, 그 위험은 머지않아 자산관리공사의 위기'로 나타날 것이라 경고했다.[3] 다른 말로 하면, 자산관리공사의 국유은행 부실채권 인수는 밑돌 빼 윗돌 괴는 속임수에 지나지 않고, 부실채권이라는 위험은 중국경제에 여전히 남아 있다는 것이다.

---

3   이런 주장의 대표로 Carl E. Walter and Fraser J. Howie(2011), *Red Capitalism: The Fragile Financial Foundation of China's Extraordinary Rise*, NY: Wiley (서정아 역, 『레드 캐피탈리즘: 장막 뒤에 숨겨진 중국 금융의 현실』, 서울: 시그마북스, 2011).

하지만 그들의 예상은 틀린 것으로 판명되었다(이런 주장을 편 많은 사람이 서구의 대형 투자은행에 복무했는데, 자신의 예측을 실제로 믿고 투자했더라면 큰 돈을 잃었을 것이다). 그들의 경고와 예측이 틀리게 된 가장 중요한 원인은 정부도 가계나 기업과 똑같이 엄격한 예산제약 하에서 운영된다고 잘못 가정한 데에 있다. 가계와 기업은 자신이 얻은 소득 내에서만 지출해야 지속가능하다. 또는, 부실채권으로 자산이 묶이거나 상각되면 운영에 큰 타격을 받는다. 이와는 반대로 정부는 예산제약이 없다. 정부는 스스로 통화를 창조하여 지급하고, 발행한 통화에 대해서도 후에 그 무엇으로도 상환할 필요가 없기 때문이다. 설사 그 재원을 국채발행으로 조달했다 하더라도, 이 사실은 변하지 않는다. 자신이 정한 화폐단위로 발행한 부채(국채)의 상환요구가 들어오면 간단히 통화를 발행해 상환하면 그만이다. 아울러, 당분간 돌려받을 의도가 없는 부실채권을 보유하여 자금이 묶인다 하더라도 정부의 운영에는 아무런 문제가 발생하지 않는다. 그 자산은 그대로 두고 새로운 통화를 발행하면 되기 때문이다.

자산관리공사와 인민은행은 중국 정부의 하부 기관이므로, 이들을 정부로 통칭할 수 있다. 이들 사이의 거래는 단지 내부거래에 지나지 않는다. 정부가 인수한 부실채권은 실제로 상각처리하지 않는 한 장부상 기록으로만 남게 된다. 정부는 이 자산을 매각하거나 상환받아 회수할 필요가 전혀 없다. 따라서 자산관리공사는 이들 부실채권을 영구히 보관하면 그만이고, 해당 국유기업이 존재하는 한 자산관리공사의 자산도 액면가 그대로 존재하게 된다. 설사 해당 국유기업이 파산하여 그에 대한 채권을 최종 상각처리한다 하더라도 그들이 말하는 '위험'은 존재하지 않는다. 자산관리공사라는 정부의 한 부문에 손실이 발생한다 하더라도 경제 전체에 큰 변화가 없기 때문이다.

이 조치로 재정 보수주의자들이 우려하는 부정적인 경제 현상도 일어나지 않았다. 예를 들어, 중앙은행이 통화를 발행해 자금을 지원했으므로, 통화량이 크게 증가(GDP의 16% 이상!)하고 물가가 상승했을 것이라 예상했을지 모른다. 하지만 현실에서 이런 일은 일어나지 않았다. 통화증발이 물가상승 압력을 유발할 때는 생산능력 이상으로 '신규 구매력'을 확대하는 경우일 것이다. 하지만 배드뱅크를 설립하고 부실채권을 매입한 것은 실물부문의 수요를 새로 창출한 것이 아니었다. 그것은 '이미 실현된 과거의 지출 기록', 즉 국유은행이 과거에 발행한 채권을 다른 형태의 자산으로 대체한 것에 불과했다. 은행들의 대출과 그에 따른 지출이 물가상승 압력을 낳는다면, 중앙은행의 자금지원과 배드뱅크 설립보다 훨씬 이전에 그랬어야 했다. 하지만 그런 일은 과거에도 일어나지 않았다.

여기서 주목할 점은 중국의 부실채권 처리방식을 '중국식 양적완화' 정책이라 부를 수도 있다는 사실이다. 2008년 세계 금융위기 국면에서 미국 중앙은행인 연준이 취한 '양적완화' 정책이 이것과 정확히 같은 정책이었다. 지난 10여 년 동안 최대 4조 달러에 달하는 민간은행 부실채권을 연준이 통화를 발행하여 매입했지만 '연준의 부실자산(채권)' 보유를 이유로 위험을 경고하는 사람은 아무도 없었고, 실제로도 그랬다. 중국 정부는 이미 오래전부터 이러한 실체적 진실을 매우 잘 이해하고 있었다고 할 수 있다.

앞서 우리 사회와 경제는 중국의 개혁만큼 '거대한 전환'이 필요하다고 했다. 여기 간단히 소개한 중국의 개혁 전략과 정부의 역할은 이에 큰 교훈을 준다. 우선, 개혁을 추진하려는 정부는 애초의 기획에서부터 '패자 없는 개혁' 방향을 제시해야 한다. 개혁으로부터 손해를 보는 집단은 반드시 개혁에 저항하게 된다. 그렇게 되면 개혁은 성공하기 어렵다. 중국 정부가 그랬던 것처럼, 현재 주어져 있는 어떤 부분을 해체하거나

강제로 재분배하기보다는 새로운 경제 생태계를 구축하는 방식이어야
할 것이다.

　우리 사회의 거대한 전환을 소망하는 논의 대부분은 '급진적 재분배'를 요구한다. 여기서 정부의 역할은 단지 제도와 법률 개정을 통해 한 편의 부를 다른 한편으로 옮기는 데 한정되어 있다. 정부가 스스로 새로운 부를 창조하거나 민간의 부채를 덜어 주는 역할은 고려하지 않는다. 이는 정치적으로 '당장' 실현하기 어렵다. **재분배의 문제는 말 그대로 점진적이어야 하고, 그 이행기 동안 정부가 대신 빚을 떠안는 방안이 현실적이다.**

　전환 비용은 국가가 담당해야 한다. 개혁으로 경제가 개선된다면 현재의 비용은 후에 충분히 벌충할 수 있다. 아니, 그러할 필요도 없다. 예컨대, 당장 정부부채 비율은 상승하겠지만, 경제적 성과가 개선됨에 따라 그것은 다시 하락한다. 국가가 거대한 전환의 충격을 완화하는 버퍼의 역할을 해야 한다는 말이다. 개혁의 필요성이 제기된 때에는 이미 어려움에 봉착해 있다는 의미이다. 이를 극복하는 과정에서 필연적으로 비용과 손실이 발생한다. 만약 그 비용을 특정 집단에 전가하거나, 모두에게 공평하게(?) '분담'하게 강제하면, 개혁은 지속하기 어려울 것이다. 특히 우리나라처럼 정부 정책에 대한 국민의 불신이 강할 경우 더욱더 그러하다. 개혁을 통해 정부 말고는 아무도 손해를 보면 안 된다는 원칙을 세울 필요가 있다.

　이 모두를 위해서는, 국가 재정에 대한 잘못된 관념을 버리고, 제도의 유연성을 갖추어야 한다. "국가부채는 위험하다"라는 관념은 시공간을 초월한 진리가 아니다. 그것은 특정 맥락에서만 그러하다. 예컨대, 많은 전문가뿐만 아니라 일반 국민 사이에서도 우리나라 금융시장 개방과 해외 투기자본의 빈번한 유출입이 정부 정책의 자율성을 크게 제약하고

있다는 점을 지적한다(4장). 정확한 지적이다. 하지만 이는 극복 불가능한 제약조건이 아니다. 관점을 유연히 하고 지혜를 모은다면 얼마든지 극복할 수 있는 문제일 것이다. 예를 들면, 4장에서 논의한 것처럼, 국가부채의 형태를 시장에서 거래되지 않는 방법으로 발행하고 보관할 수도 있다. '화폐적 재정 조달'(overt monetary financing)이 한 가지 대안이다. 정부의 역량을 이해하고 정부의 예산제약이란 관념에서 벗어나면, 그 전환의 모습을 구체적으로 구상하는 데 훨씬 자유롭게 된다. 대안 사회의 모습을 구상할 때 항상 재원이 문제 아닌가.

이와 같은 교훈은 지금 당장 적용할 수 있다. 지금은 명백히 위기 상황이다. 빚이 아니고는 극복하기 어렵다는 점에는 누구나 동의할 수 있다. 그런데 누가 빚을 져야 할까? 정부가 민간 대신 빚을 지는 방식이 '효과적'일 뿐만 아니라, 더 '바람직'하기도 하다. 다시 말하거니와, 정부의 부채는 가정경제 혹은 기업의 부채와는 다르다. 정부 부채가 많다고 국가가 파산하지도 않고, 어떤 부정적인 경제 효과를 염려할 필요도 없다.

코로나19 전염병처럼 외적 충격으로 경제가 무너질 때, 정부가 빚을 지고 그 충격을 완화해야 위기가 지나고 빠르게 회복할 수 있다. 경제위기 이후 더딘 회복은 대부분 경제위기 과정에서 생산능력이 파괴되기 때문이다. 경제위기가 진행되는 동안 자영업뿐만 아니라 중소기업, 때로는 대기업마저 파산 위협에 몰린다. 이들의 파산, 즉 폐업이 생산능력의 파괴이다.

세대 간 연대를 위하여

이는 '사회통합'의 관점에서도 정부의 역할과 재정의 중요성을 상기시킨다. 현세대의 계층 간, 그리고 미래 세대와의 연대를 형성하는 데에도 정부와 재정정책이 필수적이다. 우선 불필요한 재정건전성 우려를 극복하고 사회복지서비스 공급 확대에 재정을 과감히 지출하면 현세대의 소득불평등을 크게 개선할 수 있다. 이는 계층 간 통합에 긍정적이다. 또한, 적극적 재정지출과 그에 따른 불평등 완화는 수요부족 문제를 완화한다. 현재의 수요부족 문제를 해소하는 일은 미래 세대와의 연대에서 핵심 연결고리이기도 하다. 앞서 그린스펀 전 연준 의장이 지적한 것처럼, 세대 간 연대의 핵심은 훌륭한 실물 생산 기반을 현세대가 어떻게 확보하여 미래 세대에 물려줄 것인가의 문제이기 때문이다. 수요증가는 '생산성' 향상으로 이어지고, 그렇게 업그레이드된 경제가 낳을 혜택은 후세대가 누릴 것이다.

현세대의 저축과 소비, 그리고 재정정책이 미래 세대가 누릴 생산 기반에 미치는 영향을 이해하기 위해서, 수요가 생산성과 경제성장을 유도하는 과정을 더 자세히 살펴볼 필요가 있다. 이에 대해 주류 경제학자들은 미래 세대의 부담을 덜기 위해서는 현세대가 더 많이 저축해야 한다고 제안한다. 현세대의 저축과 경제성장 및 생산성 사이의 관계를 무시하기 때문이다. 구체적으로, 경제성장과 기술진보에 대한 주류 경제학의 설명은 외생적 설명방식을 취한다. 외생적 설명방식이란 논의 대상이 되는 변수들의 상호작용으로 경제성장과 기술진보를 설명하는 것이 아니라, 경제 외부의 요인으로 설명하는 방식이다. 이에 따르면, 생산요소(노동과 자본)의 투입이 증가하거나 생산요소 단위당 생산량을 의미하는 생산성이 향상될 때 경제가 성장한다. 이 자체로는 문제가 없다. 그렇다면, 진정한 질문은, '생산요소의 증가와 생산성의 변화를 결정하는 요인은 무엇인가'이다. 이에 대해 주류 경제학의 설명은 경제 체제 외부의 요인을 불러들인다. 예컨대, 노동은 생산가능인구의 변화로, 자본 또는 투자는 기업가적 정신 또는 이자율, 조세 제도 등의 정책 요인으로, 생산성은 경제 외부의 실험실과 연구실에서 이루어지는 신기술의 발명이나 혁신으로 설명하는 식이다.

이런 설명은 불완전하다. 첫째, 생산가능인구의 증가가 경제성장을 유도한다는 주장은 실업이 존재하지 않는 완전고용 상태를 전제한 논리이다. 하지만 자본주의 역사 전체에서 대규모 실업이 항상 존재했다. 이렇게 생산가능인구가 증가한다고 해도 모두 고용된다는 보장이 없으므로, 자동으로 노동 투입이 증가하여 경제가 성장하는 것은 아니다. 둘째, 4장에서 설명한 것처럼, 투자를 세금이나 이자율 등으로 설명하는 논리 또한 수용하기 어렵다. 이런 주장은 미래 투자수익을 사전에 알고 있다는 비현실적인 가정에 기초하기 때문이다. 셋째, 생산성을 실험실에서 이루어지는 신기술의 개발로 설명하는 방식은 또 다른 의문을 불러일으킨다. 신기술 개발에 대한 투자는 누가 어떻게 결정하는가? 이에 대해 주류 경제학은 '혁신적 기업가 정신'이라는 경영자의 비범한 예지력 등으로 설명한다. 하지만 자본주의에서 미래 이윤 기회가 어떻게 발생하는지를 설명하지 않는 한 기업가 정신이란 공허한 개념이다.

주류 경제학이 경제성장을 설명하는 방식이 이렇게 불완전한 이유는 수요측 요인이 경제에 미치는 요인을 무시하기 때문이다. 예컨대, 새로운 제품을 개발하거나, 투자와 효율성을 향상시키는 혁신이 일어나서 더 많이 생산한다고 해도 모두 팔린다는 보장이 없다. 그렇다면 자본투입(투자)과 혁신을 위한 결정 또한 이러한 수요에 제약되어 있다고 보는 것이 더 합당하다(1장). 따라서 수요가 항상 부족한 자본주의 경제에서 수요측 요인을 고려하지 않는 설명방식은 그 자체로 불완전하다.

이와는 반대로, 수요 제약을 명시적으로 고려하고, 수요와 공급의 상호작용을 통해 경제성장을 설명하려는 이론적 전통이 존재한다(다만 무시되어 왔을 뿐이다).[4] 이에 따르면, **수요의 제약으로 유휴설비와 실업이 존재하는 상황에서, 수요의 증가는 고용과 투자를 유도하고 그 결과 생산성 향상으로 결과한다.** 자본주의 전 역사에서 가동률 100%, 실업률 0%를 달성한 경우는 찾아보기 어렵다. 불완전고용 상황에서 수요가 증가하면 가동률이 높아지고, 완전 가동에 도달하기 이전에 새로운 투자가 이루어진다. 수요증가와 가동률 상승은 기업가가 미래를 낙관적으로 전망하게 만들기 때문이다. 따라서 투자를 유도하는 가동률 상승을 위해서는 이자율이나 세금이 아니라, 수요증가가 훨씬 중요하다. 사실상 혁신이란 것도 주어진 수요를 두고 벌이는 자본간 경쟁일 뿐이다.

〈그림 1〉은 수요주도성장의 구조를 보여준다. 불완전고용 상태를 가정하고 우측 상단의 수요부터 출발하자. 정부지출, 민간소비 등 내수와 해외수출이 증가하면 우선 가동률이 상승하고, 완전 가동에 도달하기 전에 새로운 투자도 이루어지게 된다. 이런 의미에서 투자는, 야심적인 기업가 정신이나 세금 좀 깎아준다고 이루어지는 것이 아니라, 수요에 의해 유도되는 것으로 이해되어야 한다. 신규 투자가 이루어지면 최신의 설비와 경영기술이 도입되면서 직접적으로 기술진보와 생산성이 향상된다.

---

4 수요가 생산성과 잠재경제성장률 상승을 유도한다는 실증연구는 무수히 많다(Allain, 2015; Antenucci et al., 2020; Anzoategui et al., 2017; Comin and Gertler, 2006; Fazzari et al., 2018; Jeon, 2008; Jeon and Yoo, 2011; Kaldor, 1966; Libânio, 2010; Leôn-Ledesma and Thirlwall, 2002; McCombie et al., 2002; Schmookler, 1966; Shleifer 1986; Thirlwall, 1969). 이들이 모두 같은 이론적 전통을 따르는 경제학자들이 아니라 다양한 경제학파에 소속되어 있다는 점을 인식하는 것이 중요하다. 각자의 이론적 전통이 다름에도 불구하고, 이들은 공통으로 기술진보와 잠재경제성장률이 경기변동에 영향을 받고, 경기변동은 다시 외생적인 총수요('정부지출', 수출 등)에 의해 결정된다는 인과관계를 강조한다. 즉, 정부가 적자재정을 통해 총수요를 증가시키면, 기술진보와 잠재경제성장률 자체가 상승한다는 것이다. 특히 경기가 침체했을 때 이 효과는 극대화된다.

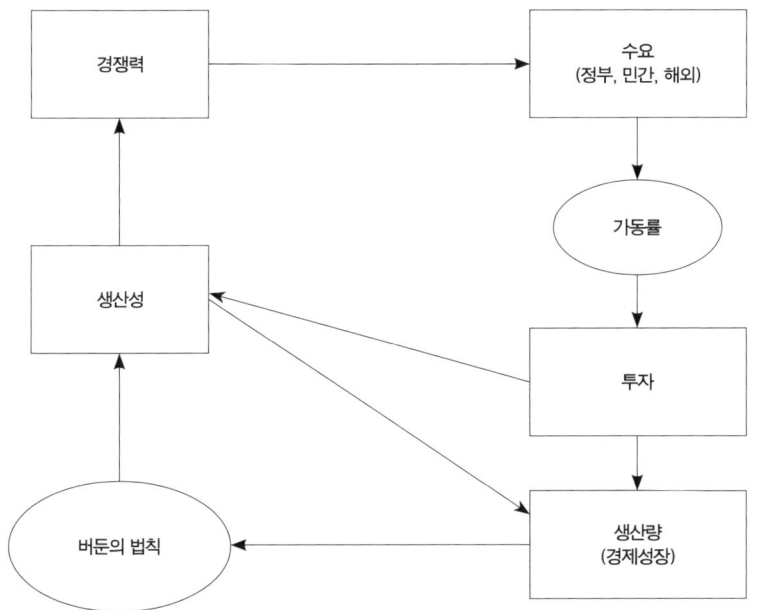

그림 1 **수요주도 경제성장의 구조**
출처: 저자의 박사학위논문(Jeon 2008)

투자가 기술진보의 원천이란 주류 경제학의 주장이 옳다고 하더라도, 투자는 수요 의존적이란 전제가 필요하다.

가동률 상승과 신규 투자, 그리고 그로 인한 생산성 향상은 일차적으로 생산량을 크게 증가시킨다. 즉, 경제성장률이 상승한다. 그런데 생산량이 증가하면, 생산성 또한 향상된다. 이것을 '버둔의 법칙'(Kaldor-Verdoorn's Law)이라 부른다. 생산량 증가는 노동자들의 숙련도를 높이고, 시행착오를 통한 오류 수정, 규모 및 범위의 경제 등 다양한 생산성 향상 채널이 작동하기 때문이다(이에 대한 가장 포괄적이고 상세한 설명은 McCombie et al. (2002) 참조).

생산성이 향상되면 가격이 하락하거나, 비가격 경쟁력이 향상되어 경쟁력 또한 향상된다. 그 결과 수요는 더욱 커진다. 이는 이 과정에 이르는 동안 발생한 고용 증가와 임금 상승, 해외수출 증가, 그리고 생산성 향상으로 인한 가격 하락 모두의 결과일 것이다. 이러한 관점에서 보면, 경제 전체적으로 수요 확대는 성장과 소득 모두 증가하는 선순환 구조를 형성하는 필수 조건이다. 반대로, 수요가 부족하면 소득과 경제성장이 동시에 악화하는 악순환 구조에 빠지게 된다. '구성의 오류'로 경제가 침체에 빠져 있는 경우,[5] 정부의 적극적 지출은 이러한 악순환 구조를 선순환 구조로 전환하기 위한 결정적 계기가 될 것이다.

이는 주류 경제학의 설명보다 더 완결적이고, 현실 설명력이 높다고 할 수 있다. 수요와 공급 양면의 상호작용을 명시적으로 고려하기 때문이다. 또한, 주류 경제학이 외생적으로 간주하여 사실상 설명을 포기한 투자와 생산성 진보의 결정요인을 내생적으로 설명하는 장점도 있다. OECD 국가를 대상으로 한 저자의 실증 연구(Jeon, 2011)는, 수요 증가가 '잠재경제성장률' 자체를 향상시키는 증거를 제시한다.

이와 같은 이론적 관점에서 보면, 은퇴자들을 위한 저축(국민연금 등)과 재정긴축을 강조하면 경제성장과 생산성이 침체한다. 그 결과 미래 세대에게는 저생산성, 저성장의 '저질 경제'가 남겨질 것이다. 다른 말로, 현재 저축을 지나치게 많이 하면, 수요부족으로 경제의 생산성이 정체되어 후세대들의 생산성 이익은 감소하게 될 것이다. 재난지원금을 기부하기보다는 지출하는 것이 바람직하다는 주장도 이 같은 맥락에 기초한다. 고령화에 대비하기 위해 국민연금 등 사회보장성 보험료를 많이 징수해

---

5   구성의 오류란 개인의 최고의 선택이 사회 전체에는 부정적인 결과를 낳은 현상을 이르는 말이다. '각자도생' 혹은 수익자부담원칙 등 신자유주의 교리가 지배하는 사회에서 구성의 오류가 흔히 발견된다. 예를 들어, 불안한 노후를 위해 모두가 저축하게 되면 경제는 침체에 빠지게 된다. 노후 준비를 위한 저축이 개인에는 최고의 선택이지만, 경제 전체에는 부정적 결과를 낳는 것이다. 구성의 오류를 정정할 수 있는 주체는 정부뿐이다.

야 한다는 주장 또한 긴축정책과 동전의 양면이다. 은퇴자를 위한 정부재정의 역할은 처음부터 배제하고, '수익자부담원칙'만을 강요하는 결론이기 때문이다. 이는 명백히 정부의 역량과 책무성을 무시하는 관점이다.

현세대의 은퇴자금 과잉 저축은 미래 세대를 위한 생산성 정체의 원인이기도 하지만, 미래에 은퇴자와 노동인구 사이의 직접적 갈등을 유발할 수도 있다. 현세대에 노후대비 저축을 강제하면 현재의 수요부족 문제가 악화하고 생산성은 정체한다. 이는 미래 노동인구가 생산하는 생산물의 양이 많이 증가하지 않을 것이란 의미이다. 하지만 고령화에 따라 은퇴자의 인구 비중이 커지고, 저축도 대량 보유한 은퇴자는 더 많은 생산물의 소비를 요구할 것이다. 이렇게 제한된 생산물을 두고 은퇴자들과 당대 노동인구가 경쟁하는 상황이야말로, 우리가 상상할 수 있는 가장 심각한 세대 간 갈등일 것이다. 이것이 4장에서 인용한 그린스펀 증언의 핵심이다. 따라서 **건전재정이라는 허구적 관념에 포로가 되지 말고, 적극적 재정지출을 통해 미래 세대에게 양질의 경제를 물려주는 것이야말로 진정한 세대 간 연대의 출발이다.**

이처럼 현세대와 미래 세대 간 연대에서 실질적 문제는 '회계적 문제'가 아니라 '생산성과 총생산량'의 문제이다. 회계적 문제란 누가 저축하고 누가 부채를 지는가의 문제이다. 은퇴를 위한 강제저축은 정부가 부채를 지지 않겠다는 의도이다. 3장과 4장에서 강조한 것처럼, 재정 운영원리를 개혁하고 현대의 불태환 통화제도를 활용하면 정부부채는 그저 장부상 기록의 문제로 축소된다. 반대로, 미래에 세대 간 갈등의 문제는 충분한 생산물을 창출할 수 있느냐의 문제이다. 정부부채에 대한 맹목적 두려움으로 지금 긴축적 재정정책을 편다면, 경제성장과 생산성이 정체되어 충분한 생산력을 확보하지 못할 수 있다. 따라서 현재 정부부채를 회피하기 위해 정부지출을 제한하는 것은 오히려 미래 세대의 '실질적 부담'을 가중시키는 정책이다. 미래 세대에게 넘겨줄 것은 아무 의미도 없는 '건전한 재정'이 아니라 생산성 높은 '건강한 경제'여야 한다.

현재 주택을 두고 벌어지는 세대 간 갈등이 이와 유사한 현상이라 할 수 있다. 현재 주택 소유자들의 큰 부분이 중장년층 이상인데, 그들이 노동인구로 활동하던 청년기에 대규모로 저축했기 때문이다. 이것을 저축이 아니라 투기로 명명하여 도덕적으로 비난한다 해도 총주택량이 변하지 않는 한 문제는 변하지 않는다. '미래 세대를 위한 투자 없이' 현재의 저축을 강제하는 방식으로 긴축재정을 운영하면 미래 세대의 생산물은 은퇴자들이 더 많이 점유하게 된다. 과거에 재정적자를 통해 '공공주택'을 대량으로 건설하여 현 청년 세대에 물려줬더라면 주택을 두고 벌어지는 세대 간 갈등은 크게 줄었을 것이다. 그렇게 하지 않은 이유는 건전재정 집착 때문이었다. 세대 간 갈등 대부분은 과거의 긴축재정이 낳은 결과라 할 수 있다. 이렇게 긴축재정은 을들끼리 경쟁하고 갈등하도록 만들어, 사회통합을 방해한다.

국민연금을 경제 및 정부재정과 분리하고 국민연금기금의 미래 재정건전성만을 강조하는 태도 또한 이와 다르지 않다. 공적 연금의 재정건전성 확보란 다른 말로 하면 은퇴 후를 위한 더 많은 강제저축을 의미하는데, "노후는 각자 알아서 준비하라"는 주장에 불과하다. 이런 신자유주의 교리가 지배하는 한, 사회적 통합과 세대 간 연대는 기대하기 어렵다. 강제저축 주장은 국가의 책무성을 포기하고, 국가의 존재 이유마저 부정하는 관점이다. 더구나 경제적 관점에서 보자면, 강제저축은 미래 생산물에 대한 '청구권'의 축적일 뿐, 미래의 실물 생산을 방해하는 일이다. 1인당 청구권 증가보다 1인당 실물 생산량이 더 빨리 증가하지 않는 한, 미래 세대는 오히려 과거 저축으로부터 수탈당할 수도 있다.

적자재정으로 우리나라 경제성장과 생산성 향상이 가능한가? 작금에 우리나라 경제의 침체는 자원 부족이 아니라 자원을 활용할 구매력이 제대로 분배되지 않은데 연유한다. 2020년 1분기 제조업 평균 가동률은 73%로 최악의 수준으로 떨어져 있다. 고령화로 생산가능인구가 감소한다고 하지만 생산가능인구 중 일자리를 찾지 못한 사람(확장실업률)이 2020년 1분기 400만 명에 육박하고 있다. 이렇게 노동력과 유휴 생산능력이 과잉인 것은 생산성이 너무 높아 우리나라 국민의 물질적 욕구를 모두 충족하고도 남기 때문이 아니다. 실상은 그 반대이다. 가계의 소득수준이 경제의 생산능력 대비 상대적으로 낮고, 소득 불평등이 심각해서 발생하는 문제로 보아야 한다. 경제의 넘쳐나는 노동력과 생산능력을 온전히 활용하여 국민 복리를 개선하는 방법은 저축이 아니라 지출을 늘려야 한다. 불태환 통화제도에서 구매력은 화폐의 형태로 존재하고, 화폐는 정부가 마음만 먹는다면 언제든 발행할 수 있다. 화폐는 그저 장부상 기록으로 창조되기 때문이다. 실물적 제약 내에서라면 재정지출 확대는 경제에 부정적 영향도 끼치지 않는다. 따라서 정부가 화폐를 창조하여 국민 전체의 구매력을 높여주면 유휴 생산능력이 즉시 가동되어, 경제가 성장하고 생산성도 개선될 것이다. 더 건강하고 생산성 높은 경제로 전환하는 것이다. 그리고 미래 세대도 이 혜택을 누릴 것이다.

따라서 재정적자가 미래 세대에 부담을 지우는 일이란 주장도 허구에 불과하다. 3장에서 자세히 살펴본 것처럼, 우선 정부부채는 장부상 기록에 지나지 않으며, 미래 세대가 상환하지 않는다. 노동인구 대비 노인인구의 증가가 국민연금 등 공적 사회보험료 부담의 증가로 이어지기 때문에, 미래 세대에 부담을 주지 않으려면 노인이 되기 전에 더 많이 저축해야 한다는 주장 또한 정부의 역할은 없는 것으로 가정한 결론이다. 노인부양 부담을 낮추는 가장 효과적인 방법은 노인인구 증가보다 더 크게 생산성을 높이는 일이다. 당장 여기에도 정부와 재정의 역할이 절대적이다. 그리고 생산된 생산물을 어떤 원칙으로 배분할지는 우선 사회적 통합을 이루고, 이를 바탕으로 새로운 사회적 타협점을 찾을 일이다. 이 또한 정부가 해야 할 당연한 의무이다. 재정이든 국민연금이든 정부가 책임져야 할 공적 영역이다.

요컨대, 현재의 재정적자는 미래 세대에게 부담을 떠넘기지 않는다. 이것은 그저 회계 장부상의 기록일 뿐, 미래 세대가 상환하지 않기 때문이다. 오히려 현재 강제저축보다는 적극적 재정정책과 수요 증가를 통해 생산성 높고 건강한 '실물' 경제를 미래 세대에 넘겨주는 데 집중할 일이다. 그리고 나서, 높은 생산성이 낳을 풍부한 생산물을 미래 은퇴자들과 어떻게 나눌지 의견을 모아야 한다. 이것이 진정한 세대 간 연대라 부를 수 있을 것이다.

과장된 미래 정부부채[6]

현재의 재정정책이 경제성장과 생산성에 미치는 영향을 무시하면 미래의 정부부채를 과장하여 추산하게 된다. 미래 예상되는 정부부채 추세가 현재의 재정정책 방향에 큰 영향을 받는다는 사실을 고려하면, 이는 대단히 중요한 문제가 아닐 수 없다. 앞서 살펴본 것처럼, 확장적 재정정책은 생산성과 경제성장을 유도할 수 있다. 경제성장은 세수 기반을 확대하여 정부의 수입을 늘리고, 정부부채비율의 분모가 되는 GDP를 증가시킨다. 이 모든 효과는 경제규모 대비 정부부채의 비율을 완화할 것이다. 이러한

---

6 이 절은 정의정책연구소 연구용역보고서로 작성되었고, 2019년 6월 12일 국회에서 열린 '확대재정정책 토론회'에서 발표한 보고서를 수정·보완한 것임을 밝혀둔다. 이 책에 전제를 허락한 김병권 소장님께 감사드린다.

경제적 효과를 고려한 미래의 정부부채를 새로 추계하고, 정부의 공식적 견해와 비교해 보자.

우리나라 국회예산정책처는 2018년 말『2019~2050년 NABO 장기 재정전망』(이하 NABO 재정전망으로 약칭)을 발표했다. 이에 따르면, 정부채무비율은 2020년 39.5%에서 2050년 85.6%로 증가할 것으로 전망된다. 정부부채비율이 이렇게 높아질 것이란 전망을 근거로 현재의 재정지출 삭감을 주장한다. 이를 이해하기 위해 NABO 재정전망의 추정방식을 세밀히 살펴볼 필요가 있다.

첫째, NABO 재정전망은 bottom-up 방식으로 추정한다. 이러한 접근법은 취업자 수, 고령화에 따른 사회보험료 지급 등 개별 변수 혹은 제도의 변화가 재정에 미치는 효과를 추정하는데 유리한 방식이다. 예컨대, bottom-up 접근법은 미래 의무지출액을 추정할 수 있게 한다.

둘째, NABO 재정전망은 매우 비관적인 장기 거시경제 전망에 기초하고 있다. 비관적 거시경제변수는 재정 수입 전망에 부정적 영향을 미쳐 정부부채비율을 상승시키는 주요 요인이 된다. NABO 재정전망은 2019년에서 2050년 사이 실질GDP가 연평균 2%로 성장할 것으로 가정한다. 이는 평균치로, 실제로는 2020년 2.8%에서 2040년 1.5%, 2050년에는 1.2%로 지속해서 하락하는 것으로 가정한다. 이는 지난 2000~2018년 사이의 4.0%, 더욱 최근인 2010~2018년 사이의 3.4%에 비해 매우 비관적인 예상이다. NABO 재정전망은 같은 기간 소비자물가지수 상승률 또한 연평균 1.9% 수준을 유지할 것으로 전망한다. NABO 재정전망은 "인구 고령화에 따른 노동투입 감소와 총투자율 하락에 따른 자본투입 감소 등 총요소생산성 약화"를 이러한 비관적 경제전망의 근거로 제시한다. 하지만 이는 잘못된 전제에 기초한 비현실적 전망이다.

셋째, NABO 재정전망은 취업자 수 증가율 또한 2019년에서 2050

년 사이 평균 0.2%(연평균 6.3만 명)씩 감소할 것으로 가정한다. 그 원인으로는 생산가능인구의 증가 폭 둔화(인구 고령화)와 경제성장률 하락을 들고 있다. 취업자 수는 소득세 수입에 결정적으로 중요한 변수이므로, 이의 감소는 재정 수입의 하락을 의미하고, 재정수지를 악화시키는 요인이다. 실제로 NABO 재정전망은 GDP 대비 재정 총수입의 비중을 2020년 25.6%에서 2050년 23.2%로 지속해서 하락할 것으로 전망하는데, 그 이유가 취업자 수 감소이다. 이 또한 지지하기 어려운 전망이다. 생산가능인구가 크게 증가하지 않는다 하더라도, 전체 인구에서 고용이 차지하는 비중이 높아지면 절대 고용인구가 증가할 수 있다. 생산가능인구 감소가 취업자 수 감소로 이어진다는 가정은 대규모 실업이 존재하는 현실을 무시한 가정이다. 다른 말로 하면, 이는 완전고용 상태를 가정할 때만 유효한 가정이다.

국회예산정책처는 잘못된 접근법을 채택하여 지나치게 보수적인 경제전망을 제시하고 있다. 가장 중요한 문제로, 경제성장 전망에 있어서 NABO 재정전망은 앞서 설명한 주류 경제학의 접근법을 채택하고 있다. 경제성장이 배타적으로 외생적 요인으로만 결정된다고 가정하고, 수요 증가가 기술진보와 경제성장에 미치는 긍정적 영향을 무시한다. 구체적으로, 경제성장은 노동투입, 투자 및 그에 따른 총요소생산성에 의해 결정되는 것으로 가정하고, 각 변수는 수요와 무관하게 인구 등 외생적 요인에 의해 배타적으로 결정되는 것으로 판단한다. 이는 생산성과 경제성장이 외생적으로 결정된다는 주류 경제학의 관념을 반영한 전망이다. 하지만 양자 모두 외생변수가 아니다. 앞서 지적한 것처럼, 정부지출을 통해 총수요가 증가하면 생산성과 잠재경제성장률 모두 개선할 수 있다. 즉, 정부가 어떠한 재정정책을 펴느냐에 따라 장기 생산성과 경제성장 경로도 달라질 수 있다. 이렇게 장기전망에 정부의 역할을 무시한다는 점에서 NABO 전망은 신뢰하기 어렵다. 아래에서 보여주듯, 재정정책이 경제에 미칠 수 있는 긍정적 영향을 고려하면, 다양한 시나리오가 가능하게 된다.

실제로 소득과 수요의 변화는 단기적인 경제성장률뿐만 아니라 기술진보와 총요소생산성 등에도 영향을 미쳐 장기적 잠재성장률 자체를 변화시킬 수 있다. 대규모 실업과 낮은 설비가동률을 고려할 때, 소득이 증가하면 수요가 증가하고, 수요 증가는 유휴 노동력과 생산능력을 활용하여 즉각적인 생산 증가를 낳을 수 있다. 총수요 증가에 따른 매출과 가동률의 상승, 그리고 생산 증가는 투자와 기술개발을 유도하여 경제의 잠재생산능력까지도 높일 수 있다(**위 그림 1 참조**). 설사 인구 고령화에 따라 생산가능인구의 절대적 수가 감소한다고 하더라도 광범위하게 존재하는 현재의 실업자, 그리고 IT와 AI 등 기술발전에 따른 노동-자본 비율의 하락 등을 고려하면, 생산가능인구가 경제성장을 심각히 제약한다고 할 수는 없을 것이다. 자본주의 일반에서 그런 것처럼, 경제성장의 궁극적 제약은 수요부족 문제에 있다. 또한, 빈곤과 소득 불평등이 비혼율과 출산율에 미치는 부정적 영향을 고려하면, 인구변화 또한 고정된 상수가 아니다. 소득증대와 안정적 일자리 창출은 출산율을 높여 고령화 경향을 완화하는 효과를 낳을 가능성마저 존재한다. 즉, 정부지출은 이 모든 변수에 영향을 미칠 수 있지만, NABO 전망은 이를 고려조차 하지 않는다.

따라서 정부지출과 무관하게 미래 경제성장률을 '숙명처럼 주어진 것'으로 가정하는 NABO 재정전망의 접근법은 신뢰하기 어렵다. 적극적인 재정지출은 미래 잠재경제성장률을 높이고, 이는 다시 세수를 증가시키는 효과를 낳는다. 경제성장률 상승에 따른 세수 확대는 정부부채비율을 낮추는 강력한 요인이다. 결국, 정부는 자신의 미래 부채비율마저도 스스로 결정할 강력한 능력이 있다. 이런 의미에서 정부부채비율 상승을 억제하고자 정부지출을 삭감하는 전략은 단견에 불과하다. 과감한 정부지출을 통해 분모인 GDP 상승을 유도하는 전략이 국민 모두에 이롭다.

여기서는 긴축이 아니라 재정적자를 감수하는 확장적 재정지출이 낳을 긍정적 경제 효과를 반영하여 새로운 재정전망을 추계한다. 현재의 경제구조와 제도에서 최저임금 인상 같은 일부 노동소득분배율 개선을 통해 국민 전체의 소득수준을 획기적으로 높이는 일은 거의 실현 가능하지 않다. 이에 가장 효과적인 방법은 정부가 적극적인 재정정책을 취하는 일이다.

이와 같은 배경에서 여기서는 GDP의 3% 본원적자(이자 비용을 제외한 재정적자) 재정을 운영하는 것으로 가정한다. 또한, 적자재정지출의 효과를 고려하여 NABO의 장기 경제성장률 전망치 2%보다 각각 1%p, 2%p, 3%p 높은 경제성장률을 가정할 것이다.[7] 재정적자는 즉각적인 경제성장률 상승으로 나타나고, 그 혜택이 가계소득 증가로 이어질 것이다. 나아가 재정 적자분의 지출을 저소득층에 집중한다면 소득 불평등을 개선하고 추가적인 수요를 창출할 것이다. 이러한 정부지출 증가와 가계소비지출 증가는 동시에 기술진보와 잠재생산능력에 긍정적 효과를 낳을 것이다. 따라서 적자재정을 운영할 때 NABO 재정전망보다 낙관적 경제전망을 상정하는 것은 충분히 합리적이다.

아울러, NABO 재정전망과 달리 GDP 대비 총수입 비율도 현재의

---

7   Onaran and Galanis(2012)는 한국의 재정승수(multiplier)를 1.82배로 추정했다. 즉, 정부지출이 1조 원 증가하면 GDP는 1.82조 원 증가한다는 뜻이다(Onaran(2014) 또한 참조). 또한, IMF 경제학자 Gechert(2013)은 1992년부터 2013년까지 세계 각국의 정부지출 승수를 추정한 98개 연구를 종합하여, 그것의 평균이 1.22배였다고 분석한다. 여기서 중요한 논점은, 정부지출의 증가는 그를 능가하는 GDP 상승을 가져올 것이라는 점이다. 보수적으로 승수 1배를 가정하다 하더라도, 현재의 1~2% 재정수지 흑자기조에서 3% 재정적자로 전환하면 약 5%의 GDP 추가 성장을 예측할 수 있을 것이다.

25.6% 수준으로 유지한다고 가정한다. NABO 재정전망은 이 국민부담률도 장기적으로 하락하는 것으로 가정하는데, 그 주요 이유는 고령화에 따른 취업자 수의 감소이다. 하지만 성장하는 경제를 고려하면, 이는 지나치게 비관적인 관점이다. 현재 존재하는 대량의 잠재적 실업자가 취업자로 전환될 수 있기 때문이다. 경제성장으로 취업자 수의 증가가 고령화로 인한 생산가능인구 비중의 감소보다 빠르면 오히려 소득세 수입이 증가할 가능성도 있다. 더구나 경제 상황이 개선되면 세율 인상도 충분히 검토할 수도 있다(이에 대해서는 마지막 절 참조).

마지막으로, 국채 기간별 가중평균 실질 금리는 2% 수준으로 관리한다고 하자. 현대 통화제도에서 금리는 정책변수이다. 통화 당국이 기준금리를 결정하면 국채 금리를 포함하여 시장금리가 따라간다. 장기금리의 경우 가산금리가 클 수 있지만, 국채의 만기구조를 조정하는 것도 정부와 통화 당국이다. 국채 평균금리 2%는 지난 10년간의 평균 실질금리 수준이다.

〈표 1〉과 〈그림 2〉, 〈그림 3〉는 매년 GDP 대비 본원적자 3%를 유지한다고 가정하고, 그 효과로 경제성장률을 NABO 전망치보다 높게 가정하면 나타나게 될 정부부채비율 전망치와 NABO 추정치를 비교한다.[8] 재정지출이 경제성장률에 미칠 영향을 가장 보수적으로 가정하여, 3% 적자재정지출의 결과 실질GDP가 NABO 거시경제 전망보다 1%p 높은 연평균 3%로만 성장한다고 하더라도 2020년 66.7조, 2030년 105.9조, 20년 후인 2040년에는 202.2조 원을 더 지출할 수 있는 것으로 나타난다(이 모든 값은 '현재가치'이다. 다른 말로, 20년 후 202.2조 증가는 현재 202.2조 원의 재정이 추가로 지출되는 세상으로 이해해도 된다). 이러한 엄청난 재정지출 증가

8　정부부채의 형식에 따라 이 비용도 달라진다. 예를 들어, 한국은행으로부터 직접 빌리는 전략을 쓰면 이자 비용이 극소화되고, 추가 지출도 가능해질 것이다.

표 1 3% 본원적자를 유지할 때 재정전망(%, 조 원)

추계방법	항목	2020	2030	2040
NABO 재정전망	총수입	492.9	612.4	707.2
	(GDP대비 비율)	(25.6)	(24.9)	(24.0)
	총지출(1)	499.6	663.3	839.7
	(GDP대비 비율)	(26.0)	(27.0)	(28.5)
	의무지출	257.6	369.2	487.9
	재량지출	242.0	294.0	351.8
	국가채무비율(A)	39.5	50.5	65.6
3% 본원적자+ 3% 경제성장	총수입	566.3	769.2	1,041.9
	(GDP대비 비율)	(25.6)	(25.6)	(25.6)
	총지출(2)	566.3	769.2	1,041.9
	(GDP대비 비율)	(29.4)	(29.7)	(30.0)
	의무지출	257.6	369.2	487.9
	재량지출	308.7	400.0	554.0
	국가채무비율(B)	42.1	58.2	70.2
3% 본원적자+ 4% 경제성장	총수입	571.6	853.1	1,269.7
	(GDP대비 비율)	(25.6)	(25.6)	(25.6)
	총지출(3)	571.6	853.1	1,269.7
	(GDP대비 비율)	(29.4)	(29.7)	(29.8)
	의무지출	257.6	369.2	487.9
	재량지출	314.0	483.9	781.8
	국가채무비율(C)	41.7	54	62.3
3% 본원적자+ 5% 경제성장	총수입	577.0	945.4	1,545.5
	(GDP대비 비율)	(25.6)	(25.6)	(25.6)
	총지출(4)	577.0	945.4	1,545.5
	(GDP대비 비율)	(29.4)	(29.6)	(29.7)
	의무지출	257.6	369.2	487.9
	재량지출	319.4	576.2	1,057.6
	국가채무비율(D)	41.4	50.2	55.6
재정 증가분	(2) - (1)	66.7	105.9	202.2
	(3) - (1)	72.0	189.8	430.0
	(4) - (1)	77.4	282.1	705.8
정부부채비율의 차이	(B) - (A)	2.6	7.7	4.6
	(C) - (A)	2.2	3.5	-3.3
	(D) - (A)	1.9	-0.3	-10.0

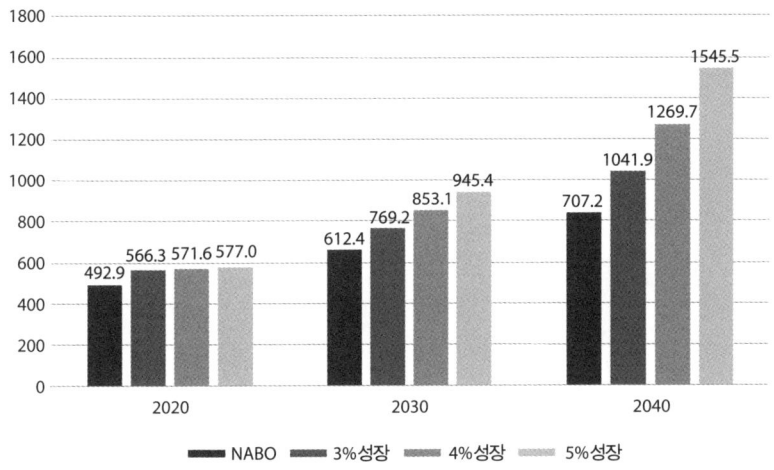

그림 2   3% 본원적자일 때 경제성장률에 따른 재정규모 변화

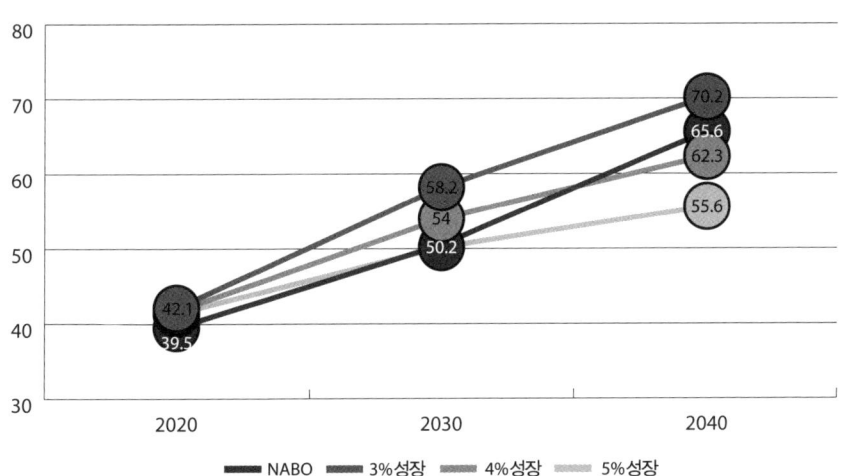

그림 3   3% 본원적자일 때 경제성장률에 따른 부채비율

에도 불구하고, 정부부채비율은 NABO 전망보다 겨우 최소 2.6%p, 최대 7.7%p 높아지는 것으로 나타난다.

경제성장에 대한 재정지출의 효과를 더 낙관적으로 예측하는 경우, 즉 실질GDP 성장률이 NABO 전망치보다 3%p 개선되어 5%로 가정하면 결과는 훨씬 나아진다. 매년 본원적자 3%를 유지하여 경제가 연평균 5%로 성장할 경우,[9] NABO 전망 대비 정부지출은 2020년 77.4조, 2030년 282.1조, 2040년 705.8조 추가로 증가하는 것으로 나타난다. 이러한 결과는 전적으로 경제성장으로 인한 세수의 확대로부터 나온다. 그 결과 2040년 정부부채비율은 NABO 전망치보다 오히려 10.0%p 낮아지는 것으로 나타난다(**그림 2 참조**). 이는 경제성장이 얼마나 중요한지 보여주는 증거라 할 것이다.

재정건전성만을 고려한다면, 물가상승률이 더해진 명목GDP로 추계하는 방식이 더 정확할 것이다. 세수는 명목가치를 과세대상으로 하기 때문이다. NABO 재정전망은 장기 평균 물가상승률을 1.9%로 예상하는데, 빠르게 성장하는 경제에서는 통상적으로 물가상승률이 높아진다. 외환위기 이후 지난 20년 동안 우리나라 소비자물가 증가율은 연평균 2.5%였다. 동일한 실질GDP 성장률에 대해서 NABO 추정보다 더 높은 물가상승률은 더 많은 세수로 이어져, 정부부채비율은 더 떨어질 수 있다.

요약하자면, 적극적 적자재정은 통념과 달리 정부부채비율을 크게 증가시키지 않는 것으로 드러난다. 유휴 노동력과 생산설비가 광범위하게 존재하는 상황에서, 정부지출과 그에 따른 총수요 증가가 경제성장을 촉진할 것이기 때문이다. 경제성장은 세수의 확대를 의미하기도 한다.

또 한 가지 지적할 점은 경제가 성장하면 재량지출의 여지가 확대된다는 점이다. NABO 재정전망은 정부가 사용처를 자율적으로 정해 지

9　1997-98년 외환위기 이후 20년 동안 우리나라 경제의 실질GDP 성장률은 4.4%, 세계 경제가 침체의 늪에서 빠져나오지 못한 2008년 세계 금융위기 이후 10년 동안에도 우리나라 경제는 연평균 3.4% 속도로 성장했다. 2008년 이후 낮아진 경제성장률은 세계 경제침체에 따른 글로벌 무역의 침체를 반영하는 것일 수 있다. 내수의 확대는 이런 외부충격에 대한 내성을 강화하는 것이기도 하다. 따라서 4~5%의 경제성장률은 과도한 가정이 아니라 할 수 있다.

출할 수 있는 재량지출 비중이 2040년까지 약 42%로 하락할 것으로 전망한다. 의무지출은 현재의 법률과 제도가 그대로 유지된다고 가정할 때 지출해야 하는, 국민연금이나 기초연금 등 정부의 책임을 의미한다. 이 부분의 비중이 증가한다면 정부의 재량적 재정정책 여지가 감소한다. NABO는 bottom-up 방식으로 추계했고 의무지출은 대부분 인구구조 변화에 기인한다. 그런데 2040년까지 인구구조 변화는 상대적으로 쉽게 예측 가능하므로 NABO의 미래 의무지출 예상액은 상대적으로 정확하다고 할 수 있다.

이를 수용할 경우, 경제성장 전망에 따라 재량지출 비중은 NABO와 반대로 오히려 증가하는 것으로 나타난다. 2040년을 기준으로 NABO는 정부의 재량지출 비중이 약 42%로 축소될 것으로 전망한다. 하지만 경제가 3% 성장할 경우 그것은 53%, 5%로 성장하면 68.4%로 오히려 증가한다. 미래에 의무지출액이 증가한다고 하더라도 경제성장이 충분하면 큰 부담이 아니라는 뜻이다. 따라서 미래 지출증가(대개 의무지출을 의미한다)에 대비하여 현재 긴축재정을 운영해야 한다는 주장은 설득력이 없다. 오히려 미래 재정 부담 경감을 위해서라도 경제성장에 초점을 맞춘 확장적 재정정책을 실행해야 한다. 미래 지출 부담을 우려하여 현재 재정을 보수적으로 운영하는 것은 '단견'이다. 이는 생산성 정체를 유발하고 미래 세대의 실질적 부담만 늘리는 정책이다.

요약하면, NABO 재정전망이 비관적인 이유는 재정지출이 경제성장과 물가, 그리고 그에 따른 세수에 미치는 긍정적 영향을 무시하기 때문이다. 확장적 재정지출은 총수요를 증가시켜 고용과 생산설비의 가동률을 높인다. 이는 다시 생산성과 잠재성장률, 때로는 물가를 높인다. 이렇게 명목GDP가 증가하면 세입이 증가하여 경제규모 대비 정부부채 비율이 크게 오르지 않을 수 있다.

이 책이 정부부채의 무한한 증가를 주장하는 것은 아니다. 현재처럼 민간에 국채를 팔고 이자를 지급해야 하는 제도적 조건에서, 과도한 정부부채는 문제가 될 수도 있기 때문이다. 민간에 과도한 이자를 지급하면 정부의 정책 여력이 제한될 수 있다. 예를 들어, 과도한 이자 지급으로 완전고용 생산능력을 넘어서는 초과수요가 발생하고 심각한 물가상승이 발생할 수 있다. 하지만 이 상황에서도 정부는 이자 지급을 중단하여 이를 통제할 수 없게 된다. 또한, 특정 계층이 배타적으로 국채를 보유하는 경우, 소득 불평등을 악화할 수 있다. 이처럼, 현재의 제도에서는 정부부채의 무한한 확장은 지속 가능하지 않을 것이다. 하지만 그 이유는, 정부의 지급불능 사태가 우려되어서가 아니라, 정책 여력의 제한 혹은 인플레이션 우려 때문이다.

따라서 현 통화·재정 제도에서 정부부채의 문제는 이자 부담의 문제이다(Barrett, 2018; Fullwiler, 2016). 하지만 현 제도에서도 이자 부담은 국가부채를 누가 보유하느냐에 따라 달라질 수 있다. 극단적으로 국채 모두를 중앙은행이 보유한다면 정부는 중앙은행에 이자를 지급하게 되는데, 이는 실질적인 부담이 아니다. 물론 통화정책을 위한 공개시장조작을 위해서는 민간금융기관이 국채를 일정량 보유해야 하므로, 이러한 가정은 현실적으로 어렵다. 그럼에도 불구하고, 이자 부담과 부채비율은 경제성장률과 금리에 따라 상대적으로 축소될 수 있다.

이를 증명하기 위해, 부채비율은 어떻게 변하는지 확인해 보자. 올해의 총 정부부채는 지난 해의 정부부채와 올해의 재정적자로 구성된다. D_t를 t년도 정부부채 잔액, Def_t를 t년도 재정적자액이라 하면, 총 정부

---

10   이 절은 Wray(2015: 68-70)의 내용을 일부 수정하여 재구성하였다.

부채는 다음과 같은 간단한 식으로 표현된다.

$$D_t = D_{t-1} + Def_t \tag{1}$$

올해 재정적자는 다시 올해 지출과 세입으로만 구성되는 재정적자(본원적 재정적자)와 정부부채 잔액에 대한 이자 지급액의 합과 같다(아래에서는 전년도 말 잔액과 올해 말 잔액의 평균을 사용함).

$$Def_t = (G_t - T_t) + iD_{t-1} \tag{2}$$

여기서 G_t와 T_t는 각각 t년도의 정부지출과 조세수입을 나타낸다. i를 정부부채 잔액에 대한 이자율이라 하면 iD_{t-1}는 올해에 정부부채 잔액(지난해 말 기준)에 대해 지급한 이자지출을 나타낸다. 식 (2)를 식 (1)에 대입하면, 다음과 같은 관계식을 얻는다.

$$D_t = D_{t-1} + (G_t - T_t) + iD_{t-1} \tag{3}$$

식 (3)에 따르면 올해의 정부부채는 지난해의 부채 잔액, 정부지출과 세입으로 구성되는 본원적 재정적자, 그리고 이자 비용으로 결정된다고 할 수 있다. 이를 기초로, 다음과 같은 다양한 재정 운용 전략이 정부부채 비율에 어떠한 결과를 가져오는지 살펴보자.

① 재정이 영구적으로 균형을 이루는 경우 ($G = T$)

$G_t = T_t$를 식 (3)에 대입하면,

$$D_t = D_{t-1} + iD_{t-1} \quad \text{혹은} \quad D_t = D_{t-1}(i+1) \tag{4}$$

Y_t를 t년도 GDP라 하고, 매년 g의 일정한 비율로 성장한다고 가정하면 $Y_t = Y_{t-1}(1+g)$의 관계가 된다. 따라서 t년도 GDP 대비 정부부채 비율은 식 (4)를 Y_t로 나누어 구할 수 있다.

$$\frac{D_t}{Y_t} = d_t = \frac{D_{t-1}(1+i)}{Y_{t-1}(1+g)} \tag{5}$$

식 (5)에 대해 축차 방법(recursive method)으로 해를 구하면 다음과 같다.

$$d_{0+n} = d_0 \left(\frac{1+i}{1+g} \right)^n \tag{6}$$

식 (6)에 따르면, 매년 본원적 균형재정이 유지되는 경우, n년 후 GDP 대비 정부부채의 비율은 이자율(i)과 경제성장률(g)에 의해 결정된다. 이자율이 경제성장률보다 높으면, 즉, $i > g$이면 정부부채 비율은 무한대로 상승하지만, 반대로 $i < g$이면 0으로 수렴한다. $i = g$이면 초기 부채비율(d_0) 수준이 유지된다. 이는 경제성장률이 이자율보다 높게 유지되면 GDP 대비 정부부채의 비율은 오히려 축소될 수도 있음을 의미한다.

② 영구적으로 '일정액'의 본원적 재정적자를 유지하는 경우 $(G - T = \bar{S})$

매년 이자 비용을 제외한 정부지출이 세입보다 일정하게 큰 경우이다. $S_t = G_t - T_t > 0$로 정의하면, t년의 정부부채 잔액은 다음과 같을 것이다.

$$D_t = D_{t-1} + S_t + iD_{t-1} \tag{7}$$

이 식의 양변을 GDP로 나무면

$$\frac{D_t}{Y_t} = d_t = \frac{D_{t-1}(1+i) + S_t}{Y_{t-1}(1+g)} \tag{8}$$

$s_o = (S_0 / Y_0)$를 시작 연도의 본원적 재정적자 비율로 정의하고, 식 (8)을 축차 방법(recursive method)으로 풀면 n년 후 GDP 대비 정부부채의 비율은 다음의 식으로 표현된다.

$$d_{0+n} = \left(d_0 + \frac{s_0}{i}\right)\left(\frac{1+i}{1+g}\right)^n - \frac{s_0}{i}\frac{1}{(1+g)^n} \tag{9}$$

식 (9)를 자세히 살펴보면 우변의 $(d_0 + s_0/i)$와 (s_0/i)는 상수이다. 또한, 우변 둘째 항에서 $g > 0$이므로 $(1/(1+g)^n)$는 시간이 지날수록 점점 작아진다. 그렇다면 식 (9)가 나타내는 n년 후 GDP 대비 정부부채 비율의 궤적은 근본적으로 식 (6)과 같아진다. 즉, 매년 일정액의 본원적 적자재정을 운영한다 하더라도, 정부부채 비율은 이자율과 경제성장률에 의해서 결정되고, 경제가 이자율보다 높은 비율로 빠르게 성장하는 한 정부부채 비율은 오히려 축소된다. 이러한 결과가 나오는 이유는, 재정적자 절대액은 매년 일정하지만 경제규모는 지속해서 증가하기 때문이다.

③ 영구적으로 '일정 비율'의 본원적 재정적자를 유지하는 경우 $(G > T)$

위의 경우 ②는 이자 지급액을 제외한 본원적 재정적자 액수가 일정한 경우를 가정하였다. 이는 경제(GDP)가 성장함에 따라 본원적 재정적자 '비율'이 점점 작아짐을 가정한 것이다. 하지만 경제의 규모가 커짐에 따라 재정적자의 '규모'도 커지는 경우를 살펴보는 것이 유용할 것이다. 따라서 여기에서는 GDP 대비 본원적 재정적자의 비율이 일정한 경우, $S_t / Y_t = \bar{s}$ 인 경우를 가정해 보자. 그러면 식 (6)은 다음과 같이 수정된다.

$$\frac{D_t}{Y_t} = d_t = d_{t-1} \frac{(1+i)}{(1+g)} + \bar{s} \tag{10}$$

식 (10)을 축차 방법으로 풀면 다음과 같은 해를 얻을 수 있다.

$$d_{+n} = d_0 \left(\frac{1+i}{1+g} \right)^n + \bar{s} \left(\frac{1+i}{g-i} \right) \left(1 - \left(\frac{1+i}{1+g} \right)^n \right) \tag{11}$$

식 (11)을 통해 알 수 있는 것처럼, 이 경우 역시도 정부부채 비율은 이자율과 경제성장률의 상대적 크기에 의해 결정된다. 이자율이 경제성장률보다 큰 경우 정부부채 비율은 무한히 증가할 것이지만, 그 반대의 경우라면 $\bar{s} \left(\frac{1+i}{g-i} \right)$ 수준으로 수렴하게 될 것이다(예: $\bar{s}$=0.03, g=0.05, i=0.02이면, 102%로 수렴한다).

④ GDP 대비 전체 재정적자 비율을 일정하게 유지하는 전략을 따를 경우

식 (2)처럼 본원적 재정적자와 이자 지급액 모두를 포함하는 전체 재정적자를 GDP 대비 일정한 비율로 유지한다고 가정해 보자. 이는 경제적 조건에 따라 이자율을 탄력적으로 운용할 경우, 본원적 재정적자를 그에 맞춰 조정하는 전략을 의미한다. 따라서 이러한 재정 운용 전략은 통화정책의 변화를 수용하는 경우로, 더 유연한 재정통화정책 운용을 의미할 수 있다. $Def_t / Y_t = \theta$을 목표로 하는 재정적자 비율로 정의하고 식 (3)의 양변을

$Y_t = Y_{t-1}(1+g)$로 나누면,

$$d_t = d_{t-1}\frac{1}{1+g} + \theta \tag{12}$$

가 되고, 그 해는 다음과 같이 나타낼 수 있다.

$$d_{+n} = \frac{\theta(1+g)}{g} = \theta\left(1 + \frac{1}{g}\right) \tag{13}$$

가정이 함축하는 것처럼, 식 (13)은 이자율과 무관하게 목표 재정적자 비율과 경제성장률로 결정되는 안정적인 값으로 수렴됨을 알 수 있다. 단, 이 경우 경제성장률이 높을수록, 목표 재정적자 비율이 낮을수록, 정부부채 비율의 수렴수준도 낮아진다.

이상의 몇 가지 재정적자 시나리오가 공통적으로 보여주는 바, 정부부채 비율은 이자율과 경제성장률의 상대적 크기로 결정된다. 구체적으로, 경제성장률이 이자율보다 높으면 정부부채 비율은 무한히 증가하지 않고 일정 수준으로 수렴한다. 그렇다면 현실적으로 경제성장률이 국

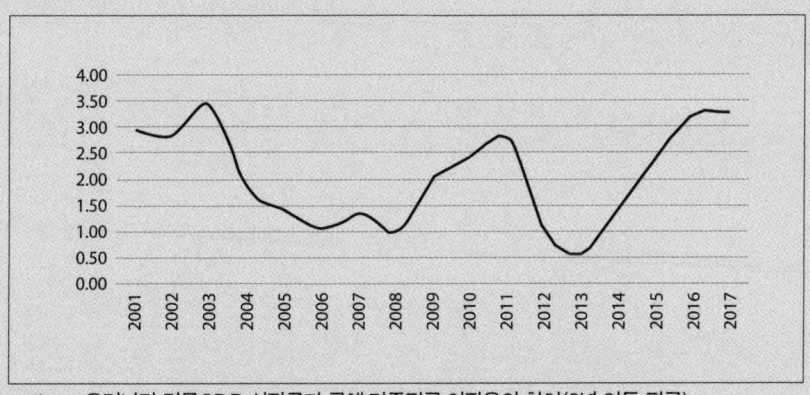

그림 4　우리나라 명목GDP 성장률과 국채 가중평균 이자율의 차이(3년 이동 평균)
출처: 한국은행 경제통계시스템

채 이자율보다 높을까? IMF의 경제학자 Barrett(2018)의 최근 연구에 따르면, 어떠한 통계적 추정방식을 사용하든 연구대상 선진 경제 모두에서 1880년부터 현재까지 전 기간을 통해 명목 GDP 성장률이 명목 이자율보다 높았다. Fullwiler(2016)는 미국의 경우를 조사하여, 유사한 결론을 보여주고 있다. 우리나라 경제도 대부분의 시기에 명목 경제성장률이 이자율보다 높았다(그림 4). 이는 곧 경제규모 대비 국가부채 비율은 무한히 상승하지 않음을 의미한다.

거대한 전환을 위한 이행전략

위에서 제시한 NABO 전망에 대한 대안적 시나리오들에서는 GDP 대비 정부비중이 26.5%로 유지되는 것으로 가정했다. 하지만 이는 경제 규모 대비 정부비중을 상대적으로 작게 가정한 것이다. 장기적으로 세율을 높여 정부의 규모를 확대할 필요가 있다. 정부비중 확대는 재원 확보가 아니라 경제에 대한 정부의 통제력을 확대하기 위함이다. 정부비중이 커지면 경제의 외부 충격에 더욱 효과적으로 대응할 수 있기 때문이다. 또한, 증세가 이뤄지면 정부부채 비율은 위 시나리오들보다 더 낮아진다.

여기서 증세 방향에 대한 구체적 제언을 하려는 것은 아니다. 증세 '추진전략'에 대해서 간단히 제언하고자 한다. 우선 당장 증세 주장(예: '보편증세 보편복지' 주장)은 국민적 지지를 얻기 어렵고, 문제를 더 어렵게 만들 뿐이다. 우리나라 국민 대다수는 정부와 정치권을 매우 불신하고 있다. 우리나라 정부가 그동안 친자본, 친부자 정책으로 일관해 왔을 뿐만 아니라, 정부로부터 보호받은 경험이 부족하기 때문이다. '각자도생'이 가장 좋은 삶의 전략으로 수용되는 지경에 이른 이때, 증세 주장은 지지받기 어렵다. 복지를 확장한다는 약속을 덧붙인다 해도 마찬가지일 것이다. 국가에 대한 국민의 신뢰 회복이 먼저이다.

국민 대다수의 신뢰를 얻어 증세에 대한 동의를 얻기 위해서는 먼저 정부가 빚을 지는 전략을 취해야 한다. 정부가 빚을 지면 민간경제의 빚은 감소한다. 적극적인 재정정책을 계획하고, 이를 통해 절대다수를 차지하는 중산층 이하 모두가 혜택을 받을 수 있도록 해야 한다. 국민의 마음을 돌리기 위해서 최소한 10년은 정부가 무조건 적자이고 국민 대다수가 무조건 이익을 보게 해 줘야 한다고 생각한다. 저소득층에 집중하는 재정정책이라도 자본가에게도 혜택이 돌아간다. 저소득층 지원으로 총수요가 증가하면 자본의 이윤도 증가하기 때문이다.

이를 통해 국민 대다수가 ①정부정책으로 실질적 소득증가를 경험하고, ②복지를 경험하여 정부정책의 중요성을 인식하게 될 것이다. 이는 국민의 인식에도 변화를 유도할 수 있는데, ③정부의 효용을 체감하고, ④신자유주의 극복을 위한 기초인 연대의 가치를 인식하게 될 것이다. 아울러 ⑤정치참여 의식이 높아져, 더욱 민주적인 정치과정을 확보하기 위한 기반을 확대할 수 있을 것이다.

실천적 관점에서, 재정정책은 국민 스스로 연대할 수 있는 조건을 마련하는 방향으로 실행되어야 한다. 정부는 사회갈등에 직접 개입하기보다는 당사자들이 직접 해결할 수 있도록 해야 한다. 다만 약자의 '뒷배' 역할에 집중하여 그들의 협상력을 높여주는 전략이 바람직하다. 예를 들어, 노사갈등의 문제도 약자인 노동자의 협상력을 강화하고, 당사자들이 직접 해결하도록 보장해야 한다. 해고가 두려워 노조 가입과 파업을 주저하는 노동자들에게 '충분히 실효성 있는' 노동자기금을 조성해 준다면 연대가 쉬워지고 노동의 협상력이 강화될 것이다. 행정력과 법을 동원한 사용자 규제와 처벌보다 이것이 훨씬 효율적인 방식이다. 이 또한 매우 중요한 사회적 연대의 항목이고, 여기에 정부재정의 큰 부분이 투입되어야 한다.

더 나아가, 정부가 재정을 투입하여 실업자를 흡수할 수 있는 경제 영역을 구축하는 일이 더 근본적인 처방이다. 실업의 공포를 해소해주면 저임금-불안정 노동을 거부할 수 있게 되고, 그런 노동과 고용 환경 자체가 사라질 것이다. 저임금-불안정 노동자의 탈출구가 존재하면, 사용자는 그보다 더 나은 조건을 제시할 것이다. 따라서 정부의 고용 보장은 모든 노동의 궁극적 안전판이다. 실효성 있는 수준의 기본소득도 하나의 대안으로 고려할 수 있다. 이 모든 과정이 성공적으로 실행된다면 정부와 정치권의 증세 제안을 국민이 수용할 가능성이 커질 것이다.

지금 당장 무엇을 할 것인가? '희망적 전망'을 제시하고, '복지체험'을 확대하는 일이다. 지금은 과거와의 단절 방안을 고민하고 '거대한 전환'의 방향과 실행 방안을 구상할 때이다. 이 모두는 재정적자에 대한 부정적 관점을 극복하는 데서 시작된다.

5장 참고문헌

국회예산정책처, 『2019~2050년 NABO 장기 재정전망』, 2018.12.

Allain O. 2015. Tackling instability of growth: a Kaleckian model with autonomous demand expenditures, *Cambridge Journal of Economics*, 39(5): 1351-1371.

Antenucci, F., M. M. Deleidi, and W.P. Meloni, 2020, "Kaldor 3.0: An Empirical Investigation of the Verdoorn-augmented Technical Progress Function," *Review of Polical Economy*, published online 13 May 2020.

Anzoategui, D., D. Comin, M. Gertler, and J. Martinez, 2017. *Endogenous Technological Adoption and R&D as Source of Business Cycle Persistence*, NBER Working Paper No. 22005.

Barrett, P. 2018. "Interest-Growth Differentials and Debt Limits in Advanced Economies", IMF working paper WP/18/82.

Blanchard O., and Leigh D. 2013. "Growth Forecast Errors and Fiscal Multipliers", IMF Working Paper WP/13/1.

Blanchard, O., Cerutti, E. and Summers, L. 2015. "Inflation and Activity: Two Explanations and Their Monetary Policy Implications," in Inflation and Unemployment in Europe: Conference Proceedings, European Central Bank, ECB Forum on Central Banking, pp.25-46.

Comin, D. and M. Gertler, 2006. Medium-Term Business Cycles, *American Economic Review*, 96: 523-551.

Fazzari, S., P. Ferri, and A.M. Variato, 2018. *Demand-led Growth and Accommodating Supply*, FMM(Forum for Macroeconomics and Macroeconomic Policies) Working Paper, Hans-Böckler-Stiftung Macroeconomic Policy Institute.

Fullwiler, S. 2016. "The Debt Ratio and Sustainable Macroeconomic Policy," *World Economic Review*, 7: 12-42.

Gechert, S. (2013). "What fiscal policy is most effective? A Meta Regression Analysis." IMF working paper 117.

Jeon, Y.B. 2008. *Economic Growth in China*, 1979-2004: *A Kaldorian Approach*, unpublished Ph.D Dissertation, University of Utah, May 2008.

Jeon, Y.B. and T.H. Yoo, 2011. The Endogeneity of the Natural Rate of Growth: Evidence from OECD Countries, 『산업경제연구』, 24(1): 187-201.

Kaldor, N. 1966. *Causes of the Slow Rate of Economic Growth in the United Kingdom : Inaugural Lecture at the University of Cambridge*, Cambridge: Cambridge University Press.

León-Ledesma, M. A. and A. P. Thirlwall, 2002. The Endogeneity of the Natural Rate of Growth, *Cambridge Journal of Economics*, 26(4): 441-459.

Libânio, G.A. 2010. Aggregate Demand and the Endogeneity of the Natural Rate of Growth : Evidence from Latin American Economies, *Cambridge Journal of Economics*, 33(5): 967-984.

McCombie, J.S.L., M. Pugno and B. Soro, 2002. *Productivity Growth and Economic Performance : Essays on Verdoorn's Law*, New York: Palgrave Macmillan.

Onaran, O. and Galanis, G. 2012, "Is aggregate demand wage-led or profit-led? national and global effects", ILO, conditions of work and employment series no. 31, Geneva.

Onaran, O. 2014. "The Case for a Cooperated Policy Mix of Wage-led Recovery and Public Investment in the G20.", Economic Modelling Results Prepared for the L20, Australia 2014.

Schmookler, J. 1966. *Invention and Economic Growth*, Harvard University Press.

Shleifer, A. 1986. Implementation Cycles, *Journal of Political Economy*, 94: 1163-1190.

Thirlwall, A.P. 1969. Okun's Law and the Natural Rate of Growth, *The Southern Economic Journal*, 36(1): 87-89.

찾아보기